江西省江咨工程咨询有限公司承接的全过程项目管理工程
——四川省成都市蒂普斯酒店环境景观改造项目

江西省江咨工程咨询有限公司完成的项目后评价
——总投资37.6亿元的福银高速九江长江公路大桥工程

江西省江咨工程咨询有限公司完成的可行性研究报告项目
——江西省赣州市安远县"市民之家"

江西省江咨工程咨询有限公司完成的可行性研究报告（PPP项目）
——江西省上饶市污水及水环境综合治理工程

江西省江咨工程咨询有限公司完成的可行性研究报告项目
——江西省德兴市山川之宝博物馆

江西省江咨工程咨询有限公司完成的工程咨询项目
——江西省上饶市高铁经济试验区

江西省江咨工程咨询有限公司完成的可行性研究报告（PPP项目）
——江西省上饶市大数据云中心工程

江西省江咨工程咨询有限公司完成的可行性研究报告（PPP项目）
——江西省上饶市玉山县 50 万 m^2 标准厂房建设工程

江西省咨询投资集团有限公司承揽的招标项目
——南昌大学第一附属医院象湖院区工程

江西省江咨工程咨询有限公司完成的可行性研究报告项目
——江西省抚州市云计算数据中心

江西省江咨工程咨询有限公司完成的节能评估项目
——南昌保利春天里小区

江西省江咨工程咨询有限公司承接的代建项目
——江西护理学院附属医院

江西省咨询投资集团有限公司完成的招标代理项目
——江西省井冈山革命博物馆新馆

江西省咨询投资集团有限公司完成的招标代理项目
——江西省文化中心

江西省江咨工程咨询有限公司完成的设备采购咨询项目
——南昌市南昌县体育中心

江西省江咨工程咨询有限公司承接的全过程工程咨询项目
——江西省武术运动会管理中心训练基地

全过程工程咨询服务指南

江西省江咨工程咨询有限公司 著
主 编：曾金应
副主编：杨孝锋 周亦刚 何艳兵
执 笔：齐 虹

中国建筑工业出版社

图书在版编目(CIP)数据

全过程工程咨询服务指南/江西省江咨工程咨询有限公司著. —北京：中国建筑工业出版社，2020.7
ISBN 978-7-112-25135-3

Ⅰ.①全… Ⅱ.①江… Ⅲ.①建筑工程-咨询服务-指南 Ⅳ.①F407.9-62

中国版本图书馆 CIP 数据核字(2020)第 080495 号

全过程工程咨询服务，是指在工程建设过程中，业主通过选择具有相应资信、资质和项目管理能力的单位，开展工程咨询、勘察设计、招标代理、工程监理、造价咨询、项目管理等全过程工程咨询服务，以期达到该项目决策科学、设计合理、进度加快、质量良好、投资节约、管理规范的目的，推动工程领域咨询服务供给侧结构性改革，促进工程建设高质量发展。本书包括 9 章，分别是：概论、工程咨询、工程勘察设计、工程招标、工程监理、工程造价、项目管理、工程验收、案例分析。文后还有附录。

本书可供从事工程建设、工程咨询、项目投资等专业技术人员使用，也可供大专院校及相关专业人员使用。

责任编辑：胡明安
责任校对：姜小莲

全过程工程咨询服务指南
江西省江咨工程咨询有限公司　著

主　编：曾金应
副主编：杨孝锋　周亦刚　何艳兵
执　笔：齐　虹

*

中国建筑工业出版社出版、发行(北京海淀三里河路9号)
各地新华书店、建筑书店经销
北京科地亚盟排版公司制版
天津翔远印刷有限公司印刷

*

开本：787×1092 毫米　1/16　印张：12　插页：4　字数：296 千字
2020 年 8 月第一版　2020 年 8 月第一次印刷
定价：52.00 元
ISBN 978-7-112-25135-3
(35910)

版权所有　翻印必究
如有印装质量问题，可寄本社退换
(邮政编码 100037)

序　　言

　　全过程工程咨询服务已成为近年来我国工程建设领域的热门话题。

　　中华人民共和国成立后尤其是改革开放以来，我国经济体制改革不断深入，从计划经济、市场调节到社会主义市场经济体制，与之相适应的工程建设项目管理模式也不断创新，全过程工程咨询服务应运而生。

　　全过程工程咨询服务，是指在工程建设过程中，业主通过选择具有相应资信、资质和项目管理能力的单位，开展工程咨询、勘察设计、招标代理、工程监理、造价咨询、项目管理等全过程工程咨询服务，以期达到该项目决策科学、设计合理、进度加快、质量良好、投资节约、管理规范的目的，推动工程领域咨询服务供给侧结构性改革，促进工程建设高质量发展。

　　江西省咨询投资集团有限公司是由江西省人民政府出资、省国资委监管的国有控股企业，是一家集招标代理、投资决策、PPP咨询、规划咨询、安全咨询、项目代建、造价咨询、绿色建筑、BIM技术服务、项目后评价、工程建设管理、融资租赁、平台经济和资产处置等工程建设全过程专业咨询服务单位，其前身为1959年成立的江西省机械设备成套总公司。公司成立60余年来，致力服务于全省工程建设，突出的人才优势、雄厚的技术力量、丰富的管理经验、拼搏的团队精神使公司在工程咨询业务方面上了一个新台阶。

　　在深化国企改革的大潮中，努力开拓全过程工程咨询服务业务，是集团公司当前的一项战略决策。有关专家预测，未来的工程咨询服务市场潜力较大、发展前景看好。开展对全过程工程咨询服务方面的研究，就是要在国家相关法律、法规及政策的框架下，紧密结合工程建设的实际，认真总结经验，积极探索新形势下工程咨询领域改革的新路子。

　　我们相信，在习近平新时代中国特色社会主义思想的指引下，随着国家对全过程工程咨询服务推广力度的进一步加大，相关政策、法规、标准的进一步完善，项目实践经验的进一步积累，广大工程咨询行业同仁的进一步努力，全过程工程咨询服务必将迎来更加美好的明天。

江西省咨询投资集团有限公司董事长

2020年6月

目　　录

第一章　概论 ... 1
第一节　全过程工程咨询服务来由 ... 1
第二节　全过程工程咨询服务的范围和内容 ... 2
第三节　市场分析 ... 3
第四节　全过程工程咨询服务单位的选定 ... 5
第五节　全过程工程咨询服务的计费方法 ... 7
第六节　全过程工程咨询服务的生命力 ... 9

第二章　工程咨询 ... 11
第一节　工程咨询单位的资信条件 ... 11
第二节　工程咨询服务范围 ... 13
第三节　工程咨询单位从业人员要求 ... 14
第四节　工程咨询成果的种类 ... 14
第五节　工程咨询成果的审批与备案 ... 20
第六节　注重工程咨询成果质量 ... 22

第三章　工程勘察设计 ... 23
第一节　勘察设计单位的选定 ... 23
第二节　工程测绘和地质勘察 ... 24
第三节　方案设计 ... 24
第四节　设计控制 ... 25
第五节　初步设计 ... 26
第六节　施工图设计 ... 27
第七节　施工图审查 ... 28
第八节　设计变更 ... 29
第九节　BIM技术应用 ... 30
第十节　绿色建筑 ... 31
第十一节　装配式建筑 ... 32

第四章　工程招标 ... 34
第一节　招标代理机构的选定 ... 34
第二节　招标公告的发布 ... 35
第三节　资格预审 ... 36
第四节　招标文件的制定 ... 37
第五节　现场踏勘和招标答疑 ... 39
第六节　开标与评标 ... 40

第七节　公示与投诉处理 …………………………………………… 41
  　第八节　定标 ………………………………………………………… 42
第五章　工程监理 ………………………………………………………… 43
  　第一节　工程监理的作用 …………………………………………… 43
  　第二节　监理单位的选定 …………………………………………… 44
  　第三节　对监理工作的要求 ………………………………………… 45
  　第四节　项目监理人员配备及职责 ………………………………… 46
  　第五节　监理工作任务 ……………………………………………… 48
  　第六节　监理企业的发展方向 ……………………………………… 49
第六章　工程造价 ………………………………………………………… 52
  　第一节　工程造价咨询单位的选定 ………………………………… 52
  　第二节　投资估算 …………………………………………………… 53
  　第三节　设计概算 …………………………………………………… 54
  　第四节　施工图预算 ………………………………………………… 55
  　第五节　工程量清单 ………………………………………………… 55
  　第六节　项目实施阶段造价咨询 …………………………………… 56
  　第七节　竣工结算 …………………………………………………… 57
  　第八节　竣工决算 …………………………………………………… 58
  　第九节　终结审计 …………………………………………………… 58
第七章　项目管理 ………………………………………………………… 60
  　第一节　项目的前期调研 …………………………………………… 60
  　第二节　组建项目筹建班子 ………………………………………… 61
  　第三节　开展工程咨询 ……………………………………………… 62
  　第四节　组织环境影响评价 ………………………………………… 63
  　第五节　做好项目的选址工作 ……………………………………… 64
  　第六节　跟踪项目的立项审批 ……………………………………… 65
  　第七节　办理规划及建设用地审批手续 …………………………… 65
  　第八节　组织勘察设计、监理及施工招标 ………………………… 67
  　第九节　委托工程质量（安全）监督 ……………………………… 67
  　第十节　依法办理开工手续 ………………………………………… 69
  　第十一节　推进工程建设项目审批制度改革 ……………………… 71
  　第十二节　制定项目管理规划 ……………………………………… 72
  　第十三节　主要材料设备的选定 …………………………………… 73
  　第十四节　抓好施工进度、质量（安全）、造价控制 …………… 74
  　第十五节　文明施工与现场管理 …………………………………… 78
  　第十六节　合同管理 ………………………………………………… 79
  　第十七节　与当地政府、部门的关系协调 ………………………… 81
第八章　工程验收 ………………………………………………………… 82
  　第一节　基桩和复合地基检测 ……………………………………… 82

第二节　分部分项工程验收 ··· 83
　　第三节　单项工程验收 ··· 83
　　第四节　消防、环保等专项验收 ··· 84
　　第五节　竣工验收 ··· 86
　　第六节　工程保修与交付使用 ··· 89
　　第七节　工程档案管理 ··· 89
　　第八节　工程项目后评价 ··· 94
第九章　案例分析 ··· 96
　　第一节　某工程项目建议书 ··· 96
　　第二节　某工程可行性研究报告 ··· 99
　　第三节　某全过程工程咨询服务招标文件 ···································· 121
　　第四节　某工程项目后评价报告 ·· 128
附录 ·· 147
　　附录1：中共中央、国务院关于深化投融资体制改革的意见 ···················· 147
　　附录2：中华人民共和国建筑法 ·· 152
　　附录3：中华人民共和国招标投标法 ·· 161
　　附录4：政府投资条例 ·· 168
　　附录5：国务院办公厅关于促进建筑业持续健康发展的意见 ···················· 173
　　附录6：国家发展改革委、住房城乡建设部关于推进全过程工程咨询服务发展
　　　　　 的指导意见 ·· 178
　　附录7：国家发展改革委《关于进一步放开建设项目专业服务价格的通知》······ 182
后记 ·· 184

第一章 概 论

第一节 全过程工程咨询服务来由

全过程工程咨询服务，是指在工程建设过程中，业主通过选择具有相应资信、资质和项目管理能力的单位，开展工程咨询、勘察设计、招标代理、工程监理、造价咨询、项目管理等全过程工程咨询服务，一体化管理，以期达到该项目决策科学、设计合理、进度加快、质量良好、投资节约、管理规范的目的，推动工程领域咨询服务供给侧结构性改革，促进工程建设高质量发展。

2017年2月，国务院办公厅下发《关于促进建筑业持续健康发展的意见》（国办发〔2017〕19号），首次明确提出"全过程工程咨询"概念。该意见指出：培育全过程工程咨询。鼓励投资咨询、勘察、设计、监理、招标代理、造价等企业采取联合经营、并购重组等方式发展全过程工程咨询，培育一批具有国际水平的全过程工程咨询企业。制定全过程工程咨询服务技术标准和合同范本。政府投资工程应带头推行全过程工程咨询，鼓励非政府投资工程委托全过程工程咨询服务。在民用建筑项目中，充分发挥建筑师的主导作用，鼓励提供全过程工程咨询服务。

2017年5月，住房和城乡建设部印发了《关于开展全过程工程咨询试点工作的通知》（建市〔2017〕101号），确定在北京、上海、江苏、浙江、福建、湖南、广东、四川等省市以及40家咨询企业率先开展为期两年的全过程工程咨询试点工作。并于2018年3月拟定了《建设工程咨询服务合同示范文本（征求意见稿）》。

在试点的基础上，2019年3月，国家发展改革委、住房和城乡建设部印发了《关于推进全过程工程咨询服务的指导意见》（发改投资规〔2019〕515号），从此拉开了在全国范围内推行全过程工程咨询服务的大幕。

《关于推进全过程工程咨询服务的指导意见》指出：改革开放以来，我国工程咨询服务市场化快速发展，形成了投资咨询、招标代理、勘察、设计、监理、造价、项目管理等专业化的咨询服务业态，部分专业咨询服务建立了执业准入制度，促进了我国工程咨询服务专业化水平提升。随着我国固定资产投资项目建设水平逐步提高，为更好地实现投资建设意图，投资者或建设单位在固定资产投资项目决策、工程建设、项目运营过程中，对综合性、跨阶段、一体化的咨询服务需求日益增强。这种需求与现行制度造成的单项服务供给模式之间的矛盾日益突出。

《关于推进全过程工程咨询服务的指导意见》强调：为深入贯彻习近平新时代中国特色社会主义思想和党的十九大精神，深化工程领域咨询服务供给侧结构性改革，破解工程咨询市场供需矛盾，必须完善政策措施，创新咨询服务组织实施方式，大力发展以市场需求为导向、满足委托方多样化需求的全过程工程咨询服务模式。特别是要遵循项目周期规律和建设程序的客观要求，在项目决策和建设实施两个阶段，着力破除制度性障碍，重点培育发展投资决策综合性咨询和工程建设全过程咨询，为固定资产投资及工程建设活动提供高质量智力技术服务，全面提升投资效益、工程建设质量和运营效率，推动高质量发展。

近年来，随着政府"放管服"一系列改革政策的出台，工程建设领域市场对资源的配置作用日益突出，政府对工程建设的管理将由微观转向宏观、由事前监管转向事中、事后监管，对相关企业的"松绑"力度也会越来越大。良好的外部环境将有利于工程咨询企业的发展壮大，在全面建成小康社会、实现中华民族伟大复兴的征程中发挥重要作用。

第二节 全过程工程咨询服务的范围和内容

全过程工程咨询可分为投资决策综合性咨询和工程建设全过程咨询。开展全过程工程咨询服务的目标是要努力实现工程建设全过程的一体化管理，即所谓的"交钥匙工程"。其范围主要包括：工程咨询、工程勘察设计、招标代理、工程监理、工程造价咨询、建设工程项目管理等。

工程咨询，是指遵循独立、科学、公正的原则，运用工程技术、科学技术、经济管理和法律法规等多学科方面的知识和经验，为政府部门、项目业主及其他各类客户的工程建设项目决策和管理提供咨询活动的智力服务。包括项目的前期立项阶段咨询、勘察设计阶段咨询、施工阶段咨询、投产或交付使用后的评价等工作。工程咨询内容主要有：按相关要求编制项目建议书、规划决策报告、可行性研究报告、建设项目压覆重要矿产资源评估报告、环境影响评价报告、节能评估报告、防洪影响评价报告、水资源论证、文物保护评估报告、安全评价报告、用地评价报告、社会稳定风险评估报告、水土保持评价报告、地质灾害危险性评估报告、交通影响评价报告等，对工程勘察设计进行技术咨询，对施工阶段的合同、造价咨询，编制项目的后评价报告等。

建设工程勘察，是指根据建设工程的要求，查明、分析、评价建设场地的地质地理环境特征和岩土工程条件，编制建设工程勘察文件的活动。其基本内容是工程测量、水文地质勘查和工程地质勘查。勘察任务在于查明工程项目建设地点的地形地貌、地层土壤岩性、地质构造、水文条件等自然地质条件资料，做出鉴定和综合评价，为建设项目的选址、工程设计和施工提供科学可靠的依据。

建设工程设计，是指根据建设工程的要求，对建设工程所需的技术、质量、经济、资源、环境等条件进行综合分析、论证，编制建设工程设计文件的活动。内容包括：总体规划、方案设计、初步设计、技术设计、施工图设计等。

招标代理，是指具备相关条件的招标代理机构（公司）按照相关法律规定，受招标人的委托或授权办理招标事宜的行为。招标代理机构职能是帮助不具有编制招标文件和组织评标能力的招标人选择能力强、资信好的投标人，以保证工程项目的顺利实施和建设目标的实现。

工程监理，是指具有相关资质的监理单位受建设单位的委托，依据国家批准的工程项目建设文件、有关工程建设的法律、法规和工程建设监理合同及其他工程建设合同，代表建设单位对工程建设实施监控的一种专业化服务活动。工程监理单位受建设单位委托，根据法律法规、工程建设标准、勘察设计文件及合同，在施工阶段对建设工程质量、造价、进度进行控制，对合同、信息进行管理，对工程建设相关方的关系进行协调，并履行建设工程安全生产管理法定职责。

工程造价咨询，是指接受业主委托、对建设项目工程造价的确定与控制提供专业服务，出具工程造价成果文件的活动。其服务的内容主要包括：建设项目可行性研究经济评价、投资估算、项目后评价报告的编制和审核；建设工程概、预、结算及竣工结（决）算报告的编制和审核；建设工程实施阶段工程招标标底、投标报价的编制和审核；工程量清单的编制和审核；施工合同价款的变更及索赔费用的计算；提供工程造价经济纠纷的鉴定服务；提供建设工程项目全过程的造价监控与服务；提供工程造价信息服务等。

建设工程项目管理，是指从事工程项目管理的企业，受工程项目业主方委托，对工程建设全过程或分阶段进行专业化管理和服务的活动。工程项目管理业务范围包括：

（1）协助业主方进行项目前期策划，经济分析、专项评估与投资确定；

（2）协助业主方办理土地征用、规划许可等有关手续；

（3）协助业主方提出工程设计要求、组织评审工程设计方案、组织工程勘察设计招标、签订勘察设计合同并监督实施，组织设计单位进行工程设计优化、技术经济方案比选并进行投资控制；

（4）协助业主方组织工程监理、施工、设备材料采购招标；

（5）协助业主方与工程项目总承包企业或施工企业及建筑材料、设备、构配件供应等企业签订合同并监督实施；

（6）协助业主方提出工程实施用款计划，进行工程竣工结算和工程决算，处理工程索赔，组织竣工验收，向业主方移交竣工档案资料；

（7）生产试运行及工程保修期管理，组织项目后评估；

（8）项目管理合同约定的其他工作。

全过程工程咨询服务可采用多种组织方式，由业主授权一家单位负责或牵头，为项目决策至运营持续提供局部或整体解决方案以及管理服务。可以由一家具有全过程工程咨询服务能力的单位自始至终进行，也可以委托具有相应资信、资质的单位分别进行。推行全过程工程咨询服务，可以将相关内容整合在一起，能起到全面提升投资效益、工程建设质量和运营效率、推动高质量发展的目的。

第三节 市场分析

全过程工程咨询服务发展前景如何？有必要认真进行市场分析。

党的十九大明确提出了"两个一百年"奋斗目标：在2020年全面建成小康社会的基础上，奋斗15年，基本实现社会主义现代化；在此基础上，再奋斗15年，到21世纪中叶把我国建成富强、民主、文明、和谐、美丽的社会主义现代化强国。

我国仍处于并将长期处于社会主义初级阶段，是世界上最大的发展中国家，随着供给侧结构性改革的深化、社会主义市场经济体制的完善和"一带一路"开放格局的形成，给工程建设领域的发展带来了良好的机遇。

2020年2月28日国家统计局发布的《中华人民共和国2019年国民经济和社会发展统

计公报》指出：2019年，面对国内外风险挑战明显上升的复杂局面，在以习近平同志为核心的党中央坚强领导下，各地区各部门以习近平新时代中国特色社会主义思想为指导，全面贯彻党的十九大和十九届二中、三中、四中全会精神，按照党中央、国务院决策部署，坚持稳中求进工作总基调，坚持新发展理念和推动高质量发展，坚持以供给侧结构性改革为主线，着力深化改革扩大开放，持续打好三大攻坚战，统筹稳增长、促改革、调结构、惠民生、防风险、保稳定，扎实做好稳就业、稳金融、稳外贸、稳外资、稳投资、稳预期工作，经济运行总体平稳，发展水平迈上新台阶，发展质量稳步提升，人民生活福祉持续增进，各项社会事业繁荣发展，生态环境质量总体改善，"十三五"规划主要指标进度符合预期，全面建成小康社会取得新的重大进展。

初步核算，2019年全年国内生产总值990865亿元，比上年增长6.1%。其中，第一产业增加值70467亿元，增长3.1%；第二产业增加值386165亿元，增长5.7%；第三产业增加值534233亿元，增长6.9%。第一产业增加值占国内生产总值比重为7.1%，第二产业增加值比重为39.0%，第三产业增加值比重为53.9%。全年最终消费支出对国内生产总值增长的贡献率为57.8%，资本形成总额的贡献率为31.2%，货物和服务净出口的贡献率为11.0%。人均国内生产总值70892元，比上年增长5.7%。国民总收入988458亿元，比上年增长6.2%。全国万元国内生产总值能耗比上年下降2.6%。全员劳动生产率为115009元/人，比上年提高6.2%。

2019年全年全社会固定资产投资560874亿元，比上年增长5.1%。其中，固定资产投资（不含农户）551478亿元，增长5.4%。分区域看，东部地区投资比上年增长4.1%，中部地区投资增长9.5%，西部地区投资增长5.6%，东北地区投资下降3.0%。

在固定资产投资（不含农户）中，第一产业投资12633亿元，比上年增长0.6%；第二产业投资163070亿元，增长3.2%；第三产业投资375775亿元，增长6.5%。民间固定资产投资311159亿元，增长4.7%。基础设施投资增长3.8%。六大高耗能行业投资增长4.7%。

2019年全年房地产开发投资132194亿元，比上年增长9.9%。其中住宅投资97071亿元，增长13.9%；办公楼投资6163亿元，增长2.8%；商业营业用房投资13226亿元，下降6.7%。全年全国各类棚户区改造开工316万套，基本建成254万套。

2019年全年全社会建筑业增加值70904亿元，比上年增长5.6%。全国具有资质等级的总承包和专业承包建筑业企业利润8381亿元，比上年增长5.1%，其中国有控股企业2585亿元，增长14.5%。

从近年的统计公报看，我国固定资产投资呈逐年加大趋势，工程建设潜在的市场仍然较大。进入2020年，一场突如其来的新冠肺炎疫情对我国经济社会造成较大冲击，但在以习近平同志为核心的党中央坚强领导下，全国人民万众一心、众志成城，努力战胜疫情，我国经济长期向好的基本面没有改变。相信在疫情过后咨询服务行业将得到快速恢复和发展。

2020年的国务院《政府工作报告》，要求加大"六稳"、"六保"工作力度，坚决打赢脱贫攻坚战，努力实现全面建成小康社会目标，完成"十三五"规划任务。针对疫情，国家决定将增加财政赤字1万亿元，同时发行1万亿元抗疫特别国债，并安排地方政府专项债券3.75万亿元，提高专项债券可用作项目资本金的比例，中央预算内投资安排6000亿元，加强新型基础设施建设。国家发展改革委、财政部、中国人民银行等部委也出台了一系列政策措施，积极的财政政策和稳健的货币政策将更加有利于"三驾马车"之一的固定资产投资项目的增长。

目前国家和省有关部门正在抓紧制定"十四五"国民经济和社会发展规划，紧紧围绕"两个一百年"奋斗目标全面规划未来五年各项事业的发展。从国际国内发展形势看，"十四五"期间，我国国民经济和社会发展仍将保持良好的势头。

"十四五"期间，国家和地方将相继规划建设一大批重点工程，加强城乡基础设施建设，集中力量"补短板"，加速社会主义现代化建设进程。随着工程领域供给侧结构性改革的深化，工程咨询行业在投资决策和工程建设过程中所起的作用不可低估，仍将有较大的发展空间。

随着改革开放的不断深入，投资主体多元化的趋势日益明显，政府投资的引领作用也在逐步加大，大量的PPP、EPC项目实施，降低了政府投资门槛和社会出资方风险，加快了基础设施建设，也给从事全过程工程咨询服务的单位提供了广阔的市场。

国家发展改革委、住房和城乡建设部《关于推进全过程工程咨询服务的指导意见》指出：随着我国固定资产投资项目建设水平逐步提高，为更好地实现投资建设意图，投资者或建设单位在固定资产投资项目决策、工程建设、项目运营过程中，对综合性、跨阶段、一体化的咨询服务需求日益增强。这种需求与现行制度造成的单项服务供给模式之间的矛盾日益突出。必须大力发展以市场需求为导向、满足委托方多样化需求的全过程工程咨询服务模式。政府投资项目要优先采取综合性咨询服务方式。

既有国家政策层面的推动，又有巨大的工程建设市场，可以预见，全过程工程咨询服务有着光明的发展前景。

第四节 全过程工程咨询服务单位的选定

就具体建设项目而言，当建设单位不具备工程建设项目管理人员及相关条件时，可委托具有相应资信、资质的单位开展全过程工程咨询服务。

开展工程建设全过程咨询服务，可以由一家具有综合能力的咨询单位实施，也可以由多家具有工程咨询、招标代理、勘察、设计、监理、造价、项目管理等不同能力的单位联合实施。

全过程工程咨询单位提供工程咨询、勘察、设计、监理或造价咨询服务时，应当具有与工程规模及委托内容相适应的资信、资质条件。

《工程咨询行业管理办法》（国家发展改革委第9号令）规定：工程咨询单位是指在中国境内设立的从事工程咨询业务并具有独立法人资格的企业、事业单位。工程咨询单位应具备良好信誉和相应能力。国家推进工程咨询单位资信管理体系建设，工程咨询单位资信评价等级以一定时期内的合同业绩、守法信用记录和专业技术力量为主要指标，分为甲级和乙级两个级别，具体标准由国家发展改革委制定。工程咨询服务范围包括规划咨询、项目咨询、评估咨询、全过程工程咨询。国家对工程咨询单位实行告知性备案管理。也就是说，具备一定资信条件且纳入告知性备案管理的单位，可从事全过程工程咨询服务。

国务院《建设工程勘察设计管理条例》明确：国家对从事建设工程勘察、设计活动的单位，实行资质管理制度。建设工程勘察、设计单位应当在其资质等级许可的范围内承揽建设工程勘察、设计业务。工程勘察、设计资质一般分为甲级、乙级和丙级。具备工程勘察设计资质的单位可从事全过程工程咨询服务。

《中华人民共和国招标投标法》及相关法规规定：招标代理机构是依法设立、从事招标代理业务并提供相关服务的社会中介组织。招标代理机构应当具备下列条件：

（1）有从事招标代理业务的营业场所和相应资金；

（2）有能够编制招标文件和组织评标的相应专业力量。

国家对招标代理机构取消资质管理后，仍要求其具有相应能力的专业技术人员，一些招标代理机构具备工程咨询的能力，也可从事全过程工程咨询服务。

自国家推行建设工程监理制度以来，监理单位认真履行"三控制、两管理、一协调、一履职"（即质量控制、进度控制、造价控制，合同管理、信息管理，现场协调，安全履职）职责，对加强建设项目管理发挥了积极作用，且积累了不少经验。国家对从事工程监理活动的单位实行资质管理制度，对相应的技术、管理人员提出了具体要求。监理企业资质分为甲级（含综合甲级）、乙级和丙级。应该说，监理单位从事全过程工程咨询服务是能够胜任的。

根据《工程造价咨询企业管理办法》（2006年3月22日建设部令第149号发布，2020年2月19日住房和城乡建设部令第50号修正），工程造价咨询企业，是指接受委托，对建设项目投资、工程造价的确定与控制提供专业咨询服务的企业。工程造价咨询企业资质等级分为甲级、乙级。由于工程造价咨询贯穿于工程咨询的始终，工程造价咨询企业一般都具备工程建设方面的技术力量，也可以承担全过程工程咨询服务。

近年来，以推行工程总承包、代建制为服务内容的项目管理单位也纷纷出现在工程建设领域中。

2019年12月，住房城乡建设部、国家发展改革委联合印发了《房屋建筑和市政基础设施项目工程总承包管理办法》，其主要内容：（1）规定在工程发包前必须完成项目审批、核准或备案程序，政府投资项目原则上应在初步设计审批完成后进行发包；（2）鼓励设计单位申请取得施工资质，已取得工程设计综合资质、行业甲级资质、建筑工程专业甲级资质的单位，可以直接申请相应类别施工总承包一级资质；鼓励施工单位申请取得工程设计资质，具有一级及以上施工总承包资质的单位可以直接申请相应类别的工程设计甲级资质；（3）建设单位和总承包单位应合理分担风险，同时明确了建设单位承担的风险范围；（4）工程总承包单位、工程总承包项目经理依法承担质量终身责任；（5）政府投资项目不得由工程总承包单位或者分包单位垫资建设，原则上不得超过经核定的投资概算。

承接代建业务的项目管理单位一般都具有相应的技术力量和管理人才，虽然目前国家有关部门尚未对代建单位实行资质管理，但"没有金刚钻，别揽瓷器活"，具有丰富实践经验的建设管理人才是项目管理单位开展全过程工程咨询服务的必备条件。

在房屋建筑、市政基础设施等工程建设中，国家鼓励建设单位委托咨询单位提供招标代理、勘察、设计、监理、造价、项目管理等全过程工程咨询服务，满足建设单位一体化服务需求，增强工程建设过程的协同性。全过程咨询单位应当以工程质量和安全为前提，帮助建设单位提高建设效率、节约建设资金。

建设单位在选择全过程工程咨询服务单位时，可通过招标、政府采购、比选等方式，择优选取具有一定资信、资质和必备的专业人才、信誉度高、服务质量好的单位,可根据实际需要选择一家单位或分段选择工程咨询、招标代理、勘察设计、工程监理、工程造价咨询、项目管理等单位。对于依法必须招标的工程项目,在项目立项后即可通过招标方式委托工程咨询单位实施全过程工程咨询服务。

建设单位若选择由多家咨询单位联合实施全过程工程咨询服务的,应当明确牵头单位及各单位的权利、义务和责任。建设单位选择具有相应工程勘察、设计、监理或造价咨询资质的单位开展全过程咨询服务的,除法律法规另有规定外,可不再另行委托勘察、设计、监理或造价咨询单位。

工程咨询单位应根据全过程工程咨询服务内容和期限,结合工程特点、建设规模、复杂程度及环境因素等确定全过程工程咨询机构的组织形式和人员构成,并在全过程工程咨询合同签订后及时报送建设单位。

建设单位和全过程工程咨询单位应建立一种公正、合理、信任的关系。全过程工程咨询单位在咨询服务过程中必须提出合理、客观的意见,采取符合建设项目最好结果和投资人最大利益、维护相关方合法权益的咨询服务行动。建设单位应对全过程工程咨询单位的咨询服务工作给予充分的信任与支持,同时全过程工程咨询单位应保持高度的责任感与专业水平提供服务,双方建立良好的工作环境和工作模式。

建设单位应与全过程工程咨询单位签订全过程工程咨询服务合同,合同中应明确约定委托双方的权利义务、咨询服务范围、内容、成果文件表现形式、成果质量与工期目标、全过程工程咨询服务酬金(或计费方式)、变更程序等内容。委托双方应当严格按照合同约定履行义务,不得将项目转包或违法分包。

工程咨询单位还应根据全过程工程咨询服务合同约定,结合工程实际情况,编制全过程工程咨询工作大纲,大纲内容包括:工程概况、咨询业务及内容、咨询组织机构及人员安排、咨询工作重点难点及总体思路、咨询工作进度安排、咨询工作成果等。

全过程工程咨询项目负责人(总咨询师),原则上应由具有注册建筑师、注册结构工程师及其他勘察设计注册工程师、注册造价工程师、注册监理工程师、注册建造师、注册咨询工程师(投资)中一个或多个执业资格的人员担任,应当取得工程类、工程经济类高级职称,并具有类似工程经验。对于工程建设全过程咨询服务中承担工程勘察、设计、监理或造价咨询业务的负责人,应具有法律法规规定的相应执业资格。全过程咨询服务单位应根据项目管理需要配备具有相应执业能力的专业技术人员和管理人员。设计单位在民用建筑中实施全过程工程咨询的,要充分发挥建筑师的主导作用。

第五节 全过程工程咨询服务的计费方法

全过程工程咨询服务包括投资咨询、招标代理、工程勘察设计、工程监理、造价咨询、项目管理等内容。

关于工程建设服务项目的收费标准,国家有关部门曾出台过一系列文件规定。

2002年1月,原国家计委、建设部以计价格〔2002〕10号文,下发了《工程勘察设计收费标准》。

2002年9月,财政部以财建〔2002〕394号文,发布了《基本建设财务管理规定》,

明确了建设单位管理费的费率；2016年7月，财政部又以财建〔2016〕504号文发布《基本建设项目建设成本管理规定》，将"建设单位管理费"改为"项目建设管理费"，同时增加了"代建管理费"。

2002年10月，原国家计委以计价格〔2002〕1980号文，发布了《招标代理服务收费管理暂行办法》；2011年，国家发展改革委又以发改价格〔2011〕534号文发布了《关于降低部分建设项目收费标准规范收费行为及有关问题的通知》。

2007年3月，国家发展改革委、建设部以发改价格〔2007〕670号文，发布了《建设工程监理与相关服务收费管理规定》。

2007年，建设部发布了《工程造价咨询服务收费管理暂行办法》，要求各省（市、区）根据各地实际，制定本地《工程造价咨询服务收费标准》。

2014年7月，国家发展改革委以发改价格〔2014〕1573号文，下发了《关于放开部分建设项目服务收费标准有关问题的通知》，指出放开除政府投资项目以及政府委托服务以外的建设项目前期工作咨询、工程勘察设计、招标代理、工程监理等4项服务收费标准，实行市场调节价。2015年2月，国家发展改革委又以发改价格〔2015〕299号文，下发了《关于进一步放开建设项目专业服务价格的通知》，规定在已放开非政府投资及非政府委托的建设项目专业服务价格的基础上，全面放开实行政府指导价管理的建设项目专业服务价格，实行市场调节价。这些项目主要有：建设项目前期工作咨询费，工程勘察、设计费，招标代理费，工程监理费，环境影响咨询费等。

2019年3月，国家发展改革委、住房和城乡建设部《关于推进全过程工程咨询服务的指导意见》（发改投资规〔2019〕515号）进一步明确：完善全过程工程咨询服务酬金计取方式。全过程工程咨询服务酬金可在项目投资中列支，也可根据所包含的具体服务事项，通过项目投资中列支的投资咨询、招标代理、勘察、设计、监理、造价、项目管理等费用进行支付。全过程工程咨询服务酬金在项目投资中列支的，所对应的单项咨询服务费用不再列支。投资者或建设单位应当根据工程项目的规模和复杂程度，咨询服务的范围、内容和期限等与咨询单位确定服务酬金。全过程工程咨询服务酬金可按各专项服务酬金叠加后再增加相应统筹管理费用计取，也可按人工成本加酬金方式计取。全过程工程咨询单位应努力提升服务能力和水平，通过为所咨询的工程建设或运行增值来体现其自身市场价值，禁止恶意低价竞争行为。鼓励投资者或建设单位根据咨询服务节约的投资额对咨询单位予以奖励。

建设单位选择全过程工程咨询单位时，应考虑成功的咨询服务要靠完全合格的人员花费足够的时间才能实现，不宜强制降低咨询费用，以至于全过程工程咨询单位不能支付指派合格人员工作足够时间的费用。

为规范全过程工程咨询服务收费行为，确保优质的全过程工程咨询服务，维护委托双方的合法权益，促进全过程工程咨询服务健康发展，某省编制了《建设项目全过程工程咨询服务指引》，建议全过程工程咨询服务计费采取"1＋N"叠加计费模式，具体方法如下：

"1"是指"全过程工程项目管理费"，即完成项目决策、勘察设计、招标采购、工程施工、竣工验收、运营维护6个阶段"全过程工程项目管理"的服务内容后，投资人应支付的服务费用。该费计取：项目工程总概算1亿元以下部分，费率取3％；1亿～5亿元部分，费率取 2%；5 亿~10 亿元部分，费率取 1.6%；10 亿元以上部分，费率取 1%，累计计算。

"N"是指项目全过程各专业咨询（如投资咨询、勘察、设计、监理、造价咨询、招标代理、运营维护等）的服务费，各专业咨询服务费率可依据传统收费依据或市场收费惯例执行。

《建设项目全过程工程咨询服务指引》还要求：全过程工程咨询服务收费实行明码标价，全过程工程咨询单位应当在经营场所醒目位置公示收费项目、服务内容、收费标准等事项，自觉接受社会监督。

综上所述，涉及全过程工程咨询服务的收费标准及方法，过去曾有一些规定。参与全过程工程咨询服务的单位，应按照国家发展改革委、住房和城乡建设部［发改投资规［2019］515 号］文计费；亦可参照相关收费标准与建设单位协商，实行市场调节价。通过招标形式获取全过程工程咨询服务的，应严格按中标价或招标计费原则来计取相关服务费用。

第六节 全过程工程咨询服务的生命力

全过程工程咨询服务将过去工程建设分散进行的投资咨询、立项报批、工程勘察设计、招标采购、造价咨询、工程监理和项目管理等有机地结合起来，在工程建设过程中具有以下优势：

(1) 有利于控制建设投资。建设项目一开始便从投资咨询、勘察设计、造价咨询等入手，全盘考虑控制基建投资，降低工程造价，便于从每个环节采取积极措施，确保建设项目各阶段都能围绕总投资目标来进行。

(2) 有利于缩短建设工期。传统的建设模式由于各阶段分散进行，难以准确设定建设工期。开展全过程工程咨询服务，将各阶段的工作统筹安排，且能减少一些招标环节（如勘察设计、监理等），确保各环节相关信息的快速传播和共享，避免了许多扯皮现象，有利于加快工程建设进度。

(3) 有利于提高工程质量。通过加强对项目全过程质量的管控，确保了工程咨询成果质量、勘察质量、设计质量、施工质量、材料设备质量等，促进了工程项目质量（安全）目标的实现。

(4) 有利于强化项目管理。全过程工程咨询明确了服务单位并以合同形式加强了对项目的管理，使项目管理能更好地发挥优质团队的作用，运用积累的工程建设管理经验，从项目的前期工作开始直到竣工交付使用，对项目建设全过程运筹帷幄，环环相扣，少走弯路，提高了工作效率，努力实现项目建设总目标。

(5) 有利于深化投资体制改革。通过多年的探索，我国社会主义市场经济条件下投资体制的改革不断深化。推行全过程工程咨询服务，是借鉴国外经验、结合我国实际进一步深化投资体制改革的一项重大举措，有利于深化工程领域咨询服务供给侧结构性改革，破解工程咨询市场供需矛盾，创新咨询服务组织实施方式，大力发展以市场需求为导向、满足委托方多样化需求的全过程工程咨询服务模式，为固定资产投资及工程建设活动提供高质量智力技术服务，全面提升投资效益、工程建设质量和运营效率，推动高质量发展。

中共中央、国务院《关于深化投融资体制改革的意见》（中发［2016］18号）指出："进一步完善政府投资项目代理建设制度。在社会事业、基础设施等领域，推广应用建筑信息模型技术。鼓励有条件的政府投资项目通过市场化方式进行运营管理。"国务院办公厅《关于促进建筑业持续健康发展的意见》（国办发［2017］19号）进一步明确："培育全过程工程咨询。鼓励投资咨询、勘察、设计、监理、招标代理、造价等企业采取联合经营、并购重组等方式发展全过程工程咨询，培育一批具有国际水平的全过程工程咨询企业。制定全过程工程咨询服务技术标准和合同范本。政府投资工程应带头推行全过程工程咨询，鼓励非政府投资工程委托全过程工程咨询服务。在民用建筑项目中，充分发挥建筑师的主导作用，鼓励提供全过程工程咨询服务。"

为规范全过程工程咨询服务活动，国家有关部门已拟定《房屋建筑和市政基础设施建设项目全过程工程咨询服务技术标准（征求意见稿）》和《建设工程咨询服务合同示范文本（征求意见稿）》，经修改后将正式发布。

既有国家政策层面的鼓励支持，又有广阔的市场前景，因此我们认为开展全过程工程咨询服务具有较强的生命力，必将给我国工程建设领域带来新的曙光。

第二章 工程咨询

第一节 工程咨询单位的资信条件

工程咨询是遵循独立、公正、科学的原则，综合运用多学科知识、工程实践经验、现代科学和管理方法，在经济社会发展和建设项目决策与实施活动中，为投资者和政府部门提供阶段性或全过程咨询和管理的智力服务。

我国工程咨询行业是随着投资体制改革的不断深化而逐步发展起来的。最初是由各级发展计划部门批准成立工程咨询中心（或公司），承担政府投资项目的前期相关工程咨询业务。后逐步发展到国有、合资、私有企业成立工程咨询公司。为规范管理，国家发展改革部门多次出台了相应的管理办法，提出了具体的要求。

2017年12月国家发展改革委第9号令发布的《工程咨询行业管理办法》规定：工程咨询单位是指在中国境内设立的从事工程咨询业务并具有独立法人资格的企业、事业单位。工程咨询单位应具备良好信誉和相应能力。国家推进工程咨询单位资信管理体系建设，工程咨询单位资信评价等级以一定时期内的合同业绩、守法信用记录和专业技术力量为主要指标，分为甲级和乙级两个级别，具体标准由国家发展改革委制定。

国家发展改革委随后制定了《工程咨询单位资信评价标准》，明确资信评价类别分为专业资信、专项资信、综合资信。专业资信、专项资信设甲级和乙级，综合资信只设甲级。专业资信按照《工程咨询行业管理办法》划分的21个专业进行评定；PPP咨询专项资信、综合资信不分专业。

甲级资信评价标准

1. 甲级专业资信

（1）专业技术力量。1）单位咨询工程师（投资）不少于12人；2）申请评价的专业应配备至少4名咨询工程师（投资）和至少2名具有本专业高级技术职称的人员，两者不重复计算；3）单位主要技术负责人为咨询工程师（投资），具有工程或工程经济类高级技术职称，且从事工程咨询业务不少于8年。

（2）合同业绩。申请评价的专业近3年合同业绩应满足以下条件之一：1）主持完成国家级规划咨询不少于1项或省级规划咨询不少于2项或市级规划咨询不少于4项，且全部服务范围内（规划咨询、项目咨询、评估咨询、全过程工程咨询，下同）业绩累计不少于10项；2）单一服务范围内完成的业绩累计不少于40项，或覆盖两个及以上服务范围的业绩累计不少于30项；3）项目咨询、评估咨询、全过程工程咨询等三项服务范围内完成的单个项目投资额15亿元及以上业绩不少于10项。

（3）守法信用记录。工程咨询单位及其专业技术人员应具有良好的声誉和信用，没有下列情形：1）列入工程咨询"黑名单"的；2）违反《工程咨询行业管理办法》规定被发展改革部门给予警告处罚且列入工程咨询不良记录的；3）列入其他部门严重违法失信企业名单并适用"在工程咨询单位资信评价中不予支持"联合惩戒措施的。

(4) 单位从事工程咨询业务不少于 5 年。

2. PPP 咨询甲级专项资信

(1) 专业技术力量。单位从事 PPP 咨询业务的咨询工程师（投资）不少于 6 人，法律、财务、金融等专业人员不少于 8 人，两者不重复计算。

(2) 合同业绩。近 3 年完成 PPP 咨询合同业绩不少于 40 项。

(3) 满足甲级专业资信守法信用记录要求。

(4) 单位从事 PPP 咨询业务不少于 3 年。

3. 甲级综合资信

申请甲级综合资信评价的单位，应具备以下条件之一：(1) 甲级专业资信 12 个或以上；(2) 甲级专业资信 6 个或以上，同时咨询工程师（投资）不少于 35 人、12 个及以上专业近 3 年均有业绩、12 个及以上专业均至少配备咨询工程师（投资）和本专业高级技术职称人员各 1 名。甲级综合资信可以作为所有专业规划咨询和评估咨询业务能力的参考。

乙级资信评价标准

4. 乙级专业资信

(1) 专业技术力量。1) 单位咨询工程师（投资）不少于 6 人；2) 申请评价的专业应配备至少 3 名咨询工程师（投资）和至少 1 名具有本专业高级技术职称的人员，两者不重复计算；3) 单位主要技术负责人为咨询工程师（投资），具有工程或工程经济类高级技术职称，且从事工程咨询业务不少于 6 年。

(2) 合同业绩。申请评价的专业近 3 年全部服务范围内完成的业绩累计不少于 15 项。

(3) 守法信用记录。工程咨询单位及其专业技术人员应具有良好的声誉和信用，没有下列情形：1) 列入工程咨询"黑名单"的；2) 违反《工程咨询行业管理办法》规定被发展改革部门给予警告处罚且列入工程咨询不良记录的；3) 列入其他部门严重违法失信企业名单并适用"在工程咨询单位资信评价中不予支持"联合惩戒措施的。

(4) 单位从事工程咨询业务不少于 3 年。

考虑到工程咨询市场实际情况，未达到上述标准的工程咨询单位可以申请乙级专业资信预评价。预评价的标准为：1) 单位咨询工程师（投资）不少于 4 人；2) 申请评价的专业应配备至少 3 名咨询工程师（投资）和至少 1 名具有本专业高级技术职称的人员，两者不重复计算；3) 满足乙级专业资信守法信用记录要求。同一单位只可申请一次预评价，预评价结果满 1 年后自动失效。

5. PPP 咨询乙级专项资信

(1) 专业技术力量。单位从事 PPP 咨询业务的咨询工程师（投资）不少于 4 人，法律、财务、金融等专业人员不少于 6 人，两者不重复计算。

(2) 合同业绩。近 3 年完成 PPP 咨询合同业绩不少于 20 项。

(3) 满足乙级专业资信守法信用记录要求。

(4) 单位从事 PPP 咨询业务不少于 2 年。

考虑到 PPP 咨询市场实际情况，未达到上述标准的工程咨询单位可以申请 PPP 咨询乙级专项资信预评价。预评价的标准为：1) 单位从事 PPP 咨询业务的咨询工程师（投资）不少于 2 人，法律、财务、金融等专业人员不少于 6 人，两者不重复计算；2）满足乙级专业资信守法信用记录要求。同一单位只可申请一次预评价，预评价结果满 1 年后自动失效。

甲级资信工程咨询单位的评定工作，由国家发展改革委指导有关行业组织开展。乙级资信工程咨询单位的评定工作，由省级发展改革委指导有关行业组织开展。

工程咨询单位的资信评价结果，由国家和省级发展改革委通过在线平台和"信用中国"网站向社会公布。

对工程咨询单位实行告知性备案管理。工程咨询单位应当通过全国投资项目在线审批监管平台（以下简称在线平台）备案以下信息：

（1）基本情况，包括企业营业执照（事业单位法人证书）、在岗人员及技术力量、从事工程咨询业务年限、联系方式等；

（2）从事的工程咨询专业和服务范围；

（3）备案专业领域的专业技术人员配备情况；

（4）非涉密的咨询成果简介。

工程咨询单位应当保证所备案信息真实、准确、完整。备案信息有变化的，工程咨询单位应及时通过在线平台告知。

工程咨询单位基本信息由国家发展改革委通过在线平台向社会公布。

需要说明的是，国家发展改革委在《工程咨询行业管理办法》中明确：行业自律性质的资信评价等级，仅作为委托咨询业务的参考。任何单位不得对资信评价设置机构数量限制，不得对各类工程咨询单位设置区域性、行业性从业限制，也不得对未参加或未获得资信评价的工程咨询单位设置执业限制。

第二节 工程咨询服务范围

国家发展改革委划定的工程咨询业务范围较广，包括：农业、林业；水利水电；电力（含火电、水电、核电、新能源）；煤炭；石油；天然气；公路；铁路、城市轨道交通；民航；水运（含港口河海工程）；电子、信息工程（含通信、广电、信息化）；冶金（含钢铁、有色）；石化、化工、医药；核工业；机械（含智能制造）；轻工、纺织；建材；建筑；市政公用工程；生态建设和环境工程；水文地质、工程测量、岩土工程；其他（以实际专业为准）。

工程咨询服务范围包括：

（1）规划咨询：含总体规划、专项规划、区域规划及行业规划的编制；

（2）项目咨询：含项目投资机会研究、投融资策划、项目建议书（预可行性研究）、项目可行性研究报告、项目申请报告、资金申请报告的编制，政府和社会资本合作（PPP）项目咨询等；

（3）评估咨询：各级政府及有关部门委托的对规划、项目建议书、可行性研究报告、项目申请报告、资金申请报告、PPP 项目实施方案、初步设计的评估，规划和项目中期评价、后评价，项目概预决算审查，及其他履行投资管理职能所需的专业技术服务；

（4）全过程工程咨询：采用多种服务方式组合，为项目决策、实施和运营持续提供局部或整体解决方案以及管理服务。

工程咨询实行有偿服务。工程咨询服务价格由双方协商确定，促进优质优价，禁止价格垄断和恶意低价竞争。

工程咨询单位应当和委托方订立书面合同，约定各方权利义务并共同遵守。合同中应明确咨询活动形成的知识产权归属。工程咨询单位订立服务合同和开展相应的咨询业务，应当与备案的专业和服务范围一致。

中国工程咨询协会已制定《工程咨询服务合同范本（试行）》。

第三节 工程咨询单位从业人员要求

国家发展改革委令第9号《工程咨询行业管理办法》第十七条规定：国家设立工程咨询（投资）专业技术人员水平评价类职业资格制度。通过咨询工程师（投资）职业资格考试并取得职业资格证书的人员，表明其已具备从事工程咨询（投资）专业技术岗位工作的职业能力和水平。

咨询工程师（投资）是工程咨询行业的核心技术力量。工程咨询单位应当配备一定数量的咨询工程师（投资）。

取得咨询工程师（投资）职业资格证书的人员从事工程咨询工作的，应当选择且仅能同时选择一个工程咨询单位作为其执业单位，进行执业登记并取得登记证书。

执业登记分为初始登记、变更登记、继续登记和注销登记四类。申请登记的人员，应当选择已通过在线平台备案的工程咨询单位，按所划分的专业申请登记。申请人最多可以申请两个专业。

申请人登记合格取得《中华人民共和国咨询工程师（投资）登记证书》和执业专用章，登记证书和执业专用章是咨询工程师（投资）的执业证明。登记的有效期为3年。

工程咨询（投资）专业技术人员职业资格制度实施的指导、监督、检查工作由国家发展改革委和人力资源社会保障部按职责分工负责。中国工程咨询协会具体承担咨询工程师（投资）的管理工作，开展考试、执业登记、继续教育、执业检查等管理事务。

工程咨询单位除应按规定配备一定数量的咨询工程师（投资）外，还应根据业务发展需要配备相关专业的高、中、初级工程技术人员和管理人员，如法律、财务、金融等专业人员，注册城乡规划师、注册建造师、注册监理工程师、注册造价工程师等。

第四节 工程咨询成果的种类

按照国家发展改革委规定的工程咨询服务范围，工程咨询服务的主要成果包括：

1. 项目规划与策划

规划与策划是项目刚开始的一项工作，应按照国民经济和社会发展规划、行业发展规划、国土空间规划、城市总体规划等要求编制项目规划，进行项目的前期策划工作。

项目策划也称投资机会研究，其目的是选择投资机会，其主要内容是在调查研究的基础上，分析、鉴别投资机会，论证投资方向以及具体的项目机会。

承担项目规划与策划任务的工程咨询单位应按相关要求出具书面报告，报告的内容及深度目前尚无具体的规定，可按双方签订的合同进行。

项目的规划与策划并非法定的基本建设程序，可根据项目的大小及实际需要进行合理安排。

2. 项目建议书

《项目建议书》是对项目形成的具体设想，是向国家有关部门提出申请建设某一项目的建议文件，是基本建设程序中的最初工作。其作用主要表现为：《项目建议书》批准即为项目立项，作为国家选择建设工程项目的依据，成为进一步进行可行性研究的依据。《项目建议书》应在项目前期调查研究的基础上，委托具有相应资质的规划设计单位或工程咨询机构编制。

《项目建议书》的编制必须紧密结合国家法律法规和地方相关政策规定，以国民经济和社会发展规划、行业发展规划为依据，结合项目实际，有针对性地提出项目建设的具体建议，并具有较强的说服力。

《项目建议书》包含的主要内容有：

（1）项目背景。拟定项目名称、承建单位，列出项目编制依据，阐述项目提出的理由与过程，简述项目概况。

（2）项目建设必要性与建设规模。根据项目提出的背景叙述项目建设的必要性，初步确定项目建设规模并陈述理由。

（3）建设场址与建设条件。对项目建设场址进行分析，对建设条件（包括水文、地质、交通、基础设施等）进行论证，提出建设场址的建议。

（4）建设方案。根据建设项目的设想提出项目建设方案，该方案尽可能与实际相吻合。

（5）环境影响评价。初步分析项目建设对周边地区环境的影响，对可能造成的环境污染提出控制措施。

（6）组织机构。对项目筹建的组织机构提出建议。

（7）项目实施进度。根据项目建设内容和建设规模提出项目实施进度计划。

（8）投资估算与资金筹措。按照拟定的建设规模和建设要求估算项目的总投资，提出资金筹措建议。

（9）社会评价。对项目建设的经济效益和社会效益进行初步分析，对项目建设的风险也应进行分析。

（10）研究结论与建议等。通过上述分析与研究，得出项目可否建设的初步结论，对存在的问题提出建议。

《项目建议书》还应附有相关图表。

3. 可行性研究报告

可行性研究是建设项目前期工作重要的核心文件，具有相当大的信息量和工作量，是项目决策的主要依据，是保证建设项目以最省的投资换取最佳经济社会效益的科学方法。可行性研究不仅是控制工程造价的关键，同时也是项目建设成败的关键。它是在决策前对项目有关的工程、技术、经济、环境、政策等方面的条件和情况作详尽、系统、全面的调查、研究与分析，对各种可能的建设方案和技术与工程方案进行充分的比较论证，对项目完成后经济效益和社会效益进行预测和评价。可行性研究包含丰富的内涵，绝非可有可无。

建设工程项目的《可行性研究报告》是在《项目建议书》和对项目进行环境影响评价的基础上组织编制的。《可行性研究报告》应委托有相应资质的规划设计单位或工程咨询机构编制。

《可行性研究报告》应包括以下主要内容：

（1）项目建设的必要性。从项目本身和国民经济社会发展层次来分析拟建项目是否符合国家产业政策、符合规划和环保要求，以进一步确定项目建设的必要性。

（2）项目建设方案。经过调研论证，对项目提出更加具体、更加切实可行的建设方案。

（3）建设条件。对项目建设有直接影响的建设条件进行认真研究与分析，并提出克服不利条件的措施。

（4）选址意见。对项目建设的具体地址提出意见，并与建设项目《选址意见书》基本一致。

（5）投资估算。依据有关预算定额和市场价格，对建设项目的总投资进行分项详细估算，其精确度力求控制在±10%以内。

（6）经济效益分析。对项目建成后的经济效益进行深入的研究与分析。

（7）市场预测与社会评价。对项目的社会效益、环境效益等进行分析与评价，并对市场前景作出预测。

（8）环境影响评价。对项目建设可能造成的环境影响进行初步评价。

（9）劳动安全与卫生、组织管理、招标方案、风险分析。

（10）可行性研究结论与相关建议。通过深入的调查研究，用科学的方法分析项目建设的可行性，并得出明确的结论；对存在的具体问题提出解决的办法和建议。

《可行性研究报告》应尽可能附有能说明情况的相关图表。

4. 项目申请报告

项目申请报告是指在完成《项目建议书》《可行性研究报告》后，受建设单位委托，由工程咨询服务单位编制的项目立项和资金筹措的申请报告。

项目申请报告的主要内容：

（1）申报单位及项目概况

1）项目申报单位概况；

2）项目概况，包括项目建设地点、建设内容及规模、产品及技术方案、主要设备选型、投资规模、资金筹措方案等。

（2）相关规划及产业政策

1）拟建项目与相关规划的关系；

2）拟建项目与相关产业政策的关系；

3）拟建项目与相关行业准入标准的关系。

（3）项目选址及土地利用

1）项目选址及用地方案；

2）土地利用合理性分析；

3）地质灾害影响分析；

4）其他不利影响。

（4）征地拆迁及安置

1）拆迁方案；

2）安置方案。

（5）环境和生态影响分析

1）环境和生态现状；

2）项目对生态环境的影响；

3）生态环境保护对策。

（6）经济影响分析

1）国民经济评价；

2）区域经济影响分析；

3）经济安全分析。

（7）社会影响分析

1）项目可能产生的社会影响；

2）社会环境（人文）影响；

3）社会风险分析；

4）项目实施与社会稳定方案。

（8）其他内容

法律、法规或者规章规定的其他内容。

项目申请报告由建设单位审核并盖章后，报上级主管部门，政府投资项目需报发展和改革部门。

5. PPP 项目

PPP 模式是指政府为增强公共产品和服务供给能力、提高供给效率，通过特许经营、购买服务、股权合作等方式，与社会资本建立的利益共享、风险分担及长期合作关系。

PPP 咨询主要内容是从政府投资必要性、政府投资方式比选、项目全生命周期成本、运营效率、风险管理以及是否有利于吸引社会资本参与等方面，对项目是否适宜采用 PPP 模式进行分析和论证。

为了规范 PPP 项目的管理，国家发展改革委、财政部等国家有关部委相继下发了一系列文件。2019 年 6 月，国家发展改革委下发《关于依法依规加强 PPP 项目投资和建设管理的通知》（发改投资规〔2019〕1098 号），要求各地认真贯彻落实党中央、国务院关于基础设施补短板、防范化解地方政府隐性债务风险的决策部署，加强 PPP 项目投资和建设管理、提高 PPP 项目投资决策科学性；全面、深入开展 PPP 项目可行性论证和审查，严格依法依规履行项目决策程序；严格实施方案审核，依法依规遴选社会资本；严格执行国务院关于固定资产投资项目资本金制度的各项规定；依法依规将所有 PPP 项目纳入全国投资项目在线审批监管平台统一管理；加强 PPP 项目监管，坚决惩戒违规失信行为。2019 年 3 月，财政部下发了《关于推进政府和社会资本合作规范发展的实施意见》（财金〔2019〕10 号），明确要求各地牢牢把握推动 PPP 规范发展的总体要求，规范运行、严格监管、公开透明、诚信履约，规范推进 PPP 项目实施，加强项目管理，营造规范发展的良好环境。2020 年 3 月，财政部又以财金〔2020〕13 号文印发了《政府和社会资本合作

（PPP）项目绩效管理操作指引》。

PPP项目的咨询成果包括：项目规划、项目建议书、可行性研究报告、项目申请报告、项目实施方案、物有所值评价报告、财政承受能力报告、项目合同（含特许经营协议）、项目中期评估报告、绩效评价报告、项目移交方案、项目后评价报告等。

6. 节能评估报告

建设项目节能评估，是依据国家有关节能法律、法规和规划、产业和技术政策、用能标准和设计规范，使用科学的节能评估方法对项目的能源供应情况、项目选址、总平面布置、生产工艺、用能工艺、用能设备、能源消耗及节能措施等情况进行节能评估，得出客观准确的评估结论，并针对项目存在的问题提出提高能源利用效率、降低能源消耗的对策措施，为节能审查机关审批固定资产投资项目提供科学依据。

在开展节能评估工作中应遵循专业性、真实性、完整性、操作性、独立性原则，独立开展评估工作，并对评估结论负责。对项目用能情况进行研究、计算和分析评估，根据节能评审意见对评估报告进行修改完善。

国家发展改革委《固定资产投资项目节能审查办法》（国家发展改革委令第9号）规定：固定资产投资项目节能审查意见是项目开工建设、竣工验收和运营管理的重要依据。年综合能源消费量5000t标准煤以上（改扩建项目按照建成投产后年综合能源消费增量计算，电力折算系数按当量值）的固定资产投资项目，其节能审查由省级节能审查机关负责。其他固定资产投资项目，其节能审查管理权限由省级节能审查机关依据实际情况自行决定。年综合能源消费量不满1000t标准煤，且年电力消费量不满500万kWh的固定资产投资项目，以及用能工艺简单、节能潜力小的行业（具体行业目录由国家发展改革委制定并公布）的固定资产投资项目应按照相关节能标准、规范建设，不再单独进行节能审查。

年综合能源消费量1000t标准煤以上的项目，建设单位应编制固定资产投资项目节能报告。项目节能报告应包括下列内容：分析评价依据；项目建设方案的节能分析和比选，包括总平面布置、生产工艺、用能工艺、用能设备和能源计量器具等方面；选取节能效果好、技术经济可行的节能技术和管理措施；项目能源消费量、能源消费结构、能源效率等方面的分析；对所在地完成能源消耗总量和强度目标、煤炭消费减量替代目标的影响等方面的分析评价。

7. 社会稳定风险评估报告

根据中央办公厅、国务院办公厅《关于建立健全重大决策社会风险评估机制的指导意见》（中办发〔2012〕2号），为促进科学决策、民主决策、依法决策，预防和化解社会矛盾，建立和规范重大固定资产项目社会稳定风险评估机制，2012年8月，国家发展改革委发布了《重大固定资产投资项目社会风险评估暂行办法》（发改投资〔2012〕2492号）。要求项目单位在组织开展重大项目前期工作时，应对社会稳定风险进行调查分析，征询机关群众意见，查找并列出风险点、风险发生的可能性及影响程度，提出防范和化解风险的方案措施，提出采取相关措施后的社会稳定风险等级建议。

重大固定资产投资项目社会稳定风险评估范围一般包括：

（1）项目用地面积超过500亩；

（2）项目用地规划选址范围内房屋征收涉及被征收人50户以上或者需移民安置人口超过200人；

（3）按照《建设项目环境影响评价分类管理目录》的规定应当单独编制环境影响报告书；

（4）在项目审批、核准前发生过大规模集体上访、群访等群体事件；

（5）其他可能引发社会稳定风险的。

社会稳定风险评估报告的主要内容：

（1）基本情况

1）项目概况；

2）评估依据；

3）评估主体；

4）评估过程和方法。

（2）评估内容

1）风险调查评估及各方意见采纳情况；

2）风险识别和估计的评估；

3）风险防范和化解措施的评估；

4）落实措施后的风险等级确定。

（3）评估结论

1）拟建项目存在的主要风险因素；

2）拟建项目合法性、合理性、可行性、可控性评估结论；

3）拟建项目的风险等级；

4）拟建项目主要风险防范、化解措施；

5）应急预案和建议。

8. 项目后评价报告

开展对重大建设项目的后评价，是根据中共中央、国务院《关于深化投融资体制改革的意见》和国务院《关于投资体制改革的决定》以及国家有关政策而进行的，其目的是加强对政府投资项目的管理，提高政府投资决策水平和投资效益。

2008年11月，国家发展改革委印发了《中央政府投资项目后评价管理办法（试行）》（发改投资〔2008〕2959号）。

项目后评价是在项目建设完成并投入使用或运营一定时间后，对照项目可行性研究报告及审批文件的主要内容，与项目建成后所达到的实际效果进行对比分析，找出差距及原因，总结经验教训，提出相应对策建议，以不断提高投资决策水平和投资效益。

项目后评价应当遵循独立、公正、客观、科学的原则，建立畅通快捷的信息反馈机制，为建立和完善政府投资监管体系和责任追究制度服务。

开展项目后评价工作应主要从以下项目中选择：

（1）对行业和地区发展、产业结构调整有重大指导意义的项目；

（2）对节约资源、保护生态环境、促进社会发展、维护国家安全有重大影响的项目；

（3）对优化资源配置、调整投资方向、优化重大布局有重要借鉴作用的项目；

（4）采用新技术、新工艺、新设备、新材料、新型投融资和运营模式，以及其他具有特殊示范意义的项目；

（5）跨地区、跨流域、工期长、投资大、建设条件复杂，以及项目建设过程中发生重

大方案调整的项目;

（6）征地拆迁、移民安置规模较大，对贫困地区、贫困人口及其他弱势群体影响较大的项目;

（7）使用中央预算内投资数额较大且比例较高的项目;

（8）社会舆论普遍关注的项目。

项目后评价报告的主要内容包括：

（1）项目概况：项目基本情况、决策要点、实施进度、总投资、资金来源及到位情况、运行及效益情况、后评价依据、主要内容和基础资料等;

（2）项目实施过程总结与评价：项目前期决策总结与评价、建设实施总结与评价、运营情况及评价;

（3）项目效果及经济效益评价：项目技术水平评价、财务经济效益评价;

（4）项目环境和社会效益评价：环境效益评价、社会效益评价;

（5）项目目标和可持续性评价：项目目标评价、持续性评价;

（6）项目后评价结论：成功度评价、后评价结论;

（7）项目的主要经验教训和相关建议。

还应附有项目成功度等附表。

项目后评价报告完成后，应由相应的工程咨询机构组织专家评估，并将成果报负责该项目审批的发展改革部门或项目主管部门。

9. 其他

根据项目的规模、性质、特点与要求，建设单位还可能会委托工程咨询单位或相关单位编制其他咨询成果，如设计任务书、建设项目选址论证、建设项目压覆重要矿产资源评估报告、环境影响评价报告、防洪影响评价报告、水资源论证、文物保护评估报告、用地评价报告、交通影响评价报告、安全评价报告、水土保持方案、地质灾害危险性评估报告等。

2019年10月公布的国务院《优化营商环境条例》提出：在依法设立的开发区、新区和其他有条件的区域，按照国家有关规定推行区域评估，由设区的市级以上地方人民政府组织对一定区域内压覆重要矿产资源、地质灾害危险性等事项进行统一评估，不再对区域内的市场主体单独提出评估要求。

第五节 工程咨询成果的审批与备案

工程咨询单位编写咨询成果文件应当依据法律法规、有关发展建设规划、技术标准、产业政策以及政府部门发布的标准规范等，应当建立健全咨询质量管理制度，建立和实行咨询成果质量、成果文件审核等岗位人员责任制。

工程咨询单位对咨询质量负总责。主持该咨询业务的人员对咨询成果文件质量负主要直接责任，参与人员对其编写的篇章内容负责。实行咨询成果质量终身负责制。

按照国家规定的基本建设程序，部分工程咨询成果需要经过组织专家论证，并经有关部门审批或者备案。

1.《项目建议书》

《项目建议书》是有关部门审批立项的重要依据，国家对其编制质量与深度都有一定的要求。初稿完成后，要组织有关专家、相关部门的同志进行审查与讨论，提出修改意见。工程咨询单位要根据相关领导和专家提出的意见，进行认真修改。《项目建议书》编制完成后应上报具有相应审批权限的发展改革部门审批。

2.《可行性研究报告》

《可行性研究报告》是项目决策的依据，其深度应达到国家规定的要求。内容要齐全，数据要准确，建设方案要具有可操作性，结论要明确。《可行性研究报告》初稿完成，要组织专家及有关部门的人员进行论证，然后按照基本建设程序报发展改革委等部门审批。其中投资估算在5亿元及以上的政府投资项目需报经国务院审批。

3. 投资咨询评估

为进一步完善投资决策程序，提高投资决策的科学性和民主性，规范投资决策过程中的咨询评估工作，保障咨询评估质量，国家发展改革委印发了《投资咨询评估管理办法》（发改投资规［2018］1604号）。指出在审批固定资产投资项目及其相关专项规划时，应当坚持"先评估、后决策"的原则，经相关工程咨询单位咨询评估，在充分考虑咨询评估意见的基础上作出决策决定。

咨询评估范围包括：专项规划、项目建议书、可行性研究报告、项目申请报告、资金申请报告、专项规划的中期评估和后评价、政府投资项目后评价等。

4. PPP项目

国家发展改革委下文要求切实加强PPP项目投资和建设管理，提高PPP项目投资决策科学性；全面、深入开展PPP项目可行性论证和审查，严格依法依规履行项目决策程序；严格实施方案审核，依法依规遴选社会资本；依法依规将所有PPP项目纳入全国投资项目在线审批监管平台统一管理。财政部明确PPP项目的可行性研究报告、项目实施方案、物有所值评价报告、财政承受能力报告等必须经过专家评审、财政等有关部门审批。

5. 其他评估（评价）报告

根据国家发展改革委《固定资产投资项目节能审查办法》，固定资产投资项目节能审查由地方节能审查机关负责。固定资产投资项目节能审查意见是项目开工建设、竣工验收和运营管理的重要依据。政府投资项目，建设单位在报送项目可行性研究报告前，需取得节能审查机关出具的节能审查意见。企业投资项目，建设单位需在开工建设前取得节能审查机关出具的节能审查意见。未经节能审查或节能审查未通过的项目，建设单位不得开工建设，已经建成的不得投入生产、使用。

根据国家发展改革委《重大固定资产投资项目社会风险评估暂行办法》，社会稳定风险分析应当作为项目可行性研究报告、项目申请报告的重要内容并单独设篇章，重大项目社会风险等级分高风险、中风险、低风险三级；社会稳定风险分析和评估报告将作为国家发展改革委审批、核准项目的重要依据，项目存在高风险或者中风险的，不予审批、核准。

此外，建设项目选址报告、建设项目压覆重要矿产资源评估报告、环境影响评价报告、防洪影响评价报告、水资源论证、文物保护评价报告、用地评价报告、交通影响评价报告、安全评价报告、水土保持方案、地质灾害危险性评估报告等，也应根据项目的要求按相关法律法规规定报有关部门审批或备案。

第六节 注重工程咨询成果质量

工程咨询是建设项目的一项重要前期工作。工程咨询成果的质量不仅关系到该建设项目能否顺利通过立项审批（备案）、发挥好经济效益、社会效益和环境效益，而且关系到工程咨询单位的生存和发展，必须引起高度重视。

（1）必须严格按国家和行业有关要求、规范、标准来编制。其基本内容和深度必须满足项目审批或备案要求。为此，必须严格遵守国家相关法律法规和方针政策，根据建设单位提出的具体要求，深入实际调查研究，掌握第一手材料，在此基础上进行认真的分析研究，先拟定编写提纲、再着手工程咨询成果编制。

（2）要注重工程咨询成果的内容，突出重点，明确结论。工程咨询成果除内容齐全外，重点要突出。如可行性研究报告，重点是要通过政策、技术、经济等方面的分析比较来充分说明该项目不仅是必要的，而且是可行的，对研究得出的结论一定要准确，存在的困难和问题及相关建议也要表述清楚，不能含糊其辞。

（3）所引用的法律、法规、规章、政策性文件、标准、规范、规程及统计数据等必须是最新版本。近年来随着形势的发展、"放管服"的深入，对相关政策文件的清理力度加大，相关法律法规政策不断完善，标准、规范、规程等不断更新，如工程咨询成果中依旧引用老版本甚至已经明确废止了的文件，将可能导致出现政治、经济、法律等方面的错误，严重影响项目的前期工作。

（4）必须重视投资估算和经济分析。国家对项目建议书、可行性研究报告、初步设计的投资估算（概算）的准确度有明确要求，一般要求控制在±10%以内，突破了的要找出原因、重新编制。项目的经济效益分析也非常重要，直接关系项目是否必要、可行及投资决策，绝对不可马虎了事。

（5）切忌照搬照抄、画蛇添足。有的工程咨询成果习惯于套用以往的格式，甚至有的连内容也照搬照抄，没有体现项目的特性；有的用大量文字描述与项目无关的内容，让人阅后感觉是在画蛇添足；有的咨询成果篇幅过长，面面俱到，前后重复的内容较多，质量不佳。

（6）要注重对工程咨询成果的审核。咨询成果初稿完成后，具体编制人员应进行认真修改，计量单位要统一，前后内容要一致，错别字、错误的标点符号应改正过来。初稿完成后，应指定专人认真审核把关。同时，要认真做好工程咨询成果的排版、校对与印刷工作。

工程咨询成果质量的好坏体现了工程咨询单位的整体素质和编制人员的水平，是咨询企业参与市场竞争的基本条件。必须牢固树立质量意识，工作一丝不苟，对历史负责、对人民负责、对委托单位负责。

第三章　工程勘察设计

第一节　勘察设计单位的选定

建设工程勘察设计活动是工程建设的基本建设程序之一，是固定资产投资转化为现实生产力的前导性工作。工程勘察、设计水平的高低直接关系到固定资产投资效益，关系到公众利益和人民生命财产安全。采取积极措施规范工程勘察设计管理，保证工程勘察、设计质量和水平，对确保建设质量和工期，提高经济和社会效益有着十分重要的作用。

勘察设计是工程建设的"龙头"，在开展全过程工程咨询服务过程中，选择好的勘察设计单位尤为重要。好的勘察设计单位一是整体素质高，单位人才济济，设计人员的水平较高，专业配套全；二是见多识广，承担过多项不同类型的工程勘察设计，业绩好，经验丰富，思路开阔；三是信誉度好，对所承担的工程勘察设计非常负责任，工作一丝不苟，设计质量、时间均能满足建设单位的要求。

目前发达国家普遍实行工程勘察设计行业的个人执业资格准入制度，即由有执业资格、有名望的建筑师注册成立工程咨询公司、工程设计公司或事务所，承包工程项目的勘察、设计、采购、施工、试运行（竣工验收）等建设项目的全过程管理和服务（交钥匙总承包），建筑师对工程建设成果负责，对每一个项目建筑师都将作为自己的一项作品来完成，可见勘察设计工作的重要。我国在加入WTO前后，对工程勘察设计市场准入管理制度的改革也进行了研究。随着社会主义市场经济体制的不断完善，我国的工程勘察设计行业改革也将进一步深入，近年来许多设计单位都改制成了设计公司，实行企业化运作。根据国务院办公厅《关于促进建筑业持续健康发展的意见》，2018年7月，住房和城乡建设部批复同意在上海、深圳市开展工程总承包企业编制施工图设计文件试点，同步开展建筑师负责制和全过程工程咨询试点，试点期限为3年。批复指出：积极试点建筑师负责制，明确建筑师的权利和责任，提高建筑师的地位，推进全过程工程咨询服务，促进工程建设提质增效，推动建筑业和工程勘察设计咨询业高质量发展。试点将有力推进建筑师负责制这一工程建设领域的重大改革。

开展全过程工程咨询服务对勘察设计单位的选择，依法必须招标的项目应采取招标方式；若建设单位所选择的全过程工程咨询服务单位具有相应的勘察设计资质，且能胜任该项工程的勘察设计任务时，可直接委托。另外，对于单项合同估算价在100万元人民币以下的勘察设计项目及抗震救灾工程等，也可以直接委托。

工程设计范围较广，既包含建筑、结构的设计，又包括各专项工程的设计，如幕墙、内装修、智能化、景观（绿化）工程等。住房和城乡建设部曾经发过文件允许一些专项工程单独设计，但从有利于设计管理的角度出发，所有设计均由一家设计单位承包为好，有利于控制工程总投资、确保设计质量。

勘察设计单位选定后，建设单位应尽快与该单位签订勘察、设计合同。合同应明确工程名称、建设地点、合同依据、勘察设计内容（名称、规模、阶段、投资）、设计资料、设计深度、设计时间要求、设计修改和终止、现场服务、设计取费、双方责任、违约责任等内容。合同宜采用住房和城乡建设部、国家工商行政管理总局制定的《建设工程勘察合同》和《建设工程设计合同》示范文本。

第二节 工程测绘和地质勘察

工程测绘和地质勘察是工程建设的重要基础工作。建设项目选址确定后，应尽快开展工程测绘和地质勘察。

工程测绘应根据建设项目的需要科学安排。在城市规划区范围内的建设项目，一般可向当地自然资源和规划管理部门索取一定比例的地形图；建设地点无现成比例地形图的，应委托工程测绘单位进行现场测量，然后绘制一定比例（通常为1∶100至1∶1000）的地形图。

工程勘察是根据建设工程的要求，运用多种科学技术方法，查明、分析、评价建设场地的地质地理特征和岩土工程条件，编制建设工程勘察文件的活动。主要包括对工程项目建设地点的地形、地貌、土质、岩性、地质构造、水文地质等自然条件而进行的测量、测试、观察、勘探、试验、鉴定和综合等工作，其目的是为设计和施工提供可靠的依据。

地质勘察一般分为初勘和详勘，初勘结果可作为工程方案设计和初步设计的依据。在施工图设计前，应完成地质的详勘工作。现场勘察完成后，勘察设计单位应出具《地质勘察报告》，报告内容应包括工程概况、地层结构及工程特性、地下水及腐蚀性、岩土工程分析评价、结论及建议等，并附有相关图表。《地质勘察报告》中还应标明承担地质勘察任务的单位全称、法人代表、技术负责人和具体负责项目的人员名单，并加盖单位公章，进行工程编号。编制《地质勘察报告》应当真实、准确，满足建设工程规划、选址、设计、岩土治理和施工的需要。

在工程建设过程中，地质勘察单位还应指派技术人员配合建设单位及施工单位现场处理技术问题。若施工过程中超越了原地质勘察的范围或岩层的深度，应由原地质勘察单位进行补勘。若建设项目为山地建筑，应对其护坡、挡墙的沉降与稳定性进行边坡监测。

工程测绘与地质勘察是项目建设前提条件之一，必须认真完成。《地质勘察报告》不仅是工程设计和施工的重要依据，也是对建设项目选址是否科学合理的一项检验。若通过地质勘察认为水文地质等条件不适合该项目建设时，应尽快另外选址并重新进行工程地质勘察。

第三节 方案设计

方案设计是建设项目具体设计过程中的第一项技术工作，在很大程度上决定建设项目的成败。必须围绕"适用性、可靠性、经济性"三大目标，设计单位要按照建设单位的意图，深入建设现场调查研究，反复构思，在规定的时间内拿出设计新颖、科学合理、技术成熟、节能环保、经济实用、基本功能有保证、与周边环境相协调的设计方案。

方案设计应确定项目范围及内容、建设标准、设计原则，将功能需求与空间造型相结合，比选和推荐项目主要技术方案。

在拿出初步的设计方案后,设计单位还必须根据领导和专家的意见对设计方案进行优化。好的设计方案对整个建设工程必须全面考虑,不光在建筑、结构等方面,水、电、路、通信、暖通、绿化、景观等必须配套。方案设计应当满足编制初步设计文件和控制概算的需要。方案设计的内容包括设计说明、投资估算、平面图、剖面图、立面图、效果图等,必要时还可制作成模型,直观表达设计效果。设计方案经反复比选、论证,成熟后交建设单位及有关领导审定。

以江西省井冈山革命博物馆新馆为例,该项目是江西省井冈山"一号工程"的主体工程,坐落在江西省井冈山市茨坪镇红军南路挹翠湖旁,占地面积 1.782hm^2(26.73 亩),主体建筑为四层框架结构,一层为停车场、报告厅,二层为文物库房及办公用房,三、四层为展厅,总建筑面积 20030m^2。井冈山革命博物馆新馆的建设将成为 21 世纪井冈山的标志性建筑之一,其设计理念为:主体建筑正立面借用井冈山五指峰的造型,象征革命博物馆顶天立地的磅礴气势;用 6 根大柱子支撑红色的大屋顶,象征为中国革命的擎天柱;中间一条"红色之路"寓意着井冈山斗争开辟了"农村包围城市、武装夺取政权"的中国革命胜利之路;总体造型吸取了赣南民居"围屋"的建筑特色,内庭两边设置景观水池,为参观者提供良好的休闲观光场所;办公室、展厅大多为南北向布置,有利于通风、采光,既节能又环保;四层用休息茶座将南北展厅相连,并形成进入博物馆的大门——"革命之门",以"门"的形象来喻示革命的起点,象征井冈山斗争在中国革命历史上的重要地位。井冈山革命博物馆新馆设计方案庄重大气,与山体等周边自然景观融为一体,既体现了敢闯新路的井冈山精神,又富有浓厚的现代建筑气息。该设计方案得到了有关专家和领导的一致好评,为该项目荣获"鲁班奖"奠定了坚实基础。

方案设计一定要慎之又慎,一经确定,不要随便更改。许多建设项目受投资、工期、场地等限制,方案设计必须充分考虑这些因素。"磨刀不误砍柴工",宁可在方案设计时考虑周全一点,多花点时间论证,广泛征求意见,反复进行修改。方案确定后,总建筑面积、高度、立面设计、建筑风格等大的方面均不宜做改动,否则不仅延误工期,还会造成总投资失控,建筑效果也不一定好。

第四节　设计控制

建设工程项目的设计控制,可分为质量控制、进度控制和投资控制三部分。在确定设计方案后,建设单位(或全过程工程咨询服务单位)应对设计控制提出具体要求。

设计任务书是进行设计质量控制、进度控制和投资控制的重要依据之一,设计单位应按建设单位下达的设计任务书组织开展工程设计。

工程设计质量从两方面控制:一是工程的质量标准,如采用的技术标准、设计使用年限、工程规模、达到的效果等。二是设计工作质量,即设计成果的正确性、各专业设计的协调性、设计文件的完备性及文件清晰,易于理解、直观明了,符合规定的深度和设计成果数量。设计单位是设计质量控制的主体,总建筑师、总结构师、项目负责人等应对各专业的设计图纸、说明书严格把关,努力提高设计质量。建设单位对设计质量的控制,在设计方案阶段要组织专家进行论证,指出问题,通过反复修改达到最佳效果;在初步设计阶段要求达到一定的深度,图纸基本齐全,使用功能合理;在施工图设计阶段要求图纸清晰,尺寸准确,选材恰当，结构安全，无设计漏项，符合国家强制性标准，能满足施工要求。

工程设计进度控制应围绕建设项目确定的工期来进行。在设计准备阶段，应尽早收集与工程设计相关的资料，确定规划设计条件，提供给设计单位，另对方案设计的完成时间提出具体要求；在初步设计阶段，除给定时间外，建设单位还应及时与设计单位沟通，解决初步设计中遇到的相关问题，并尽可能缩短初步设计的报批时间；在施工图设计阶段，设计的框架已确定，关键是如何发挥设计人员的作用，搞好各专业的设计协调。有的项目建筑、结构设计均已完成，但水电、暖通、智能化等辅助设计跟不上，拖了整个项目设计的后腿。此外，还应加强与外部的协调，主要是协调与规划、建设、人防、环保、供电、供水、供气和交通等部门的关系，使项目设计符合有关部门的要求，为工程设计的评审和审批打下基础。

工程设计投资控制贯穿于设计的全过程。要控制工程总投资，设计是关键。一般建设项目均有较明确的投资规模，但有的设计单位往往只追求设计效果而忽视投资控制，造成总投资失控现象。为确保投资控制落到实处，建设单位应对设计单位提出明确的投资控制要求，并采取经济、行政等手段予以制约，如因设计原因造成突破投资规模，可扣除部分设计费，同时不支持其参加设计评优，严重者将建议主管部门对其进行处罚。如某工程在设计招标文件中明确："要按照设计科学、功能齐全、现代化的要求，合理确定建设标准，按批准的投资规模，进行各阶段的专业设计，对因设计不妥或采用不恰当标准造成的超出投资控制额的情况，中标人负有重新修改设计的责任。"在设计合同中要求"设计人在各阶段设计及预算时不得突破估算总投资，如果突破，应由设计人重新修改调整设计内容。因此造成设计返工、延误设计交付工期的，按合同相关条款扣减设计费。如设计修改后仍然超出该控制指标，按超出额的2%扣减设计费。如果设计人拒绝调整的，经发包方优化设计后节约该部分投资10%以上的，则该部分设计的咨询费、优化设计费从设计费中扣减。"世界上怕就怕"认真"二字，只要认真就不可能控制不了投资。设计单位控制投资的方法也很多，如认真审定结构设计，在不影响结构安全的前提下尽可能减少用钢量；尽可能选用当地的建筑和装饰材料，不用或少用进口、高档材料；选用成熟的设计工艺，使设计平面布局更科学合理等。建设单位应进一步加强对设计概算和施工图预算的审查，对投资控制影响较大的单项工程进行研究论证，并提出具体的控制措施，在设计"源头"上控制好投资规模。

为了加强对建设项目的设计管理，搞好设计控制，建设单位可根据实际委托全过程工程咨询服务单位对设计进行全程管理。

设计是工程建设的"牛鼻子"，只有牵住这个"牛鼻子"，建设项目才能按计划高质量地建成，设计控制将在项目建设过程中起重要作用。质量控制是核心，进度控制是前提，投资控制是保障，三者应相互兼顾。抓好设计控制，设计单位应发挥主导作用，要多为建设单位着想，牢固树立质量意识。建设单位要督促设计单位高质量、高效率地完成设计任务，并把工程总投资控制在经批准的范围内。

第五节　初步设计

建设项目的设计方案确定后，应立即进行工程的初步设计。初步设计是在方案设计的基础上进一步完善、提高的过程。初步设计应当满足编制施工招标文件、主要设备材料订货和编制施工图设计的需要,其深度应达到住房和城乡建设部规定的要求。

初步设计说明应分章节叙述,内容包括:

(1) 设计总说明(工程概况、项目概况及背景、设计依据、设计规模和范围、设计基本参数、总指标等);

(2) 总平面设计(建设场地概述、总体布局和设计构思、竖向设计、交通设计、绿化景观设计等);

(3) 建筑设计(设计理念、设计内容、建筑设计年限、抗震设防要求、建筑形态和空间设计、垂直交通、建筑用料、建筑设备等);

(4) 结构设计(设计依据、结构要求、计算分析、材料等);

(5) 给水排水设计(生产生活给水、消防给水、排水、管材等);

(6) 暖通设计(设计范围、设计计算参数、系统设计、主要设备、管材与保温、自动控制等);

(7) 强电设计(设计内容、负荷等级、电源选择、变配电系统、照明系统、线路走向、防雷与接地、安保措施等);

(8) 弱电设计(系统设计、功能设计、系统布线等);

(9) 消防设计(平面布置、防火分区、安全疏散、给水排水、暖通、强电、弱电等);

(10) 环境保护设计(可能造成的环境影响、防治措施、劳动保护等);

(11) 节能设计(建筑节能、给水排水节能、暖通节能、电气节能)等。

初步设计图纸应尽可能详细、准确,总平面图、各楼层平面图、立面图、剖面图、流程示意图等均应齐全,且应标明尺寸。按专业可分为建筑、结构、给水排水、消防、暖通、强电、弱电、声学等初步设计图纸。

初步设计概算书内容包括编制说明(工程概况、编制依据、经济指标、注意事项等)、概算费用汇总表、工程造价取费表、单位工程预算表、费率分析表、设备材料明细表等,在此基础上提出工程总概算。

初步设计完成后,建设单位应将初步设计成果报负责该项目设计审查的政府主管审批。对初步设计进行审查是一项专业性、技术性较强的工作,应从专家库中抽取建筑、结构、水电、暖通、造价等专业的工程技术人员组成专家组,专家组应认真审阅初步设计图纸及说明、概算书,必要时还应到建设现场踏勘,然后充分发表意见。负责设计审查的部门应将专家的评审意见归纳汇总,根据可行性研究报告和立项批文对设计总概算进行审定,然后对该项目的初步设计进行批复。

第六节　施工图设计

建设项目的初步设计获有关部门批复后,设计单位接下来的任务就是组织人员尽快完成施工图设计。施工图设计可由编制方案设计、初步设计的设计单位来完成,也可经建设单位同意分包给具有相应资质的其他设计单位去完成。但为了贯彻设计意图、确保设计效果,最好是由一家设计单位来完成工程的全部设计任务。

施工图设计应当满足施工招标、设备材料采购、非标准设备制作和施工全过程的需要,并注明建设工程合理使用年限。施工图设计选用的材料、构配件、设备,应当注明其规格、型号、性能等技术指标,其质量要求必须符合国家规定的标准。

施工图设计的工作量和取费约占总设计任务的50%,但设计更加具体,要求也更高。严格来说,施工单位按图施工,不对设计负任何责任。若施工图设计发生差错,施工单位又未及时发现,设计单位要对造成的损失负责。从工程建设的实际情况看,这种事情时有发生。为避免因设计失误对工程所造成的损失,首先要求设计人员精心设计,尽可能不出差错;其次要求设计单位的项目负责人经常召集各专业的设计人员碰头,协调各专业遇到的设计问题,确保施工图设计的完整性;第三要求抓好施工图会审,监理、建设、施工单位要组织对施工图纸进行会审,挑毛病、找问题;第四要求设计单位的设计代表常驻工地,及时发现和解决问题。建设单位也应该和设计单位保持经常沟通。

按照专业划分,施工图可分为建筑、结构、水电(消防)、暖通、智能化、外幕墙、内装修、景观(园林)等部分,各部分之间均有一定的联系。为切实提高施工图质量,减少设计变更,施工图设计阶段时间应适当放宽一些,最好待施工图全部完成后再组织施工招标,要杜绝边设计、边施工、边投产的"三边"工程。但许多建设项目由于工期紧,难以做到待全部图纸出齐后才组织施工,如何处理这一矛盾?我们认为可对建设项目分段进行施工。如总平面图完成后,即可组织土石方工程的招标,完成"三通一平"(通水、通电、通路、平整场地);待基础和护坡施工图完成后,再对基础和护坡工程进行招标;然后依次为主体、消防、智能化、幕墙、内装修、景观工程等。这样做可在施工图设计阶段为基础工程的施工争取时间,从而缩短工期,加快建设进度。

施工图设计是设计单位向建设和施工单位提供的最直接技术文件,是工程建设的必备条件,设计单位必须按合同规定提供规范、准确的供招标和施工用的蓝图若干套(一般为8～10套),并提供电子版。施工图的深度应符合住房和城乡建设部的有关规定并能满足施工要求,设计说明要表述清楚,关键部位要有大样图、节点图,疑难问题不能推给施工单位。2018年7月,住房和城乡建设部批复同意在上海、深圳市开展工程总承包企业编制施工图设计文件试点,试点期限为3年。若试点成功,工程建设施工图设计文件的编制将面临重大改革。

第七节 施工图审查

施工图审查是建设主管部门对建设工程设计质量进行监督管理的重要环节,是基本建设必不可少的程序。国务院《建设工程质量管理条例》第十一条规定:建设单位应当将施工图设计文件报县级以上人民政府建设行政主管部门或者其他有关部门审查。施工图设计文件未经审查批准的,不得使用。

施工图审查的主要内容:一是建筑物的稳定性、安全性审查,包括地基基础和主体结构体系是否安全、可靠;二是是否符合消防、节能、环保、抗震、卫生、人防、防雷等有关强制性标准、规范;三是施工图是否达到规定的深度要求;四是是否损害公众利益。

建设单位将施工图报审时,还应提供工程初步设计及批准文件、工程勘察成果报告、结构计算书及计算软件名称等。

承担施工图审查的机构必须经省级以上建设主管部门批准。施工图审查报告必须将审查的内容表述清楚,并由审查人员签字、审查机构盖章。经审查合格的,应核发《施工图审查合格书》，并附《审查报告》《审查备案登记表》；未经审查或者审查不合格的施工图不得交付施工。

有关建筑消防安全的施工图审查，2018年在党政机构改革方案中明确由公安部门划归建设主管部门负责，并入施工图设计文件审查。2020年4月，住房和城乡建设部令第51号公布了《建设工程消防设计审查验收管理暂行规定》。

承担施工图审查的机构要对建设项目的设计高度负责，对每张图纸认真审查把关，不仅要分专业审，而且要系统全面审，要多挑毛病，尤其是对结构安全问题、对违反强制性标准的问题不能放过。个别施工图审查机构片面追求经济效益，对施工图把关不严，使施工图审查这一关卡形同虚设，对此建设主管部门要加强监督。

对施工图审查中发现的问题，设计单位要高度重视，违反强制性标准的要坚决纠正、重新出图；对一般问题也应认真研究，并与施工图审查机构沟通；对消防设计中的问题要认真解决，不留隐患。建设单位要督导设计单位进一步完善施工图设计。

为推进工程建设项目审批制度改革，住房和城乡建设部规定，施工图可以根据项目实施情况分阶段进行审查。

2020年6月，住房和城乡建设部办公厅下文同意深圳市开展建筑工程人工智能审图试点。

施工图审查是对设计单位出的施工图质量进行把关的一道重要工序，建设项目千万不要跳过或错过这道工序。要选择技术力量强的施工图审查机构并与其签订协议，对施工图从严进行审查、把关。尤其是对结构部分，既要严格执行国家强制性标准，又不宜过分保守、造成浪费。除施工图审查把关外，大中型建设项目建议委托较权威的设计咨询机构对结构设计重新进行核算，在确保结构安全的前提下努力降低工程造价。另外，从有利于对施工图进行监管的角度出发，可责成承接本工程的监理单位对施工图再进行一次过细的核查，将发现的问题转告建设单位和设计单位并要求及时纠正，这样做可使施工图审查（核查）更加具有实际意义。

第八节　设计变更

一些项目在建设过程中，由于形势的变化，在建设过程中遇到的实际问题，部分变更设计在所难免。

对于设计变更，一是要从严控制。要求设计单位在方案设计、初步设计、施工图设计过程中考虑周全，尽可能不出现漏项、不出现各专业之间"打架"现象。由于设计单位工作疏忽等原因造成的设计变更，应追究设计单位的责任。对施工单位以种种理由提出的设计变更，要认真加以研究分析。施工单位在中标后大多希望通过改变设备材料、改变设计来达到调整预算、实现盈利的目的，因此，无充足的理由且需要增加投资的设计变更建议不能采纳；确属合理化建议且对投资控制影响不大的设计变更也要从严控制，可改可不改的尽量不要改，非改不可的可做设计变更处理。如某绿化景观工程，施工单位以找不到相同规格的树苗为理由要求变更设计，建设单位会同监理单位研究后认为该理由不成立，不同意设计变更。又如某办公用房的吊顶，原设计采用的是50系列的轻钢龙骨（不上人）用石膏板吊顶，施工单位建议改为80系列的轻钢龙骨（可上人）并采用金福板吊顶，考虑到该工程要争创鲁班奖等因素，经建设单位会同设计、监理单位研究，同意其设计变更,但仅此一项其单价从每平方米20多元增加到了50多元,使工程投资增加了数十万元。二是要认真对待。相关领导和部门提出的设计变更,目的是让工程更加完美,为此一定要认真对待,尽快和设计、施工、监理等单位沟通,确需更改的设计要立即动手改;可改可不改或不能更改的设计也要向领导和相关部门陈述理由,取得他们的理解,切不可含糊其辞。如某建筑为体现其总体效果,相关领导提出对入口处的设计进行更改,建设单位与设计单位立即着手研究,采取了现代手段精心变更设计后,使入口处的设计更加大气、更加与周围环境相协调。又如某小剧场原未设计乐池,主体结构完成后领导提出要求增设,建设、监理、施工单位的负责人根据实际情况向领导进行了汇报:因剧场的底板是整块现浇成的,若重新挖乐池势必破坏其防水结构,很难恢复,领导通情达理,采纳了大家的意见,改在地面上设简易乐池。三是要相互协调。局部设计变更有时会"牵一发而动全身",一定要通盘考虑,切莫"头痛医头、脚痛医脚",否则建筑改了结构问题又来了,结构改了水电问题又来了,各专业之间不协调的设计变更很容易出问题。如某建筑为增加办公用房面积,将部分车库改为办公室,但设计变更时忽视了暖通系统,建成后其通风和供暖(冷)达不到办公要求。又如某建筑楼面原设计采用玻璃天棚防雨,后设计变更取消了天棚,但忽视了该楼面的防水设计,建成后该处楼面出现渗漏,给整改工作带来了较大的难度。四是要科学合理。设计变更应该是越改越好、越改越省,而不是越改越差、越改投资增加越多,必须更加科学,更加符合实际。如某建筑原设计为"回"字形,后为了与山体自然景观相协调改成"U"字形,这一改动不仅节省了数百万元投资,而且使整个建筑设计更加科学合理,得到了领导和专家们的一致肯定。又如某建筑大屋顶的设计原采用钢结构,后经设计、施工、建设、监理单位反复研究,更改为网架结构,既节省了钢材数百吨,又方便了施工,加快了工程进度。

当发生设计变更后,建设单位要及时通知监理、质监、施工等单位,并及时与施工单位进行清算。若设计变更较早、未给施工单位带来损失的,要商定设计变更后对工程结算带来的影响并以会议纪要等书面形式真实记录;若已施工的部位发生设计变更,则应商谈损失的补偿及因设计变更所发生的费用并用文字表述,切莫口头承诺、"秋后算账",否则建设单位或施工单位将有一方会蒙受损失。

工程项目在建设过程中发生设计变更,既有建设单位的原因,也有设计、施工单位的原因,总的原则是要严格控制。要学习借鉴国外工程建设管理的先进经验,采用FIDIC(国际咨询工程师联合会)合同条款管理,严格按合同追究有关责任方的责任。

第九节　BIM 技术应用

建筑信息模型(简称"BIM")技术是在计算机辅助设计(CAD)等技术基础上发展起来的多维建筑模型信息集成管理技术,是城乡建设领域转型升级的关键技术。大力推进BIM技术应用,可以提高建设工程质量水平和投资效益、节省投资、节约资源、缩短工期、加快信息化进程、促进建筑行业转型升级,对推进新型城镇化、促进智慧城市建设具有十分重要的意义。

BIM能够应用于工程项目规划、勘察、设计、施工、运营维护等各阶段,实现建筑全生命期各参与方在同一多维建筑信息模型基础上的数据共享,为产业链贯通、工业化建造和繁荣建筑创作提供技术保障；支持对工程环境、能耗、经济、质量、安全等方面的分析、检查和模拟，为项目全过程的方案优化和科学决策提供依据；支持各专业协同工作、项目的虚拟建造和精细化管理，为建筑业的提质增效、节能环保创造条件。

国务院办公厅《关于促进建筑业持续健康发展的意见》指出：加快推进建筑信息模型（BIM）技术在规划、勘察、设计、施工和运营维护全过程的集成应用，实现工程建设项目全生命周期数据共享和信息化管理，为项目方案优化和科学决策提供依据，促进建筑业提质增效。

住房和城乡建设部《关于印发推进建筑信息模型应用指导意见的通知》要求：从勘察设计入手，到2020年年末，建筑行业甲级勘察、设计单位以及特级、一级房屋建筑工程施工企业应掌握并实现BIM与企业管理系统和其他信息技术的一体化集成应用。

工程勘察单位要研究构建支持多种数据表达方式与信息传输的工程勘察数据库，研发和采用BIM应用软件与建模技术，建立可视化的工程勘察模型，实现建筑与其地下工程地质信息的三维融合。开发岩土工程各种相关结构构件族库，建立统一数据格式标准和数据交换标准，实现信息的有效传递。

设计单位要研究建立基于BIM的协同设计工作模式，根据工程项目的实际需求和应用条件确定不同阶段的工作内容。开展BIM示范应用，积累和构建各专业族库，制定相关企业标准。

采用BIM应用软件和建模技术，构建包括建筑、结构、给水排水、暖通空调、电气设备、消防等多专业信息的BIM模型。根据不同设计阶段任务要求，形成满足各参与方使用要求的数据信息。进行包括节能、日照、风环境、光环境、声环境、热环境、交通、抗震等在内的建筑性能分析。根据分析结果，结合全生命期成本，进行优化设计。利用基于BIM的协同工作平台等手段，开展多专业间的数据共享和协同工作，实现各专业之间数据信息的无损传递和共享，进行各专业之间的碰撞检测和管线综合碰撞检测，最大限度减少错、漏、碰、缺等设计质量通病，提高设计质量和效率。

第十节　绿色建筑

绿色建筑是指在全寿命周期内，节约资源、保护环境、减少污染，为人们提供健康、适用、高效的使用空间，最大限度地实现人与自然和谐共生的高质量建筑。

发展绿色建筑，是建设领域统筹经济社会发展、人与自然和谐发展的重要举措，是转变城镇建设模式的重要途径，是扩内需、调结构、保增长、惠民生的重要手段。

绿色建筑认证，是指依据《绿色建筑评价标准》GB/T 50378—2019和《绿色建筑评价技术细则（试行）》，按照《绿色建筑评价标识管理办法（试行）》，确认绿色建筑等级并进行信息性标识的一种评价活动。绿色建筑等级分为一星级、二星级和三星级，评价的总得分应分别达到50分、60分、80分以上；其中一星、二星级评价识别工作由省级住房和城乡建设主管部门负责组织实施，三星级评价识别工作由住房和城乡建设部组织实施。绿色建筑由建设单位申报、绿色建筑评价标识管理机构组织专家评审和公示、住房和城乡建设主管部门公布获得标识。

获得绿色建筑认证可以获取国家相应的补贴。

绿色建筑评价指标体系由节地与室外环境、节能与能源利用、节水与水资源利用、节材与材料资源利用、室内环境质量和运营管理（住宅建筑）或全生命周期综合性能（公共建筑）六类指标组成。每类指标包括控制项、一般项与优选项。绿色建筑的评价原则上以住宅小区、区域公共建筑为对象，也可以单栋住宅为对象进行评价。对新建、扩建与改建的住宅建筑或公共建筑的评价，在其投入使用一年后进行。

为贯彻执行节约资源和环境保护的基本国策，引导绿色建筑健康发展，住房和城乡建设主管部门曾多次下发相关文件，要求全面实施绿色建筑建设标准。申请省级以上绿色科技示范工程、建筑业新技术应用示范工程的房屋建筑项目应按照不低于一星级绿色建筑标准要求进行建设，鼓励有条件的地方根据当地实际，提高星级标准要求，提升绿色建筑整体发展水平；强化绿色建筑工程项目参建各方质量责任。建设单位应明确绿色建筑等级要求，设计单位要编制绿色建筑设计专篇，施工图审查机构在审查报告中应有绿色建筑专项审查意见，施工单位要严格按照图纸和绿色建筑标准要求组织施工，检测机构要如实出具绿色建筑工程质量检测报告，监理单位要明确绿色建筑监理的内容并在施工中加强监理；要加强绿色建筑工程验收工作，绿色建筑工程施工质量验收应纳入建筑节能分部的专项验收；要加强绿色建筑工程质量监管，及时组织相关单位开展绿色建筑工程质量技术宣传贯彻和培训，强化建设各方主体的绿色节能意识，切实提升实施绿色建筑的能力水平。

第十一节　装配式建筑

装配式建筑是指用工厂生产的预制构件在现场装配而成的建筑。从结构形式来说，装配式混凝土结构、钢结构、木结构都可以称为装配式建筑，是工业化建筑的重要组成部分。随着现代工业技术的不断发展，建造房屋可以像生产机器那样，成批成套地制造。只要把预制好的房屋构件，运到工地装配起来，就成了一座建筑。装配式建筑由于具有建造速度快、受气候条件制约小、环境污染轻、节约劳动力、提高建筑质量等优点，在欧美及日本已经广泛采用。

我国装配式建筑起步较晚。2016年2月6日《中共中央、国务院关于进一步加强城市规划建设管理工作的若干意见》指出：“发展新型建造方式。大力推广装配式建筑，减少建筑垃圾和扬尘污染，缩短建造工期，提升工程质量。制定装配式建筑设计、施工和验收规范。完善部品部件标准，实现建筑部品部件工厂化生产。鼓励建筑企业装配式施工，现场装配。建设国家级装配式建筑生产基地。加大政策支持力度，力争用10年左右时间，使装配式建筑占新建建筑的比例达到30%。"

2016年9月30日，国务院办公厅印发了《关于大力发展装配式建筑的指导意见》，明确：发展装配式建筑是建造方式的重大变革，是推进供给侧结构性改革和新型城镇化发展的重要举措，有利于节约资源能源、减少施工污染、提升劳动生产效率和质量安全水平，有利于促进建筑业与信息化工业化深度融合、培育新产业新动能、推动化解过剩产能。近年来，我国积极探索发展装配式建筑，但建造方式大多仍以现场浇筑为主，装配式建筑比例和规模化程度较低，与发展绿色建筑的有关要求以及先进建造方式相比还有很大差距。提出工作目标：以京津冀、长三角、珠三角三大城市群为重点推进地区，常住人口超过300万的其他城市为积极推进地区，其余城市为鼓励推进地区，因地制宜发展装配式混凝土结构、钢结构和现代木结构等装配式建筑。同时，逐步完善法律法规、技术标准和监管体系，推动形成一批设计、施工、部品部件规模化生产企业，具有现代装配建造水平的工程总承包企业以及与之相适应的专业化技能队伍。

重点任务是：健全标准规范体系。加快编制装配式建筑国家标准、行业标准和地方标准，逐步建立完善覆盖设计、生产、施工和使用维护全过程的装配式建筑标准规范体系；创新装配式建筑设计。推行装配式建筑一体化集成设计，加强对装配式建筑建设全过程的指导和服务；优化部品部件生产。培育一批技术先进、专业配套、管理规范的骨干企业和生产基地，支持部品部件生产企业完善产品品种和规格，促进专业化、标准化、规模化、信息化生产，优化物流管理；提升装配施工水平。引导企业研发应用与装配式施工相适应的技术、设备和机具，提高部品部件的装配施工连接质量和建筑安全性能；推进建筑全装修。积极推广标准化、集成化、模块化的装修模式，提高装配化装修水平；推广绿色建材。提高绿色建材在装配式建筑中的应用比例，强制淘汰不符合节能环保要求、质量性能差的建筑材料，确保安全、绿色、环保；推行工程总承包。实现工程设计、部品部件生产、施工及采购的统一管理和深度融合，优化项目管理方式；确保工程质量安全。完善装配式建筑工程质量安全管理制度，健全质量安全责任体系，落实各方主体质量安全责任。

装配式建筑具有六大特点：一是有利于提高施工质量，装配式构件是在工厂里预制的，能最大限度地改善墙体开裂、渗漏等质量通病，提高建筑整体安全等级、防火性和耐久性；二是有利于加快工程进度，装配式建筑比传统方式的进度快30%左右；三是有利于提高建筑品质，装配式建筑通过精细的设计，可使建筑产品"长久不衰、永葆青春"；四是有利于调节供给关系，装配式建筑可缩短工期，降低建造成本，有效抑制了房价；五是有利于文明施工、安全管理，传统作业现场需要大量的工人，装配式建筑现场只需小部分工人，大大降低现场安全事故发生率；六是有利于环境保护、节约资源，装配式建筑现场现浇作业极少，钢模板等重复利用率提高，垃圾、能耗都将大大减少。

由于党中央、国务院和各级党委、政府的高度重视和政策上的大力扶持，近年来我国装配式建筑发展势头较猛。全过程工程咨询服务企业也应在装配式建筑的推广应用过程中发挥积极的作用。

第四章 工程招标

第一节 招标代理机构的选定

对于全过程工程咨询服务项目，招标代理机构的选定同样也是一件十分重要的工作。国家有关部门规定，具备一定条件的招标代理机构可以承担全过程工程咨询服务。

选择招标代理机构招标，可以由建设单位视情况采取招标、比选、洽谈等形式。《中华人民共和国招标投标法》强调：任何单位和个人不得强制招标人委托招标代理机构办理招标事宜。

国家对招标代理机构取消资质管理后，从事招标代理业务的单位迅速增多，许多单位具有较强的专业技术队伍和丰富的招标代理经验，确保了工程招标依法进行。但也有一些招标代理机构人员少、条件差、管理跟不上，难以胜任工作。为确保全过程工程咨询服务的顺利进行，建议建设单位认真、慎重选定招标代理机构，通过咨询、招标、考察等形式，选择信誉度高、技术力量强、管理水平高、工作业绩好的招标代理机构或工程咨询企业。

招标代理机构选定后，建设单位应当与被委托的招标代理机构签订书面委托合同。

承担全过程工程咨询服务的单位，应按合同规定参与或代理项目的工程勘察设计招标、工程监理招标、施工招标等项工作，协助业主优选中标单位。

根据《中华人民共和国招标投标法》，招标分为公开招标和邀请招标。国家发展改革委发布的《必须招标的工程项目规定》指出：全部或者部分使用国有资金投资或者国家融资的项目以及使用国际组织或者外国政府贷款、援助资金的项目，施工单项合同估算价在400万元人民币以上；重要设备、材料等货物的采购，单项合同估算价在200万元人民币以上；勘察、设计、监理等服务的采购，单项合同估算价在100万元人民币以上的，必须公开招标。

达到以上条件，但又符合邀请招标条件的项目，经有关单位研究并按规定程序报批，可以邀请招标。

具备可以不招标条件，或施工单项合同估算价在400万元人民币以下；重要设备、材料等货物的采购，单项合同估算价在200万元人民币以下；勘察、设计、监理等服务的采购，单项合同估算价在100万元人民币以下的，经建设单位研究并经批准，可以不招标。

经选定的招标代理机构，应按照国家有关法律、法规和部门规章的要求，对所承担的工程咨询服务项目协助建设单位合理划分标段，并提出依法进行公开招标、邀请招标或不招标的建议，供建设单位决策。

勘察设计招标、监理单位招标和主要材料设备的采购招标，在符合《中华人民共和国招标投标法》《中华人民共和国政府采购法》等法律法规的前提下，有各自的不同特点。国家规定具有相应工程勘察、设计、监理或造价咨询资质的单位开展全过程工程咨询服务的，其单项工作（如勘察、设计、监理等）可以不再通过招标形式另行委托。因此，本章主要介绍工程施工招标。

第二节　招标公告的发布

建设单位与招标代理机构签订合同、招标条件成熟后，对依法必须公开招标的项目应尽快发布招标公告。

对于招标条件，国家发展改革委等部门发布的《工程建设项目施工招标投标办法》第八条规定：依法必须招标的工程建设项目，应当具备下列条件才能进行施工招标：

（1）招标人已经依法成立；
（2）初步设计及概算应当履行审批手续的，已经批准；
（3）有相应资金或资金来源已经落实；
（4）有招标所需的设计图纸及技术资料。

住房和城乡建设部发布的《房屋建筑和市政基础设施工程施工招标投标管理办法》第七条规定，工程施工招标应当具备下列条件：

（1）按照国家有关规定需要履行项目审批手续的，已经履行审批手续；
（2）工程资金或者资金来源已经落实；
（3）有满足施工招标需要的设计文件及其他技术资料；
（4）法律、法规、规章规定的其他条件。

2017年11月国家发展改革委第10号令发布的《招标公告和公示信息发布管理办法》规定：

依法必须招标项目的招标公告和公示信息，除依法需要保密或者涉及商业秘密的内容外，应当按照公益服务、公开透明、高效便捷、集中共享的原则，依法向社会公开。

依法必须招标项目的资格预审公告和招标公告，应当载明以下内容：

（1）招标项目名称、内容、范围、规模、资金来源；
（2）投标资格能力要求，以及是否接受联合体投标；
（3）获取资格预审文件或招标文件的时间、方式；
（4）递交资格预审文件或投标文件的截止时间、方式；
（5）招标人及其招标代理机构的名称、地址、联系人及联系方式；
（6）采用电子招标投标方式的，潜在投标人访问电子招标投标交易平台的网址和方法；
（7）其他依法应当载明的内容。

依法必须招标项目的招标公告和公示信息应当在"中国招标投标公共服务平台"或者项目所在地省级电子招标投标公共服务平台发布。

使用国际组织或者外国政府贷款、援助资金的招标项目，贷款方、资金提供方对招标公告和公示信息的发布另有规定的，适用其规定。

第三节 资格预审

国家发展改革委等部门发布的《工程建设项目施工招标投标办法》规定：资格审查分为资格预审和资格后审。资格预审，是指在投标前对潜在投标人进行的资格审查。资格后审，是指在开标后对投标人进行的资格审查。进行资格预审的，一般不再进行资格后审，但招标文件另有规定的除外。采取资格预审的，招标人应当发布资格预审公告，招标人应当在资格预审文件中载明资格预审的条件、标准和方法；采取资格后审的，招标人应当在招标文件中载明对投标人资格要求的条件、标准和方法。招标人不得改变载明的资格条件或者以没有载明的资格条件对潜在投标人或者投标人进行资格审查。

进行资格预审，主要是因为潜在投标人的数量较多时，为了从中选择较为满意的投标人正式参加投标的一种方法，这种方法在房屋建筑工程施工招标中较为普遍。通过调查分析，如该工程项目的潜在投标人数量不是太多、能有效地组织招标投标时，一般不提倡进行资格预审，以最大限度地满足潜在投标人的投标意愿。

资格审查应主要审查潜在投标人或者投标人是否符合下列条件：（1）具有独立订立合同的权利；（2）具有履行合同的能力，包括专业、技术资格和能力，资金、设备和其他物质设施状况，管理能力，经验、信誉和相应的从业人员；（3）没有处于被责令停业，投标资格被取消，财产被接管、冻结，破产状态；（4）在最近3年内没有骗取中标和严重违约及重大工程质量问题；（5）国家规定的其他资格条件。资格审查时，招标人不得以不合理的条件限制、排斥潜在投标人或者投标人，不得对潜在投标人或者投标人实行歧视待遇。任何单位和个人不得以行政手段或者其他不合理方式限制投标人的数量。

资格预审文件的内容，住房和城乡建设部《房屋建筑和市政基础设施工程招标投标管理办法》第十五条规定：资格预审文件一般应当包括资格预审申请书格式、申请人须知，以及需要投标申请人提供的企业资质、业绩、技术装备、财务状况和拟派出的项目经理与主要技术人员的简历、业绩等证明材料。

在房屋建筑和市政基础设施工程施工招标的资格预审文件中，应标明工程名称、建设地点、设计单位、工程立项批文、工程总投资、本项目投资、建筑面积、结构、建筑高度、层数等工程概况，明确招标方式、工程质量要求、计划开工日期、竣工日期、投标单位资质等级要求、注册建造师资格要求、关键岗位人员资格要求、资格审查文件份数、递交资格审查文件的单位名称、地点、时间等，并告知招标范围及标段划分、投标资格审查条件（企业营业执照、资质证书、安全生产许可证、拟派项目经理或负责人姓名、业绩要求及证明材料等）以及资格审查标准和方法。投标人根据资格预审文件要求编制投标资格预审材料，按时送达招标代理机构；招标代理机构从专家库中随机抽取3人以上单数组成资格审查委员会，按照资格预审文件确定的审查标准和方法对投标人进行资格审查。

经资格预审后，招标人应当向资格预审合格的潜在投标人发出资格预审合格通知书，告知获取招标文件的时间、地点和方法，并同时向资格预审不合格的潜在投标人告知资格预审结果。只有经资格预审合格的投标人方可参加该标段的投标。

第四节　招标文件的制定

招标文件是招标过程中的法律文书，在招标公告发布后，应尽快依法制定招标文件。招标文件既要按照一定的格式和内容编制，又要依法依规充分体现招标要求。

国家发展改革委等部门发布的《工程建设项目施工招标投标办法》规定：招标人根据施工招标项目的特点和需要编制招标文件。招标文件一般包括下列内容：（1）招标公告或投标邀请书；（2）投标人须知；（3）合同主要条款；（4）投标文件格式；（5）采用工程量清单招标的，应当提供工程量清单；（6）技术条款；（7）设计图纸；（8）评标标准和方法；（9）投标辅助材料。招标人应当在招标文件中规定实质性要求和条件，并用醒目的方式标明。

住房和城乡建设部《房屋建筑和市政基础设施工程招标投标管理办法》规定：招标文件的内容包括：（1）投标须知，包括工程概况，招标范围，资格审查条件，工程资金来源或者落实情况，标段划分，工期要求，质量标准，现场踏勘和答疑安排，投标文件编制、提交、修改、撤回的要求，投标报价要求，投标有效期，开标的时间和地点，评标的方法和标准等；（2）招标工程的技术要求和设计文件；（3）采用工程量清单招标的，应当提供工程量清单；（4）投标函的格式及附录；（5）拟签订合同的主要条款；（6）要求投标人提交的其他材料。

招标人可以要求投标人在提交符合招标文件规定要求的投标文件外，提交备选投标方案，但应当在招标文件中作出说明，并提出相应的评审和比较办法。招标文件规定的各项技术标准应符合国家强制性标准。招标文件中规定的各项技术标准均不得要求或标明某一特定的专利、商标、名称、设计、原产地或生产供应者，不得含有倾向或者排斥潜在投标人的其他内容。如果必须引用某一生产供应者的技术标准才能准确或清楚地说明拟招标项目的技术标准时，则应当在参照后面加上"或相当于"的字样。施工招标项目需要划分标段、确定工期的，招标人应当合理划分标段、确定工期，并在招标文件中载明。对工程技术上紧密相连、不可分割的单位工程不得分割标段。招标人不得以不合理的标段或工期限制或者排斥潜在投标人或者投标人。依法必须进行施工招标的项目的招标人不得利用划分标段规避招标。招标文件应当明确规定所有评标因素，以及如何将这些因素量化或者据以进行评估。在评标过程中，不得改变招标文件中规定的评标标准、方法和中标条件。招标文件应当规定一个适当的投标有效期，以保证招标人有足够的时间完成评标和与中标人签订合同。投标有效期从投标人提交投标文件截止之日起计算。在原投标有效期结束前，出现特殊情况的，招标人可以书面形式要求所有投标人延长投标有效期。投标人同意延长的，不得要求或被允许修改其投标文件的实质性内容，但应当相应延长其投标保证金的有效期；投标人拒绝延长的，其投标失效，但投标人有权收回其投标保证金。因延长投标有效期造成投标人损失的，招标人应当给予补偿，但因不可抗力需要延长投标有效期的除外。施工招标项目工期较长的，招标文件中可以规定工程造价指数体系、价格调整因素和调整方法。

招标人应当确定投标人编制投标文件所需要的合理时间；但是，依法必须进行招标的项目，自招标文件开始发出之日起至投标人提交投标文件截止之日止，最短不得少于二十日。

对于招标人和招标代理机构,依法制定较高水平的招标文件是招标投标过程中的一项重要工作。

对招标文件的制定,《中华人民共和国招标投标法》及相关法律法规提出了一些原则性要求,相关行政监管部门也制发过一些格式性文件,绝大多数招标人或招标代理机构均采用格式性文件。

2017年10月,国家发展改革委会同有关部门下发了《关于印发标准设备采购招标文件等五个标准招标文件的通知》,指出:

为进一步完善标准文件编制规则,构建覆盖主要采购对象、多种合同类型、不同项目规模的标准文件体系,提高招标文件编制质量,促进招标投标活动的公开、公平和公正,营造良好市场竞争环境,国家发展改革委会同工业和信息化部、住房和城乡建设部、交通运输部、水利部、商务部、国家新闻出版广电总局、国家铁路局、中国民用航空局,编制了《标准设备采购招标文件》《标准材料采购招标文件》《标准勘察招标文件》《标准设计招标文件》《标准监理招标文件》(以下统一简称为《标准文件》)。

本《标准文件》适用于依法必须招标的与工程建设有关的设备、材料等货物项目和勘察、设计、监理等服务项目。机电产品国际招标项目,应当使用商务部编制的机电产品国际招标标准文本(中英文)。

工程建设项目,是指工程以及与工程建设有关的货物和服务。工程,是指建设工程,包括建筑物和构筑物的新建、改建、扩建及其相关的装修、拆除、修缮等。与工程建设有关的货物,是指构成工程不可分割的组成部分,且为实现工程基本功能所必需的设备、材料等。与工程建设有关的服务,是指为完成工程所需的勘察、设计、监理等。

《关于印发标准设备采购招标文件等五个标准招标文件的通知》要求,应当不加修改地引用《标准文件》的内容。《标准文件》中的"投标人须知"(投标人须知前附表和其他附表除外)"评标办法"(评标办法前附表除外)"通用合同条款",应当不加修改地引用。

《关于印发标准设备采购招标文件等五个标准招标文件的通知》规定:国务院有关行业主管部门可根据本行业招标特点和管理需要,对《标准设备采购招标文件》《标准材料采购招标文件》中的"专用合同条款""供货要求",对《标准勘察招标文件》《标准设计招标文件》中的"专用合同条款""发包人要求",对《标准监理招标文件》中的"专用合同条款""委托人要求"作出具体规定。其中,"专用合同条款"可对"通用合同条款"进行补充、细化,但除"通用合同条款"明确规定可以作出不同约定外,"专用合同条款"补充和细化的内容不得与"通用合同条款"相抵触,否则抵触内容无效。

《关于印发标准设备采购招标文件等五个标准招标文件的通知》认为,招标人可以补充、细化和修改的内容有:

"投标人须知前附表"用于进一步明确"投标人须知"正文中的未尽事宜,招标人应结合招标项目具体特点和实际需要编制和填写,但不得与"投标人须知"正文内容相抵触,否则抵触内容无效。

"评标办法前附表"用于明确评标的方法、因素、标准和程序。招标人应根据招标项目具体特点和实际需要,详细列明全部审查或评审因素、标准,没有列明的因素和标准不得作为评标的依据。

招标人可根据招标项目的具体特点和实际需要，在"专用合同条款"中对《标准文件》中的"通用合同条款"进行补充、细化和修改，但不得违反法律、行政法规的强制性规定，以及平等、自愿、公平和诚实信用原则，否则相关内容无效。

《标准文件》自 2018 年 1 月 1 日起实施。因出现新情况，需要对《标准文件》不加修改地引用的内容作出解释或修改的，由国家发展改革委会同国务院有关部门作出解释或修改。该解释和修改与《标准文件》具有同等效力。

制定招标文件，应该不加修改地套用国家和省级监管部门确定的格式。对于重大的政府投资项目或其他重要项目，招标人和招标代理机构应依法根据项目的实际进一步充实招标文件的内容，以期达到择优选择设计、施工、监理等队伍的目的。

对于招标文件中的"评标标准和方法"，招标人或招标代理机构一定要认真研究、仔细推敲，既要符合国家和省有关规定，又要充分考虑招标项目的实际，并具有可操作性。对主观分的设定必须严谨，避免给评委太大的自由裁量权而造成评标不公；客观分也应根据项目的要求设，没必要形成"高射炮打蚊子"现象。对招标文件中一些吃不准的问题，可邀请相关专家进行研究讨论，集思广益。

招标文件制定后，应按招标公告确定的时间发给各投标人。过去大多让投标人前往招标代理机构购买招标文件，推行电子化招标投标后，采取在相关网站上获取招标文件及相应的图纸资料，大大方便了投标人参加投标。

第五节 现场踏勘和招标答疑

不是所有招标项目都必须组织投标人踏勘现场。为遏制围标、串标行为的发生，采取电子招标投标的项目一般都不组织现场踏勘。但根据招标人的需要，对一些大项目、重点项目和建设现场比较复杂的项目以及城市规划、工程设计等项目，可组织投标人踏勘现场。

组织投标人踏勘现场的目的是让投标人更加直观地了解项目的真实情况、更加准确地理解招标人的意图、更加完整地收集相关基础资料，从而在投标文件的编制过程中更加有的放矢。

踏勘现场可以由招标人统一组织前往，也可允许投标人在指定的时间内自行前往，这些均应在招标文件中予以明确。招标人可为投标人踏勘现场提供方便，但不为此承担任何风险和单独的费用，也不对投标人据此作出的判断和决策负责。

招标答疑是指自招标文件发出后，投标人对招标文件及项目情况不明，需要招标人解释、答疑、澄清的一项工作。招标人视情况可采取召开答疑会或书面答疑等形式。是否召开答疑会一般应该在招标文件中明确，答疑会应该邀请所有投标人参加，答疑会结束后应将答疑结果书面通知所有投标人并作为招标文件的一部分；不单独召开答疑会的应将投标人书面提出的疑问汇总，认真研究后书面答复每一位投标人并作为招标文件的一部分。采用电子招标投标的工程项目，一般不召开答疑会，投标人提出问题和招标人作出的答疑与澄清均在指定的公共资源交易网上进行。

在招标文件发出后至开标前规定的合理时间内，招标人可以补充通知的方式对招标文件进行修改，补充通知应接受招标投标监管机构的检查与监督。补充通知应书面发给每一位投标人（或在相关网站上发布）。补充通知作为招标文件的组成部分，对招标人和投标人起同等法律约束作用。

第六节　开标与评标

1. 开标

在招标文件中，应明确开标的时间、地点以及投标文件的截止期和密封要求，截止期之后送达的投标文件，招标人将拒收。若开标时间与地点有变更，应提前5天书面（或在网上）通知各投标人。

开标应在规定的时间、地点进行，由招标人或其委托的招标代理机构负责组织和主持开标会议，参加开标的投标人的法定代表人或其授权委托人应签名报到，以证明其准时出席开标会议。招标投标监管机构可派员到场进行监督。

房屋和市政基础设施工程施工招标的开标程序一般为：

（1）宣布主持人、唱标人、监标人、记分人、记录人；

（2）宣布开标纪律和注意事项；

（3）介绍评标委员会的组成（名单不得介绍）；

（4）宣布评标原则，简述评标办法；

（5）介绍参加开标会的有关单位和人员；

（6）查验各投标人投标文件的密封情况并确认标书的有效性；电子化招标项目，投标人先对上传的电子投标文件进行解锁（采用资格后审的，同时对电子资格标进行解锁），招标人再对所有的电子投标文件进行解锁（含电子资格标）；

（7）按招标文件规定的资格条件查验各投标人相关证书（证件）；采用资格后审的，开启资格标，送评标委员会审查，宣布资格审查合格或者不合格投标人名单；

（8）招标人开启和查验各参加评审投标人技术标文件签章是否有效，并送评标委员会评审；

（9）公布技术标符合性评审入围情况；

（10）评标委员会按评标办法规定内容评审商务标；

（11）宣布中标人或者中标排序人；

（12）开标会结束。

2. 评标

评标由招标人按照国家有关法律法规规定，从相关招标投标监管部门认可的专家库中随机抽取经济技术专家（特殊招标项目可以由招标人直接确定专家），连同招标人自行指定的专家（不超过1/3）组成评标委员会，评标委员会成员人数应为5人以上单数，按招标文件规定的评标原则、评标办法进行评标。评标工作在项目招标投标监督机构的监督下，并在严格保密的情况下由评标委员会负责完成。

首先是对投标文件的符合性进行审查。主要看其是否有违反国家有关法律法规规定的情形、是否完全响应招标文件、是否按规定带齐了相关证件、投标保证金是否到账、联合体投标协议书是否签订、外省投标人进入本省的备案手续是否齐全等。凡不符合上述要求之一的，按无效标处理，招标人或者招标代理机构应当拒收或者退回投标文件。

对投标文件中存在的细微偏差，评标委员会可以书面方式要求投标人对投标文件中含义不明确、对同类问题表达不一致或者有明显文字和计算错误的内容作必要的澄清、说明或者补正，澄清、说明或者补正应以书面方式进行并不得超出投标文件的范围或者改变投标文件的实质性内容。投标单位法定代表人未出席开标会的，可由其授权的委托代理人进行澄清并签字，在中标通知书发出之前，其单位法定代表人应对委托代理人在开标现场澄清的有关问题进行书面确认。

招标文件有规定、有要求、有禁止的内容，但没有在招标文件中明确告知投标人是废标或重大偏差的，评标委员会不得判定为废标或重大偏差。

采用资格后审的项目，在投标文件评审之前，由评标委员会对投标人的资格标进行资格审查验证。电子化招标项目应进行电子比对，电子文件与纸质文件不一致的，以电子文件为准。符合性审查结束后，应在开标现场公布投标人资格审查合格和不合格名单。

评标委员会依据法律法规及招标文件、评标办法的要求，对资格审查合格的投标人的投标文件进行评审；确认中标人或中标候选人排序；向招标人提交书面评标报告，推荐中标人或中标候选人。

评标报告应由评标委员会全体成员签名。有不同意见的评委可以书面阐述其不同意见和理由，与评标报告一并提交招标人。评标委员会成员拒绝在评标报告上签名且不陈述其不同意见和理由的，视为同意评标结论，评标委员会应当在评标报告中作出说明并记录在案。

招标人或者招标代理机构在评标结束前，可视情况决定是否将评标结果和经评标委员会确认推荐的中标人或中标排序人在开标现场公布。

对在开标现场出示的证件原件有争议的，评审裁定为投标无效、否决投标、重大偏差等有异议的，由评标委员会按照法律、法规、规章、规范性文件的规定和资格审查（送审）文件或者招标文件及评标办法的规定进行核验和裁决。

第七节 公示与投诉处理

1. 公示

公示是招标过程中的一个法定程序。

招标人应当自收到评标报告之日起 3 日内公示中标人或者中标候选人（排序），同时公示中标人或中标排序人本工程资格审查时申报的荣誉和业绩，公示期不少于 3 日（节假日超过 2 天的，公示期顺延最少应有 1 个工作日）。公示可在相关媒体或政府公共资源交易网站上进行。

公示期间如发现中标人在投标过程中存在违法违规行为，应认真研究并及时作出处理决定，证据确凿的应依法取消中标人资格，另行选定中标人并再次进行公示，或者依法重新组织招标；公示期满后，招标人应依法确定中标人。

2. 投诉处理

在招标投标过程中投诉和受理投诉是法律赋予的权利和义务。

《中华人民共和国招标投标法》明确：投标人和其他利害关系人认为招标投标活动不符合本法有关规定的，有权向招标人提出异议或者依法向有关行政监督部门投诉。

《中华人民共和国招标投标法实施条例》设有专门的投诉与处理章节，并规定：投标人或者其他利害关系人认为招标投标活动不符合法律、行政法规规定的，可以自知道或者应当知道之日起 10 日内向有关行政监督部门投诉。投诉应当有明确的请求和必要的证明材料；投诉人就同一事项向两个以上有权受理的行政监督部门投诉的，由最先收到投诉的行政监督部门负责处理；行政监督部门应当自收到投诉之日起 3 个工作日内决定是否受理投诉，并自受理投诉之日起 30 个工作日内作出书面处理决定；投诉人捏造事实、伪造材料或者以非法手段取得证明材料进行投诉的，行政监督部门应当予以驳回；行政监督部门处理投诉，有权查阅、复制有关文件、资料，调查有关情况，相关单位和人员应当予以配合，必要时，行政监督部门可以责令暂停招标投标活动；行政监督部门的工作人员对监督检查过程中知悉的国家秘密、商业秘密，应当依法予以保密。

值得一提的是，有些项目在开标现场就会接到投诉，对此招标人、招标代理机构及有关行政监管部门应引起重视，如证据确凿的应立即进行研究，必要时可向评标委员会反映，评标委员会能裁定的应依法裁定，一时难以裁定的可转交有关部门处理。

第八节　定标

评标结果经过公示等法定程序、招标人确定中标人后，应报分管招标投标监管机构签收，并向中标人发出"中标通知书"，同时将中标结果书面通知所有未中标的投标人，中标通知书将成为合同的组成部分。

国有资金占控股或者主导地位的依法必须进行招标的项目，招标人应当确定排名第一的中标候选人为中标人。排名第一的中标候选人放弃中标、因不可抗力不能履行合同、不按照招标文件要求提交履约保证金，或者被查实存在影响中标结果的违法行为等情形，不符合中标条件的，招标人可以按照评标委员会提出的中标候选人名单排序依次确定其他中标候选人为中标人，也可以重新招标。

中标候选人的经营、财务状况发生较大变化或者存在违法行为，招标人认为可能影响其履约能力的，应当在发出中标通知书前由原评标委员会按照招标文件规定的标准和方法审查确认。

不管中标结果如何，招标人都有权拒绝任何投标人要求对评标、定标情况和未中标原因的任何解释。

确定中标人后的 7 日之内，招标人或招标代理机构应将投标保证金退回给各投标人。

中标人收到中标通知书后，应在 30 天内与招标人签订施工合同。

第五章 工程监理

第一节 工程监理的作用

在建设领域实行建设工程监理制度是我国工程建设领域管理体制的一项重大改革。

建设工程监理，是指具有相应资质的监理单位受工程项目建设单位的委托，依据国家有关工程建设的法律、法规以及经批准的工程项目建设文件、建设工程监理合同及其他建设工程合同，对工程建设实施的专业化监督管理。

我国自 1988 年开始进行建设工程监理工作的试点，1996 年在建设领域全面推行监理制度，取得了显著的社会效益和经济效益，促进了工程建设管理水平的提高，得到了全社会的广泛认同，监理已成为工程建设中不可缺少的重要环节。通过实行工程监理，使我国的建设工程管理体制开始向社会化、专业化、规范化的管理模式转变，在项目法人与承包商之间引入了建设监理单位作为中介服务的第三方，在项目法人与承包商、项目法人与监理单位之间形成了以经济合同为纽带，以提高工程质量和建设水平为目的，相互制约、相互协作、相互促进的一种新的建设项目管理运行体制。

《中华人民共和国建筑法》规定：国家推行建筑工程监理制度。建筑工程监理应当依照法律、行政法规及有关的技术标准、设计文件和建筑工程承包合同，对承包单位在施工质量、建设工期和建设资金使用等方面，代表建设单位实施监督。工程监理单位应当根据建设单位的委托，客观、公正地执行监理任务。工程监理人员认为工程施工不符合工程设计要求、施工技术标准和合同约定的，有权要求建筑施工企业改正。工程监理人员发现工程设计不符合建筑工程质量标准或者合同约定的质量要求的，应当报告建设单位要求设计单位改正。

建设工程监理工作的主要内容包括：协助建设单位进行工程可行性研究，优选设计方案、设计单位和施工单位，审查设计文件，控制工程质量、造价和工期，监督、管理建设工程合同的履行，以及协调建设单位与工程建设有关各方的工作关系等。建设工程监理工作具有技术管理、经济管理、合同管理、组织管理和工作协调等多项业务职能。

建设工程监理的主要职责是"三控制、两管理、一协调、一履职"，即做好建设工程的质量控制、进度控制、造价控制，对合同、信息进行管理，对工程建设相关方的关系进行协调，并履行建设工程安全生产管理法定职责。

质量控制是监理质量管理工作的最重要部分，也是全过程控制的关键环节。质量控制就是要求监理单位围绕建设单位设定的工程质量目标，通过事前、事中、事后三个控制阶段，采取技术措施控制好工程质量；进度控制是充分发挥监理作用、努力实现工程建设目标的重要举措。进度控制就是要求监理单位按照监理规划及监理实施细则，认真审批施工承包单位的进度计划并对进度计划实施检查、分析，采取经济措施控制好工程进度，确保合理工期；造价控制是监理单位为取得项目经济效益而采取的一项经济手段。造价控制就是要求监理单位参与工程全过程管理，对建设前期、设计、招标、施工等阶段进行深入的研究，采取监理措施控制好工程投资。合同管理是要求监理单位运用工程勘察设计、施工、材料设备采购等合同，配合建设单位把好工程款支付关，促进度保质量。信息管理是要求监理单位及时掌握施工现场的各种信息，密切关注国内外建设行业的科技信息，更好地指导建设监理工作。现场协调是要求监理单位运用技术、经济等手段，努力协调好施工现场各方面的关系。由于监理人员常驻施工现场，必须按相关法律法规履行建设工程安全生产管理法定职责。实现"三控制"，离不开对工程的合同管理和信息管理，而现场协调则是监理单位重要的日常工作。安全生产管理是监理单位贯彻"安全第一、预防为主"的方针，采取切实可行的措施，消除施工安全隐患，确保安全生产的重要职责。

建设单位将工程项目的管理工作委托给监理单位实施后，应充分信任监理单位，支持监理单位公正、独立、自主地开展工作，发挥好监理在工程建设中的作用。

第二节　监理单位的选定

根据国家发展改革委、住房和城乡建设部《关于推进全过程工程咨询服务的指导意见》，具备一定资质的监理单位可以从事全过程工程咨询服务。因此，选择好的监理单位非常重要。

《中华人民共和国建筑法》虽明确提出了国家推行建筑工程监理制度，但对如何选定监理单位未作具体规定。《中华人民共和国招标投标法》则进一步明确：大型基础设施、公用事业等关系社会公共利益、公共安全的项目，全部或者部分使用国有资金投资或者国家融资的项目，使用国际组织或者外国政府贷款、援助资金的项目，其监理必须进行招标。

国家发展改革委《必须招标的工程项目规定》，单项合同估算价在100万元人民币以上的监理等服务的采购，必须招标。

招标可分为公开招标和邀请招标两种，对参与全过程工程咨询服务的监理单位，应尽量采取公开招标的形式。

在工程监理招标过程中，建设单位应明确提出监理单位的基本条件，如资质等级、业绩、拟承接本工程的总监理工程师和其他监理工程师的资格、业绩等，然后委托招标代理机构招标。

首先，选择监理单位，企业资质固然重要。按照住房和城乡建设部关于监理企业资质的划分，监理企业分为综合甲级、单项甲级和乙级。具有综合甲级、甲级资质的监理企业相对素质较高，但全过程工程咨询项目不一定都必须选择甲级监理企业，许多乙级企业照样能胜任此项工作。

其次是看业绩。监理企业因所在地、成立时间、人员配备、业务范围及承揽业务情况不同，其业绩是不相同的。业绩好的企业相对资质等级高、监理人员多、管理规范、信誉度好，但也有一些资质高、成立时间长的监理企业由于管理不善等原因导致所监理的工程发生质量安全事故，业绩下滑。因此在招标过程中必须注重监理企业的业绩和信誉。

第三是看总监理工程师的资历和业绩。总监理工程师是监理单位派往建设工程的"项目经理",代表监理企业全权负责该项工程的进度、质量(安全)、造价控制等监理业务,可以说是该项目的"技术权威"。选择监理单位,重点要选好总监理工程师。总监理工程师必须取得相应的国家注册监理工程师资格或符合有关规定的其他工程技术、经济类注册人员,且长期从事工程监理工作,具有较强的专业知识和组织能力,有较好的工作业绩,肯吃苦、勇于担当、有奉献精神。

第四是看监理人员的配备。建设工程现场监理办公室人员单靠总监理工程师不行,主要工种如建筑、结构、造价、水电、暖通、设备等监理人员必须配齐,且国家注册监理工程师应占有较大的比例。

第五是看监理大纲等材料。监理招标对监理大纲、主要检测设备、重点难点问题、合理化建议等均提出了要求,参加投标的监理企业必须认真对待。但这方面的分值差距不宜过大。目前一些监理企业为达到中标目的,东拼西凑编写成500~600页甚至上千页的监理大纲,但在工程监理过程中很难发挥作用,而评标专家只是看看监理大纲的目录最多翻一下其内容而已,根本没有时间仔细阅读,不仅造成较大的浪费,而且容易造成评标专家因自由裁量权过大而违规评分现象。

《中华人民共和国建筑法》规定:工程监理单位与被监理工程的承包单位以及建筑材料、建筑构配件和设备供应单位不得有隶属关系或者其他利害关系。工程监理单位不得转让工程监理业务。

通过招标等形式确定监理单位后,建设单位应尽快与监理单位签订《建设工程监理合同》。

如果建设单位通过招标委托具有相应资质的监理单位负责全过程工程咨询服务,则无须另外对该项目的工程监理实行招标。

第三节 对监理工作的要求

监理单位选定后,并不意味着对全过程工程咨询服务及其监理工作有了十足的把握,作为建设单位,还应不断地对监理工作提出要求。

首先是在签订监理合同上严格把关。住房和城乡建设部、原国家工商行政管理总局已制定了《建设工程监理合同(示范文本)》(GF-2012-0202),对其基本内容不宜作大的调整,但可根据建设项目的实际和监理招标要求,经谈判增加部分内容,如对工程的质量、安全、进度、造价控制要求、监理费的总额控制和分期支付办法、对监理工作的考核与奖惩等。使监理单位既要感到有压力又要有动力,增强其责任感和使命感。

其次是在监理工作开始时就必须严格要求。监理单位和现场监理人员大多从事过多个工程的监理,既有较丰富的监理经验,也存在懒惰消极的一面,为了防止这种现象的发生,自监理单位进驻工地一开始就应对其严加管理,监理人员要按时到位,未经建设单位许可不得擅自离开工程所在地;要熟悉施工图纸,加强对施工工地的巡查;要经常和建设单位沟通,监理月报要及时、准确,对施工单位的质量安全管理要严要求,规定送检的建筑材料要督导按时取样、送检。若发现未认真履行监理义务,应将情况及时向总监理工程师反映,也可以直接向监理公司负责人反映,并敦促其改正。

第三是工程建设的全过程都必须"盯紧"监理。从工程破土动工开始到评奖、竣工结算完毕，监理始终与建设单位并肩作战、各负其责，共同为完成建设项目出力。但由于职责不同，在工程建设过程中所发挥的作用也不同。建设单位是工程项目投资方的代表，项目建设的成败直接涉及建设单位的利益。监理工作往往只侧重于抓好质量安全，建设工地施工质量不够高、存在安全隐患首先找监理，发生质量、安全事故监理有不可推托的责任，而对于进度控制、造价控制，合同管理、信息管理和现场协调，一些监理单位未能发挥应尽的作用。为避免类似问题的发生，使监理工作走上正轨，应注重抓好以下几点：(1) 要盯住总监理工程师。总监理工程师是监理单位派出的现场负责人，对该项目的监理工作负总责，应按住房和城乡建设部《工程建设监理规定》行使职权。监理单位未经建设单位同意，不得随意更换总监理工程师。重要的建设项目总监理工程师不应兼任其他项目的总监理工程师。建设单位还可通过总监理工程师督促监理单位认真履行合同义务。(2) 要求监理人员要按投标时的承诺配齐，且保持相对稳定，如发现施工现场监理人员不足，应立即要求监理企业补充相关人员。(3) 旁站监理一定要到位。建设单位要按照住房和城乡建设部《房屋建筑工程施工旁站监理管理办法（试行）》的规定，督促监理单位对基础工程中的土方回填、混凝土灌注桩浇筑、地下连续墙、土钉墙、后浇带及其他结构混凝土、防水混凝土浇筑、卷材防水层细部构造处理、钢结构安装和主体结构工程中的梁柱节点钢筋隐蔽过程、混凝土浇筑、预应力张拉、装配式结构安装、钢结构安装、网架结构安装、索膜安装等关键部位、关键工序进行旁站监理，未实施旁站监理或未在旁站监理记录上签字的，不得进行下道工序施工，若因旁站监理不到位而引发工程质量事故的，将依法追究监理单位和有关监理人员的相应责任。(4) 要形成对监理工作的监督机制。运用政治、经济、法律等手段，监督监理单位和监理人员自觉履行职责，加强日常巡视检查，认认真真把好工程进度、质量、安全关，对监理工作做得较好的要给予适当奖励，做得不好的要及时提出批评与建议，出现问题时要给予必要的经济处罚。(5) 工程竣工后监理单位要协助建设单位完成整改、维修、评奖、结算、审计、资料归档等项工作，要将工程监理资料整理成册交城建档案馆保存，而不是工程竣工了监理什么都不管了，该管的一定要管到位，尤其是工程结算一定要管紧管好。

《中华人民共和国建筑法》规定：工程监理单位不按照委托监理合同的约定履行监理义务，对应当监督检查的项目不检查或者不按照规定检查，给建设单位造成损失的，应当承担相应的赔偿责任。工程监理单位与承包单位串通，为承包单位谋取非法利益，给建设单位造成损失的，应当与承包单位承担连带赔偿责任。

第四节 项目监理人员配备及职责

2020年3月，中国建设监理协会印发了《房屋建筑工程监理工作标准（试行）》等四个标准，进一步明确了建设项目监理人员的配备和主要职责。

注册监理工程师，是指取得国务院建设主管部门颁发的《中华人民共和国注册监理工程师注册执业证书》，从事建设工程监理及相关服务等活动的人员。

总监理工程师，是指由工程监理单位法定代表人书面任命，负责履行建设工程监理合同、主持项目监理机构工作的注册监理工程师或符合《房屋建筑工程监理工作标准（试行）》规定的其他工程技术、经济类注册人员。

总监理工程师代表，是指经工程监理单位法定代表人同意，由总监理工程师书面授权，代表总监理工程师行使其部分职责和权力，具有工程类注册执业资格或具有中级及以上专业技术职称、3年及以上工程实践经验并经监理业务培训的人员。

专业监理工程师，是指由总监理工程师授权，负责实施某一专业或某一岗位的监理工作，有相应文件签发权，具有工程类注册执业资格或具有中级及以上专业技术职称、2年及以上工程实践经验并经监理业务培训的人员。

监理员，是指从事具体监理工作，具有中专及以上学历并经过监理业务培训的人员。

项目监理人员应根据建设项目的大小和难度合理配备。一名注册监理工程师可担任一项建设工程监理合同的总监理工程师，当需要同时在同一区域担任多项建设工程监理合同的总监理工程师时，应征得建设单位同意，且最多不得超过三项。在总监理工程师兼职情况下，项目监理机构应设总监理工程师代表。

项目监理机构的监理人员应由一名总监理工程师、若干名专业监理工程师和监理员组成，总监理工程师主导专业应符合建设工程项目特点的要求，当总监理工程师兼任多个项目总监理工程师时，总监理工程师兼职项目应设总监理工程师代表，并由总监理工程师书面授权行使总监理工程师部分职责，专业监理工程师其主导专业应满足不同施工阶段施工特点的要求，监理员应满足监理工作需求。

项目监理机构人员主要职责：

总监理工程师岗位：（1）确定项目监理机构人员及岗位职责；（2）组织编制监理规划，审批监理实施细则；（3）根据工程进展及监理工作情况调配监理人员，检查监理人员工作；（4）组织召开监理例会；（5）组织审核分包单位资格；（6）组织审查施工组织设计、（专项）施工方案；（7）审查工程开复工报审表，签发工程开工令、暂停令和复工令；（8）组织检查施工单位现场质量、安全生产管理体系的建立及运行情况；（9）组织审查施工单位的付款申请，签发工程款支付证书，组织审核竣工结算；（10）组织审查和处理工程变更；（11）调解建设单位与施工单位的合同争议，处理工程索赔；（12）组织验收分部工程，组织审查单位工程质量检验资料；（13）审查施工单位的竣工申请，组织工程竣工预验收，组织编写工程质量评估报告，参与工程竣工验收；（14）参与或配合工程质量安全事故的调查和处理；（15）组织编写监理月报、监理工作总结，组织整理监理文件资料。

总监理工程师不得将下列工作委托给总监理工程师代表：（1）组织编制监理规划，审批监理实施细则；（2）根据工程进展及监理工作情况调配监理人员，检查监理人员工作；（3）组织审查施工组织设计、（专项）施工方案；（4）签发工程开工令、暂停令和复工令；（5）签发工程款支付证书，组织审核竣工结算；（6）调解建设单位与施工单位的合同争议，处理工程索赔；（7）审查施工单位的竣工申请，组织工程竣工预验收，组织编写工程质量评估报告，参与工程竣工验收；（8）参与或配合工程质量安全事故的调查和处理。

专业监理工程师岗位：（1）参与编制监理规划，负责编制监理实施细则；（2）审查施工单位提交的涉及本专业的报审文件，并向总监理工程师报告；（3）参与审核分包单位资格；（4）指导、检查监理员工作，定期向总监理工程师报告本专业监理工作实施情况；（5）检查进场的工程材料、构配件、设备的质量；（6）验收检验批、隐蔽工程、分项工程，参与验收分部工程；（7）处置发现的质量问题和安全事故隐患；（8）进行工程计量；（9）参与工程变更的审查和处理；（10）组织编写监理日志，参与编写监理月报；（11）收集、汇总、参与整理监理文件资料；（12）参与工程预验收和竣工验收。

监理员岗位：（1）检查施工单位投入工程的人力、主要设备的使用及运行状况；（2）进行见证取样；（3）复核工程计量有关数据；（4）检查工序施工结果；（5）发现施工作业中的问题，及时指出并向专业监理工程师报告。

建设单位和监理机构应按上述要求落实项目监理人员及职责，充分发挥他们的作用。

第五节　监理工作任务

监理工作应围绕"三控制、两管理、一协调、一履职"来落实各项监理任务。要处理好建设单位与监理单位之间的关系，加强协调，确保监理任务的完成。

按照《建设工程监理规范》GB/T 50319—2013 和《工程建设监理规定》，建设项目监理人员到位后，应努力做好以下工作：

（1）根据项目前期资料及工程设计图纸、审批文件等，编写项目监理规划和监理实施细则。监理规划是在项目总监理工程师的主持下，按照监理大纲，结合工程实际，广泛收集工程信息和资料编制而成的，应经监理单位技术负责人批准，用于指导监理机构全面开展监理工作。监理实施细则是在监理规划的基础上，由项目监理机构的专业监理工程师针对建设工程中的某一专业或某一方面的监理工作编写，并经总监理工程师批准实施的操作性文件。

（2）编制旁站监理方案。根据住房和城乡建设部《房屋建筑工程施工旁站监理管理办法（试行）》，以及设计图纸、施工组织方案和有关施工技术规范，针对需要旁站监理的施工关键部位、关键工序，由总监理工程师组织有关监理人员编制旁站监理方案，分送建设单位和施工单位，并抄送当地建设主管部门。

（3）制定监理工作程序，开展施工阶段的监理工作。监理工作程序应体现事前控制和主动控制的要求，明确工作内容、行为主体、考核标准、工作时限，同时加强事中、事后控制。在设计交底前，监理人员应熟悉设计文件，对设计中存在的问题通过建设单位向设计单位提出意见。为便于工作，可将施工图的初审委托给具有相应资质的监理单位承担，这样做更有利于强化监理单位的责任和发挥监理单位的作用。工程开工前，监理人员应参加设计交底会，审查承包单位的施工组织设计方案、现场项目管理机构的质量与技术管理体系和质量保证体系，审查分包单位的分包资格，审批承包单位的工程开工报告。在施工过程中，总监理工程师应定期主持召开工地例会，检查施工进度、质量与安全，协调解决相关问题。监理工程师和监理员的大部分工作时间应在施工现场，检查验收施工测量放线、进场材料及施工质量等，实施旁站监理。监理人员发现质量缺陷应通知施工单位整改，发现重大质量隐患应及时下达工程暂停令并报告建设单位。未经监理人员验收或验收不合格的工程，严禁进行下一道工序的施工。通过对工程进行计量、审核工程款支付、现场签证和参与合同外工程的定价等，控制工程造价和工程进度，通过监理月报等形式向建设单位提出预防突破工程总造价和延误工期的具体措施。

（4）参与施工合同管理。建设单位应会同监理单位对施工合同的签署进行洽谈，并将合同副本送一份给监理单位。总监理工程师在签发工程暂停令和工程复工报审表时，应按照施工合同和监理合同进行，并会同建设单位妥善处理因工程暂停引起的与工期、费用等有关的问题。工程的设计变更应经总监理工程师组织审查，同意后由建设单位转交原设计单位编制设计变更文件，并通知承包单位。监理单位应会同建设单位对工程变更的质量、费用和工期等和承包单位进行协商，并达成一致意见；调解合同争议，处理费用索赔，对工程延期和工程延误提出处理意见。

（5）承担设备采购监理和设备监造。监理单位应根据与建设单位签订的设备采购与设备监造阶段的委托监理合同，成立由总监理工程师和专业监理工程师组成的项目监理机构，编制设备采购方案，协助建设单位选择设备供应单位，参与设备采购订货合同的谈判，实施设备采购监理。必要时应派员进驻设备制造现场，审查设备制造的原材料、外购配套件、元器件的质量证明文件及检验报告，对设备制造过程进行监督检查，不符合质量要求的应指令设备制造单位进行整改、返修或返工。在设备运往现场前监理工程师要对设备进行检查，设备到达现场后要组织设备制造单位和安装单位开箱清点、检查、验收和移交。

（6）参与工程验收和竣工验收，做好工程质量保修期的监理工作。监理单位应根据监理合同组织分部分项工程的验收；依据有关法律、法规、工程建设强制性标准、设计文件及施工合同，对承包单位报送的竣工资料进行审查，并对工程质量进行竣工预验收。对存在的问题应及时要求承包单位整改，整改完毕后由总监理工程师签署工程竣工报验单，提出工程质量评估报告。参加由建设单位组织的竣工验收，对验收中提出的整改问题督促承包单位进行整改，工程质量符合要求，由总监理工程师会同参加验收的各方签署竣工验收报告。按照监理合同约定，承担工程质量保修期的监理工作，对建设单位提出的工程质量缺陷进行检查和记录，对承包单位进行修复的工程质量进行验收，合格后予以签认；对非承包单位原因造成的工程质量缺陷，监理人员应核实修复工程的费用和签署工程款支付证书，并报建设单位。

（7）整理监理资料，督促承包单位整理施工资料和做好资料归档工作，协助承包单位和建设单位完成工程评优工作。

承担全过程工程咨询服务的监理单位，不仅要单独完成工程监理工作任务，而且要单独或配合其他单位完成全过程工程咨询服务的各项工作。

第六节　监理企业的发展方向

在全过程工程咨询服务大潮的冲击下，工程监理企业今后将如何发展？住房和城乡建设部，2017年7月，下发了《关于促进工程监理行业转型升级创新发展的意见》（建市〔2017〕145号），明确指出：建设工程监理制度的建立和实施，推动了工程建设组织实施方式的社会化、专业化，为工程质量安全提供了重要保障，是我国工程建设领域重要改革举措和改革成果。为贯彻落实中央城市工作会议精神和《国务院办公厅关于促进建筑业持续健康发展的意见》，完善工程监理制度，更好发挥监理作用，促进工程监理行业转型升级、创新发展，提出如下意见：

主要目标是：工程监理服务多元化水平显著提升，服务模式得到有效创新，逐步形成以市场化为基础、国际化为方向、信息化为支撑的工程监理服务市场体系。行业组织结构更趋优化，形成以主要从事施工现场监理服务的企业为主体，以提供全过程工程咨询服务的综合性企业为骨干，各类工程监理企业分工合理、竞争有序、协调发展的行业布局。监理行业核心竞争力显著增强，培育一批智力密集型、技术复合型、管理集约型的大型工程建设咨询服务企业。

主要任务：

（1）推动监理企业依法履行职责。工程监理企业应当根据建设单位的委托，客观、公正地执行监理任务，依照法律、行政法规及有关技术标准、设计文件和建筑工程承包合同，对承包单位实施监督。建设单位应当严格按照相关法律法规要求，选择合格的监理企业，依照委托合同约定，按时足额支付监理费用，授权并支持监理企业开展监理工作，充分发挥监理的作用。施工单位应当积极配合监理企业的工作，服从监理企业的监督和管理。

（2）引导监理企业服务主体多元化。鼓励支持监理企业为建设单位做好委托服务的同时，进一步拓展服务主体范围，积极为市场各方主体提供专业化服务。适应政府加强工程质量安全管理的工作要求，按照政府购买社会服务的方式，接受政府质量安全监督机构的委托，对工程项目关键环节、关键部位进行工程质量安全检查。适应推行工程质量保险制度要求，接受保险机构的委托，开展施工过程中风险分析评估、质量安全检查等工作。

（3）创新工程监理服务模式。鼓励监理企业在立足施工阶段监理的基础上，向"上下游"拓展服务领域，提供项目咨询、招标代理、造价咨询、项目管理、现场监督等多元化的"菜单式"咨询服务。对于选择具有相应工程监理资质的企业开展全过程工程咨询服务的工程，可不再另行委托监理。适应发挥建筑师主导作用的改革要求，结合有条件的建设项目试行建筑师团队对施工质量进行指导和监督的新型管理模式，试点由建筑师委托工程监理实施驻场质量技术监督。鼓励监理企业积极探索政府和社会资本合作（PPP）等新型融资方式下的咨询服务内容、模式。

（4）提高监理企业核心竞争力。引导监理企业加大科技投入，采用先进检测工具和信息化手段，创新工程监理技术、管理、组织和流程，提升工程监理服务能力和水平。鼓励大型监理企业采取跨行业、跨地域的联合经营、并购重组等方式发展全过程工程咨询，培育一批具有国际水平的全过程工程咨询企业。支持中小监理企业、监理事务所进一步提高技术水平和服务水平，为市场提供特色化、专业化的监理服务。推进建筑信息模型（BIM）在工程监理服务中的应用，不断提高工程监理信息化水平。鼓励工程监理企业抓住"一带一路"的国家战略机遇，主动参与国际市场竞争，提升企业的国际竞争力。

（5）优化工程监理市场环境。加快以简化企业资质类别和等级设置、强化个人执业资格为核心的行政审批制度改革，推动企业资质标准与注册执业人员数量要求适度分离，健全完善注册监理工程师签章制度，强化注册监理工程师执业责任落实，推动建立监理工程师个人执业责任保险制度。加快推进监理行业诚信机制建设，完善企业、人员、项目及诚信行为数据库信息的采集和应用，建立黑名单制度，依法依规公开企业和个人信用记录。

（6）强化对工程监理的监管。工程监理企业发现安全事故隐患严重且施工单位拒不整改或者不停止施工的，应及时向政府主管部门报告。开展监理企业向政府报告质量监理情况的试点，建立健全监理报告制度。建立企业资质和人员资格电子化审查及报考核查制度，加大对重点监控企业现场人员到岗履职情况的监督检查，及时清出存在违法违规行为的企业和从业人员。对违反有关规定、造成质量安全事故的，依法给予负有责任的监理企业停业整顿、降低资质等级、吊销资质证书等行政处罚，给予负有责任的注册监理工程师暂停执业、吊销执业资格证书、一定时间内或终生不予注册等处罚。

（7）充分发挥行业协会作用。监理行业协会要加强自身建设，健全行业自律机制，提升为监理企业和从业人员服务能力，切实维护监理企业和人员的合法权益。鼓励各级监理行业协会围绕监理服务成本、服务质量、市场供求状况等进行深入调查研究，开展工程监理服务收费价格信息的收集和发布，促进公平竞争。监理行业协会应及时向政府主管部门反映企业诉求，反馈政策落实情况，为政府有关部门制订法规政策、行业发展规划及标准提出建议。

《关于促进工程监理行业转型升级创新发展的意见》还要求加强组织领导。各级住房城乡建设主管部门要充分认识工程监理行业改革发展的重要性，按照改革的总体部署，因地制宜制定本地区改革实施方案，细化政策措施，推进工程监理行业改革不断深化；积极开展试点。坚持试点先行、样板引路，各地要在调查研究的基础上，结合本地区实际，积极开展培育全过程工程咨询服务、推动监理服务主体多元化等试点工作。要及时跟踪试点进展情况，研究解决试点中发现的问题，总结经验，完善制度，适时加以推广；营造舆论氛围。全面准确评价工程监理制度，大力宣传工程监理行业改革发展的重要意义，开展行业典型的宣传推广，同时加强舆论监督，加大对违法违规行为的曝光力度，形成有利于工程监理行业改革发展的舆论环境。

2020年5月，住房和城乡建设部拟定了《政府购买监理巡查服务试点方案》，征求各地意见后将正式下发。

监理企业走全过程工程咨询服务之路，有着得天独厚的条件，既有技术与人才方面的优势，又有实践与管理等方面的经验。监理企业尤其是大型监理企业一定要认清形势，积极投身于全过程工程咨询服务的滚滚洪流之中，以谋求行业更大的发展。

第六章 工程造价

第一节 工程造价咨询单位的选定

控制工程造价是贯穿于工程建设全过程的一项重要工作，开展全过程工程咨询服务，必须着力做好工程造价咨询工作。

选择工程造价咨询单位，应根据建设项目的大小、重要程度和建设单位的具体情况而定，对于较重要的大中型建设项目、建设单位自身技术力量不够强的，建议选择资质等级高、造价人员素质好、信誉与业绩较佳的工程造价咨询企业。

根据 2020 年 2 月 19 日住房和城乡建设部第 50 号令修正的《工程造价咨询企业管理办法》，工程造价咨询企业资质等级分为甲级、乙级。

甲级工程造价咨询企业资质标准如下：

（1）已取得乙级工程造价咨询企业资质证书满 3 年；

（2）技术负责人已取得一级造价工程师注册证书，并具有工程或工程经济类高级专业技术职称，且从事工程造价专业工作 15 年以上；

（3）专职从事工程造价专业工作的人员（以下简称专职专业人员）不少于 12 人，其中，具有工程（或工程经济类）中级以上专业技术职称或者取得二级造价工程师注册证书的人员合计不少于 10 人；取得一级造价工程师注册证书的人员不少于 6 人，其他人员具有从事工程造价专业工作的经历；

（4）企业与专职专业人员签订劳动合同，且专职专业人员符合国家规定的职业年龄（出资人除外）；

（5）企业近 3 年工程造价咨询营业收入累计不低于人民币 500 万元；

（6）企业为本单位专职专业人员办理的社会基本养老保险手续齐全；

（7）在申请核定资质等级之日前 3 年内无本办法第二十五条禁止的行为。

乙级工程造价咨询企业资质标准如下：

（1）技术负责人已取得一级造价工程师注册证书，并具有工程或工程经济类高级专业技术职称，且从事工程造价专业工作 10 年以上；

（2）专职专业人员不少于 6 人，其中，具有工程（或工程经济类）中级以上专业技术职称或者取得二级造价工程师注册证书的人员合计不少于 4 人；取得一级造价工程师注册证书的人员不少于 3 人，其他人员具有从事工程造价专业工作的经历；

（3）企业与专职专业人员签订劳动合同，且专职专业人员符合国家规定的职业年龄（出资人除外）；

（4）企业为本单位专职专业人员办理的社会基本养老保险手续齐全；

（5）暂定期内工程造价咨询营业收入累计不低于人民币 50 万元；

（6）申请核定资质等级之日前无本办法第二十五条禁止的行为。

《工程造价咨询企业管理办法》第二十五条规定，工程造价咨询企业不得有下列行为：

（1）涂改、倒卖、出租、出借资质证书，或者以其他形式非法转让资质证书；

（2）超越资质等级业务范围承接工程造价咨询业务；

（3）同时接受招标人和投标人或两个以上投标人对同一工程项目的工程造价咨询业务；

（4）以给予回扣、恶意压低收费等方式进行不正当竞争；

（5）转包承接的工程造价咨询业务；

（6）法律、法规禁止的其他行为。

工程造价咨询企业依法从事工程造价咨询活动，不受行政区域限制。

甲级工程造价咨询企业可以从事各类建设项目的工程造价咨询业务。

乙级工程造价咨询企业可以从事工程造价2亿元人民币以下各类建设项目的工程造价咨询业务。

工程造价咨询业务范围包括：

（1）建设项目建议书及可行性研究投资估算、项目经济评价报告的编制和审核；

（2）建设项目概预算的编制与审核，并配合设计方案比选、优化设计、限额设计等工作进行工程造价分析与控制；

（3）建设项目合同价款的确定（包括招标工程工程量清单和标底、投标报价的编制和审核）；合同价款的签订与调整（包括工程变更、工程洽商和索赔费用的计算）及工程款支付，工程结算及竣工结（决）算报告的编制与审核等；

（4）工程造价经济纠纷的鉴定和仲裁的咨询；

（5）提供工程造价信息服务等。

工程造价咨询企业可以对建设项目的组织实施进行全过程或者若干阶段的管理和服务。

承担全过程工程咨询服务的工程造价咨询企业，可通过招标、比选等方式选定，必须具备相应的资质等级，相关的工程造价及工程技术人员必须能胜任工作。

值得关注的是：2019年11月，国务院下发了《关于在自由贸易试验区开展"证照分离"改革全覆盖试点的通知》（国发〔2019〕25号），明确在上海、广东、天津、福建、辽宁、浙江、河南、湖北、重庆、四川、陕西、海南、山东、江苏、广西、河北、云南、黑龙江等自由贸易试验区直接取消工程造价咨询企业甲级、乙级资质认定，即在政府采购、工程建设项目审批中，不得再对工程造价咨询企业提出资质方面的要求。企业取得营业执照即可自主开展经营。本次试点是为在全国实现"证照分离"改革全覆盖形成可复制、可推广的制度创新成果。有关专家预测，在不久的将来，在全国范围内也许会全面取消工程造价咨询企业资质。

第二节　投资估算

投资估算是指以工程项目规划、项目建议书、方案设计或可行性研究文件为依据，按照规定的程序、方法和依据，对拟建项目所需总投资及其构成进行的预测和估计。

在全过程工程咨询服务时，投资估算是衡量工程技术经济指标的主要依据。

具有全过程工程咨询服务能力的单位，如工程咨询、勘察设计、招标代理、工程监理、工程造价、项目管理等，一般都配备注册造价工程师及相应的工程造价技术人员，能按照国家有关规范、规程要求认真组织编制工程项目的投资估算。

投资估算编制应内容全面、费用构成完整、计算合理，编制深度满足建设项目决策的不同阶段对经济评价的要求。

投资估算的编制依据、编制方法、成果文件的格式和质量要求应符合现行国家标准及部门、行业标准。

咨询单位编制建设项目投资估算的精度应随建设项目决策分析与评价不同阶段逐步提高，建设项目规划阶段的误差应控制在±30%以内；项目建议书阶段的误差应控制在±30%以内；初步可行性研究阶段的误差应控制在±20%以内；可行性研究阶段的误差应控制在±10%以内。

工程造价咨询企业可以接受委托，对由其他专业机构负责编制的建设项目投资估算进行审核，审核时应根据相关计价依据及有关资料，对编制依据、编制方法、编制内容及各项费用进行审核，并向委托人提供审核意见及建议；依据投资估算内容和估算方法编制项目总投资表，根据估算的建设期利息、流动资金、项目进度计划及其他相关资料编制年度投资计划表；依据投资估算、项目整体建设计划及资金使用需求，协助委托人编制融资方案。

经评审批准后的投资估算应作为工程造价咨询企业编制设计概算的限额指标，投资估算中相关技术经济指标和主要消耗量指标应作为项目设计限额的重要依据。

工程造价咨询企业应根据委托和建设项目需要，针对建设项目的不同方案或同一方案的不同建设标准编制对应的投资估算，形成方案经济比选分析报告。

方案经济比选分析应根据设计方案评价的目的、依据初步筛选的比选方案确定经济评价指标体系，计算各项经济评价指标值及对比参数，通过对经济评价指标数据的分析计算，排出方案的优劣次序。

工程造价咨询企业应根据最终优化方案编制投资估算报告及对应的项目年度投资计划表。

工程造价咨询企业对于建设项目的经济评价应符合《建设项目经济评价方法和参数》（第三版）的相关规定，建设项目经济评价的编制依据、编制方法、成果文件的格式和质量应符合相关要求。

第三节 设计概算

设计概算是指以初步设计文件为依据，按照规定的程序、方法和依据，对建设项目总投资及其构成进行的概略计算。

设计概算的编制依据、编制方法、成果文件的格式和质量要求应符合现行的中国建设工程造价管理协会标准《建设项目设计概算编审规程》CECA/GC 2—2015 的要求。

建设项目设计概算总投资应包括建设投资、建设期利息、固定资产投资方向调节税及流动资金。在编制设计概算时，应延续已批准的建设项目投资估算范围、工程内容和工程标准，并将设计概算控制在已批准的投资估算范围内。如发现投资估算存在偏差，应在设计概算编制与审核时予以修正和说明。

建设项目设计概算一般由设计单位组织编制。工程造价咨询企业可接受委托编制或审核建设项目、单项工程、单位工程设计概算以及调整概算。审核设计概算时，应审核建设项目总概算、单项工程综合概算、单位工程概算的准确性及提出相关合理化建议。审核可采用对比分析法、主要问题复核法、查询核实法、分类整理法、联合会审法等方法，并应根据工程造价管理机构发布的计价依据及有关资料，分别审核编制依据、编制方法、编制内容及各项费用。

提供全过程造价咨询服务的咨询企业应根据经批准的建设项目设计概算，参照项目招标策划将设计概算值分解到各标段中，作为各招标标段的参考造价控制目标；根据设计概算、已确定的项目实施计划和招标策划，编制建设项目资金使用计划书。

工程造价咨询企业在建设项目初步设计阶段可根据委托要求，采用合理有效的经济评价指标体系和分析方法对单项工程或单位工程设计进行多方案经济比选，提交优化设计造价咨询报告；应根据经济比选优化后的设计成果编制设计概算，并依次按照建设项目、单项工程、单位工程、分部分项工程或专业工程进行分解作为深化设计限额。当超过限额时应向委托人提出修改设计或相关建设标准的建议，同时修正相应的工程造价至限额以内。

第四节　施工图预算

设计单位完成建设项目施工图设计并通过审查后，建设单位一般都要委托工程造价咨询企业编制施工图预算。

施工图预算应根据已批准的建设项目设计概算的编制范围、工程内容、确定的标准进行编制，将施工图预算值控制在已批准的设计概算范围内，与设计概算存在偏差时，应在施工图预算书中予以说明，需调整概算的应告知委托人并报原审批部门核准。

施工图预算的编制依据、编制方法、成果文件的格式和质量要求应符合现行中国建设工程造价管理协会标准《建设项目施工图预算编审规程》CECA/GC 5—2010 的要求。

工程造价咨询企业可接受委托对由其他专业机构负责编制的建设项目施工图预算，依据工程造价管理机构发布的计价依据及有关资料，运用全面审核法、标准审核法、分组计算审核法、对比审核法、筛选审核法、重点审核法、分解对比审核法等方法，审核施工图预算的编制依据、编制方法、编制内容及各项费用，并向委托人提供审核意见与建议。

施工图预算的编制人或审核人应提供施工图预算编制或审核报告，将施工图预算与对应的设计概算的分项费用进行比较和分析，并应根据工程项目特点与预算项目，计算和分析整个建设项目、各单项工程和单位工程的主要技术经济指标。

第五节　工程量清单

建设项目在承发包阶段的招标过程中，一般都要委托工程造价咨询企业按照施工图编制工程量清单。

建设项目工程量清单应依据相关工程量清单计量标准编制，全部使用国有资金投资或者以国有资金投资为主的建设项目，应当采用工程量清单计价和行业相关规程规定。非国有资金投资的建设项目，鼓励采用工程量清单计价。

工程造价咨询企业按照现行国家标准《建设工程工程量清单计价规范》GB50500编制工程量清单时，如遇现行计算规范未规定的项目，可按补充项目进行编制。

工程量清单的编制范围及内容、计量与计价依据及原则要求、主要材料及设备采购供应方式及定价原则、综合单价包含的内容描述、其他项目费用以及相关描述应与招标文件保持一致。

最高投标限价的工程量应依据招标文件发布的工程量清单确定，最高投标限价的单价应采用综合单价。工程造价咨询企业应将最高投标限价与对应的单项工程综合概算或单位工程概算进行对比，出现实质性偏差时应告知委托人进行相应调整。最高投标限价的编制与审核应符合现行的中国建设工程造价管理协会标准《建设工程招标控制价编审规程》CECA/GC 6—2011的要求。

第六节 项目实施阶段造价咨询

工程造价咨询企业应根据发承包合同约定及项目实施计划编制项目资金使用计划。其中编制建安工程费用资金使用计划时应根据施工合同和批准的施工组织设计，并与计划工期和工程款的支付周期及支付节点、竣工结算款支付节点相符。还应根据项目标段的变化、施工组织设计的调整、建设单位资金状况适时调整项目资金使用计划。

工程造价咨询企业应根据工程施工或采购合同中有关工程计量周期及合同价款支付时点的约定，审核工程计量报告与合同价款支付申请，编制《工程计量与支付表》、《工程预付款支付申请核准表》及《工程进度款支付申请核准表》。

工程造价咨询企业应对承包人提交的工程计量结果进行审核，根据合同约定确定本期应付合同价款金额，并向委托人提交合同价款支付审核意见。应对所咨询的项目建立工程款支付台账，台账应按施工合同分类建立，其内容应包括：当前累计已付工程款金额、比例，未付工程合同价余额、比例，预计剩余工程用款金额、预计工程总用款与合同价的差值、产生较大或重大偏差的原因分析等。

工程造价咨询企业可接受委托承担人工、主要材料或新型材料、设备、机械及专业工程等市场价格的咨询工作，并应出具相应的价格咨询报告或审核意见。在确定或调整建筑安装工程的人工费时，应根据合同约定、相关工程造价管理机构发布的信息价格以及市场价格信息进行计算。对于主要材料或新型材料、设备、机械及专业工程等相关价格的咨询与审核，应根据市场调查所获取的价格信息计算。

对采用工程量清单方式招标的专业工程暂估价、材料设备暂定价，工程造价咨询企业应对后续招标采购和直接采购材料或设备价格提供咨询意见。

工程造价咨询企业应按施工合同约定对工程变更、工程索赔和工程签证进行审核。当施工合同未约定或约定不明时，应按国家和行业的相关规定执行。在工程变更和工程签证确认前，应对其可能引起的费用变化提出建议，并根据施工合同的约定对有效的工程变更和工程签证进行审核，计算工程变更和工程签证引起的造价变化，并计入当期工程造价。在收到工程索赔费用申请报告后，应在施工合同约定的时间内予以审核，并应出具工程索赔费用审核报告或要求申请人进一步补充索赔理由和依据。审核工程索赔费用后，应在签证单上签署意见或出具报告。

工程实施阶段期中结算审核，包括工程预付款和工程进度款支付的结算审核，以及单项工程或单位工程或规模较大的分部工程或标段工程完成后的结算审核。工程造价咨询企业对于工程实施阶段期中结算审核，应遵循合同约定并按国家和行业现行相关标准规范执行。经发承包双方签署认可的期中结算成果，应作为终止结算或竣工结算编制与审核的组成部分，无须再对该部分工程内容进行计量计价，但对于已完工程部分有变更或返修的除外。合同终止结算的编制与审核应按国家和行业现行相关标准规范执行。

工程造价咨询企业可接受委托进行项目实施阶段的工程造价动态管理，并应提交动态管理咨询报告，该报告应至少以单位工程为单位对比相应概算，并根据项目需要与委托人商议确定编制周期，编制周期通常以季度、半年度、年度为单位。

工程造价咨询企业应与项目各参与方进行联系与沟通，并应动态掌握影响项目工程造价变化的信息情况。对于可能发生的重大工程变更应及时做出对工程造价影响的预测，并应将可能导致工程造价发生重大变化的情况及时告知委托人。

第七节　竣工结算

工程竣工后，承包人或其委托的工程造价咨询企业应按合同、投标文件、工程变更与工程签证、竣工图及施工过程中的实际情况编制竣工结算。

工程竣工结算的编制依据、编制方法、成果文件的格式和质量要求应符合现行的中国建设工程造价管理协会标准《建设项目工程结算编审规程》CECA/GC 3—2007 的要求。

编制竣工结算应针对不同的施工合同形式采用相应的编制方法。采用总价合同的，应在合同总价基础上，对合同约定可调整的内容及针对超过合同约定范围的风险因素进行调整；采用单价合同的，在合同约定风险范围内的综合单价应固定不变，并应按合同约定进行计量，且应按实际完成的工程量进行计量；采用成本加酬金合同的，应按合同约定的方法。

竣工结算编制完成后，发包人或其委托的工程造价咨询企业应认真组织对竣工结算进行审核，审核应采用全面审核法，不得采用重点审核法、抽样审核法或类比审核法等其他方法。工程造价咨询合同另有约定的除外。竣工结算应按施工合同类型采用相应的审核方法：采用总价合同的，应在合同总价基础上，对合同约定可调整的内容及针对超过合同约定范围的风险因素调整的审核；采用单价合同的，在合同约定风险范围内的综合单价应固定不变，并应按合同约定进行计量，且应按实际完成的工程量计量审核；采用成本加酬金合同的，应按合同约定的方法。

工程造价咨询企业在竣工结算审核过程中，如发现工程图纸、工程签证等与事实不符，应建议发承包双方书面澄清并应据实进行调整；如未能取得书面澄清，工程造价咨询企业应进行判断，并就相关问题写入竣工结算审核报告。

竣工结算的编制与审核涉及发包人、承包人的切身利益，出现的矛盾较多，可通过专题会议的方式，就合同未明确或未约定的事宜、相关缺陷的弥补方式、需要澄清的疑问、审核过程中需明确以及进一步约定的事宜，组织合同相关各方进行协商，解决竣工结算审核中的分歧或争议。竣工结算审核专题会议纪要经相关各方签署之后可作为结算依据。

工程造价咨询企业承担竣工结算审核业务时，出具的竣工结算审核报告应由发包人、承包人、工程造价咨询企业等相关方共同签署确认，并应作为合同价款支付的依据。发包人、承包人及工程造价咨询企业等相关方不能共同签认《竣工结算审定签署表》且无实质性理由的，工程造价咨询企业在协调无果的情况下可单独出具竣工结算审核报告，并承担相应法律责任。

第八节 竣工决算

建设项目具备以下条件时，可编制竣工决算：
(1) 经批准的初步设计所确定的工程内容已完成；
(2) 单项工程或建设项目竣工结算已完成；
(3) 收尾工程投资和预留费用不超过规定的比例；
(4) 涉及法律诉讼、工程质量纠纷的事项已处理完毕；
(5) 其他影响工程竣工决算编制的重大问题已解决。

工程造价咨询企业可接受委托承担竣工决算的全部编制工作，也可承担竣工决算中的投资效果分析，交付使用资产表及明细表等报表部分的编制工作。承担竣工决算全部编制工作时，除应具备相应工程造价咨询资质、人员资格和质量管理等要求外，还应符合国家有关竣工决算的其他规定，一般由注册造价工程师和注册会计师配合完成编制工作。

竣工决算应综合反映竣工项目从筹建开始至项目竣工交付使用为止的全部建设费用、投资效果以及新增资产价值。竣工决算的编制依据、编制方法、成果文件的格式和质量要求应符合现行的中国建设工程造价管理协会标准《建设项目工程竣工决算编制规程》CECA/GC 9—2013 的要求。

工程造价咨询企业可接受委托，承担建设项目缺陷责任期修复费用审核工作。依据施工合同约定，在项目缺陷责任期内，对于承包人未能及时履行保修而发包人另行委托施工单位修复的工程，造价咨询企业按修复施工当时、当地建设市场价格予以审核。审核的相关修复费用由发承包双方确认后在项目质量保证金中扣除。

第九节 终结审计

终结审计是由政府有关部门组织、对政府投资项目或全部及大部分使用国有资金的建设项目的总投资进行终结定论的一项重要工作。

政府投资项目全部建成、经竣工验收合格并完成竣工决算后，建设单位应将全部工程的竣工决算材料汇总，并核对该工程的财务收支情况，在确定全部完成工程的竣工决算及相关工作后，建设单位应向上级主管部门写报告，申请审计或财政部门对工程进行终结审计。

工程终结审计原则上由投资主体的一级政府的审计部门组织进行，如以中央财政投资为主体的项目由国家审计署负责组织，以省（市）财政投资为主体的项目由省（市）审计厅（局）负责组织，上级审计部门也可委托下级审计部门组织工程终结审计。一些政府投资项目在工程竣工决算后,由财政部门组织专业人员对其投资进行全面评审,并出具评审意见,亦可作为工程最终定论的依据。

终结审计的对象是整个工程而不是施工单位,从某种程度说是对建设单位的审计,建设单位应予以高度重视,认真准备相关资料,自觉接受审计。工程终结审计需要准备的材料主要有:(1)项目建议书、可行性研究报告、初步设计批准文件;(2)发展和改革、财政部门或主管部门下达的投资计划及建设资金下拨文件;(3)施工图、竣工图、设计变更和工程签证资料;(4)工程招标和投标文件、施工和材料设备供应合同;(5)竣工决算文件和审核报告;(6)工程财务收支账目和自查情况;(7)其他相关文件资料。

一般情况下,审计部门只对大的方面主要是工程招标投标及材料设备采购情况、建设资金管理使用情况以及竣工决算情况进行审计,但对有些政府投资项目审计部门会全面进行终结审计。在终结审计过程中,建设、监理、设计、施工、设备供应等单位应全力配合,对审计中提出的疑问,涉及哪家单位就由哪家单位答复,不能相互扯皮、推诿。对审计中发现的问题,应由建设单位牵头组织整改,凡违规违纪资金,该上交的上交、该追回的追回,并可视情况对当事人进行处分,直至追究法律责任。

终结审计基本完成后,负责组织审计的机关应出具书面审计报告,对工程的终结审计作出结论。建设等单位根据审计意见完成整改后,应书面报告审计机关,经审计机关认可后,该工程的终结审计才算结束。

参与建设项目全过程工程造价咨询服务的企业,应积极配合建设等相关单位全面完成终结审计任务。

第七章 项目管理

全过程工程项目管理,是指运用系统的理论和方法,对建设工程项目进行的计划、组织、指挥、协调和控制等活动,简称项目管理。

开展全过程工程咨询服务俗称"交钥匙工程",无论是委托工程咨询、勘察设计、招标代理、造价咨询、工程监理或者是项目代建单位进行,其工作的总内容都集中体现在项目管理上。

第一节 项目的前期调研

建设项目的前期调研与项目策划是一项十分重要的工作。受建设单位委托负责全过程工程咨询服务的企业,应主动配合建设单位做好建设项目的前期调研工作。项目设想的提出,往往都有其特定的政治、经济或社会生活背景。从简单而抽象的建设意图到具体复杂的工程建成,离不开项目策划,而前期调研又是项目策划的基础性工作。

(1) 要对项目的必要性、可行性进行调研。分析项目建设是否符合国民经济和社会发展规划,是否具有较好的经济效益、社会效益或环境效益,项目建设的必要性是否充足、可行性如何。

(2) 要对项目建设资金来源进行分析。项目建设需要大量的资金,钱从何来?不能光依赖银行贷款,即使PPP项目,也必须有20%以上的资本金。政府投资项目的建设资金从何种渠道安排?其他项目建设资金如何筹措?在项目前期工作中应该有一个初步的计划。

(3) 要对项目建设的基本条件进行调研。工程项目的建设涉及方方面面,必须满足最基本的建设条件。如选址必须恰当,必须符合城乡规划、土地利用规划和节能、环保要求,必须就近能解决水、电、路、气、通信等问题。

(4) 要对项目的建设进行科学策划。项目的建设一般根据经济社会发展的形势与要求提出,起初只是设想,只有项目的大致轮廓。此时建设单位要依托全过程工程服务等单位组织专家和相关人员对拟建项目进行科学策划,对项目拟建地点进行深入的调查研究,对建设规模、建筑形式、工艺选择、环境保护等进行初步探讨,对项目的经济和社会效益进行初步分析,为项目的科学决策提供依据。

例如,江西省井冈山"一号工程"的建设是根据中共中央、国务院《关于进一步加强和改进未成年人思想道德建设的若干意见》,由有关领导提出,经反复调研论证后确定的。

井冈山是中国革命的摇篮。1927年,毛泽东、朱德等老一辈无产阶级革命家在这里开创了第一个农村革命根据地,开辟了中国新民主主义革命走向胜利的道路,并孕育了伟大的井冈山精神。井冈山由此被誉为"中华人民共和国的奠基石",成为全国爱国主义教育和革命传统教育的重要基地。井冈山革命博物馆和其他旧居旧址是宣传井冈山革命斗争史的重要阵地，被中宣部命名为"全国爱国主义教育示范基地"。原井冈山革命博物馆是1959年建成开馆的，总建筑面积仅有2000m^2。由于建设时间较长、规模较小，难以接待来自全国各地络绎不绝的参观者，亟待新建、维修和改造。

井冈山"一号工程"是以新建井冈山革命博物馆为主、以维修改造黄洋界、大井、小井等11处革命旧居旧址为辅的大中型公共建筑工程，是一项完全由政府投资的建设项目。该项目自2004年初开始调研，先是井冈山市政府、井冈山革命博物馆组织人员调研，并逐级向上汇报，然后是中央宣传部、江西省委宣传部派员深入井冈山调研，在此基础上向中宣部、江西省委省政府领导汇报，得到了有关领导的重视和支持后才开始策划的。前期调研期间对建设规模、投资、地点、方式等均作了深入的研究，形成了建设项目的基本轮廓。

建设项目前期调查研究工作是项目建设的基础，基础好则项目建设顺。深入细致的调查研究，对于建设项目的科学决策有着重要的、不可替代的作用。

第二节　组建项目筹建班子

项目的前期调研工作告一段落且项目有一定眉目之后，为进一步做好项目的筹建工作，必须尽快组建项目的筹建班子，推行项目法人责任制，或"代建制"。

由于较大的政府投资项目在当地有一定的政治影响，一般会成立以分管领导挂帅、有关部门的负责同志组成的领导小组，领导小组下设办公室，或成立建设项目指挥部，具体负责该政府投资项目的建设。

建设项目指挥部或办公室承担该项目的业主职能，具有项目法人地位，在领导小组的领导下具体承担项目的筹建工作，责任重、权力大，选好人、用好人至关重要。

（1）要选好项目法人，即项目总指挥或办公室主任。可从项目主管部门内部选调，也可从相关单位借调。要选政治素质高、组织能力强、廉政建设好、工作经验足、有一定威望的同志担任，着重考虑选具有较强的专业知识、具备项目建设系统管理工作实践经验的同志。项目法人还应掌握建设市场运作，会应用招标投标等方法选择合格的参建单位；能掌握和运用合同管理建设工程项目。

（2）要选好项目筹建单位的一班人。根据项目的大小、类别和实际情况，本着"少而精"的原则选调相关专业技术人员和管理人员，同样要求选政治素质高、业务能力强、作风正派、敢于坚持原则的同志。从专业角度考虑应选建筑、结构、水电、暖通、材料、财会、工程造价、档案管理等相关专业的同志。筹建人员选定后，有关单位的领导或项目法人要及时找这些同志谈心，讲清楚项目建设的目的意义并对具体工作提出要求，充分调动他们的积极性，使这一班人均能以饱满的热情投入项目建设中。

（3）要建立健全管理规章制度。好的制度能催人奋进，坏的制度能使好人变坏。要高效率、高质量建设好项目，没有切实可行的规章制度作保障不行。

组建项目筹建班子的另一种做法是推行"代建制"。2004年《国务院关于投资体制改革的决定》中明确提出：对非经营性政府投资项目加快推行"代建制"，即通过招标等方式，选择专业化的项目管理单位负责建设实施，严格控制项目投资、质量和工期，竣工验收后移交给使用单位。国家发展改革委、建设部、财政部也对推行"代建制"出台了相关管理办法。自1993年起,厦门市率先开展建设项目代建制试点,此后,上海、北京、江苏、浙江、重庆、贵州、安徽等省(市)相继以不同的方式推行代建制。深圳市自2002年起成立了市建筑工务局,政府投资项目统一由建筑工务局代建,竣工验收后移交给使用单位。推行"代建制",由代建单位组建项目的筹建班子,同样实行建设项目法人责任制。推行"代建制",有利于明确职责,将政府投资建设项目的管理职能委托给代建单位,可严格控制建设规模、建设内容、建设标准和项目预算,保障投资计划的贯彻执行;有利于项目管理,由专业公司全面负责建设项目的进度、质量、安全和现场施工管理,使项目管理更具有专业性;有利于遏制腐败现象,工程由代建单位代建,有效地防止了个别领导和使用单位插手工程的行为,主管部门可从繁重的具体事务中腾出手来为代建项目把好关,从源头上防止腐败;有利于降低工程投资,投资者可以通过合同管理的方式对项目投资进行全过程严格的控制,千方百计减少浪费和不必要的开支,同时还可降低建设单位的管理费用。

2016年7月,《中共中央、国务院关于深化投融资体制改革的意见》强调:进一步完善政府投资项目代理建设制度。

采用全过程工程咨询服务的建设项目,大多采用"代建制"模式。即按照建设单位的要求,由全过程工程咨询服务单位抽调人员组成项目管理部,全过程负责项目建设工作。

筹建班子的组建关系到该项目能否高质量按期建成,选好人用好人是关键。项目筹建班子人员不宜过多,要精干务实、公道正派、不计较个人得失。筹建班子作为项目的具体组织者、实施者,还必须具有较强的组织纪律性,重大问题多和建设单位沟通,及时向有关领导请示汇报,切不可超越权限自作主张。建设单位也应对项目筹建班子充分信任,放手让他们开展工作。

第三节 开展工程咨询

项目的前期调研和筹建班子完成后,应立即组织开展工程咨询。

(1) 委托编制《项目建议书》。《项目建议书》是建设项目能否获得批准的重要依据,建设单位应予以高度重视。《项目建议书》的内容和深度应符合国家有关要求。

《项目建议书》编制完成后,应由主管部门报同级发展改革委审核,然后按规定的审批程序报国家或省(市、区)、市、县级发展改革委审批。投资超过5亿元的政府投资项目还需报国务院审批。

(2) 委托编制项目《可行性研究报告》。建设工程项目的可行性研究是指在项目投资决策前,通过对拟建项目有关的技术、工程、经济、环境、社会等方面的情况和条件进行调查研究与分析,并对该项目建成后可能取得的经济效益、社会效益和环境效益进行预测和评价,从而提出该项目是否值得投资的研究结论,为项目投资决策提供可靠的依据。

《可行性研究报告》编制完成后,应组织相关专家进行评估,评估其内容是否翔实、完整,分析计算是否正确,建设与投资是否合理、可行。评估结论是建设项目决策的重要依据。大中型建设项目的《可行性研究报告》需报具有相应审批权限的发展改革委审批。

在深化投资体制改革和推进工程建设项目审批制度改革的大背景下，对一些中小型项目，可将《项目建议书》与《可行性研究报告》合并进行。

（3）根据需要组织编制专项报告。如对于能耗较大的项目应按有关部门要求编制节能评估报告，地处城区的项目应编制交通影响评价报告，涉及维护社会稳定的项目应编制维稳评估报告，存在地质灾害的地区应编制地质灾害危险性评估报告等。这些专项报告编制完成后，同样需组织专家评估，并按规定上报有关部门审批或备案。

第四节　组织环境影响评价

环境影响评价，是指对规划和建设项目实施后可能造成的环境影响进行分析、预测和评估，提出预防或者减轻不良环境影响的对策和措施，进行跟踪监测的方法与制度。

2016年7月2日重新修订的《中华人民共和国环境影响评价法》第十六条规定：国家根据建设项目对环境的影响程度，对建设项目的环境影响评价实行分类管理。建设单位应当按照下列规定组织编制环境影响报告书、环境影响报告表或者填报环境影响登记表：

（1）可能造成重大环境影响的，应当编制环境影响报告书，对产生的环境影响进行全面评价；

（2）可能造成轻度环境影响的，应当编制环境影响报告表，对产生的环境影响进行分析或者专项评价；

（3）对环境影响很小、不需要进行环境影响评价的，应当填报环境影响登记表。

建设项目的环境影响评价分类管理名录，由国务院环境保护行政主管部门制定并公布。

建设项目环境影响报告书、报告表应当委托有相应资质的环境保护技术服务机构编制。环境影响登记表可由建设单位自行组织填报。

《环境影响报告书》包含的主要内容有：

（1）建设项目概况；

（2）建设项目周围环境现状；

（3）建设项目对环境可能造成影响的分析、预测和评估；

（4）建设项目环境保护措施及其技术、经济论证；

（5）建设项目对环境影响的经济损益分析；

（6）对建设项目实施环境监测的建议；

（7）环境影响评价的结论。

《环境影响报告表》的内容相对来说要简单些，但也应包含以下主要内容：

（1）建设项目基本情况；

（2）建设项目所在地环境简况；

（3）评价适用标准；

（4）建设项目环境影响分析；

（5）建设项目拟采取的防治措施及预期治理效果；

（6）结论与建议。

建设项目环境影响报告书、报告表、登记表编制完成后，应由建设单位报具有该项目审批权的生态环境主管部门审批（或备案），并征求建设项目当地生态环境主管部门的意见。在项目建设过程中，必须体现"三同时"（同时设计、同时施工、同时投产使用）的原则，严格按经批准的环境影响报告书、报告表或经备案的登记表进行有关环境保护的各项设施的建设。建设项目的环境影响评价文件未经法律规定的审批部门审查或者审查后未予批准的，该项目审批部门（发展改革委）不得批准其建设，建设单位不得开工建设。

第五节　做好项目的选址工作

项目的选址是建设项目前期工作的重要环节。建设项目的选址应满足以下要求：

（1）项目的选址必须符合城乡规划和土地利用规划（国土空间规划）。规划是城乡建设和管理的"龙头"，任何建设项目都必须符合规划，政府投资项目必须带头遵守规划。

（2）项目的选址必须科学合理。要根据项目的性质来选择项目建设地址。政府投资的博物馆、展览馆、艺术中心等公共建筑，应选择在市中心地段人气较旺的地方建，如上海博物馆选择在市中心人民广场旁建，平均日参观人数达5000人以上。而有的展览馆为扩大规模，在新建扩建时却从市中心迁到市区边缘，建成后参观的人员急剧下降，无论是社会效益还是经济效益都受到了影响。有的中小城市为扩大规模，拉开城市框架，将政府办公楼、行政中心等搬到新区建设，从而带动了新区开发。

（3）项目的选址必须具备一定的建设条件。首先是要有地可建，要注重保护群众利益，防止不切实际的大拆大建；其次是要考虑地质灾害的影响，考虑水、电、路、气、通信等基础设施尽可能就近配套；再次是要与周边环境相协调，充分考虑对环境的影响和对周边单位、居民的影响，保护风景名胜资源和文物古迹。

（4）要依法办理《选址意见书》。《中华人民共和国城乡规划法》第三十六条规定："按照国家规定需要有关部门批准或者核准的建设项目，以划拨方式提供国有土地使用权的，建设单位在报送有关部门批准或者核准前，应当向城乡规划主管部门申请核发选址意见书。"

申请核发选址意见书，申请人应当提供下列材料：

1）经立项主管部门批准的项目建议书或者项目申请说明书；

2）《建设项目选址申请书》；

3）建设项目用地协议书或者用地证明文件；

4）符合规划审批要求的现状地形图及电子文件；

5）其他有关申报材料，如项目环境影响报告书、环境影响报告表或者环境影响登记表，地质灾害评估报告，规划设计单位编制的选址论证等。

城乡规划主管部门受理申请后，应对申请人提供的材料进行初审，组织人员踏勘项目现场，对经社会公示已通过的建设项目，核发《选址意见书》。

《选址意见书》包括的内容有：建设项目的基本情况（项目名称、性质、用地与建设规模，供水与能源的需求量，采取的运输方式与运输量，以及废水、废气、废渣的排放方式和排放量）；建设项目规划选址的主要依据（经批准的项目建议书，建设项目与城市规划布局的协调，与城市交通、通信、能源、市政、防灾规划的衔接与协调，项目配套的生活设施与城市生活居住及公共设施规划的衔接与协调，项目对于城市环境可能造成的污染影响，以及与城市环境保护规划和风景名胜、文物古迹保护规划的协调）；建设项目选址、用地范围和具体要求。

《选址意见书》按建设项目审批权限实行分级管理，应作为可行性研究报告的附件一并上报审批。

新的一轮机构改革后，城乡规划的职能已划归自然资源和规划主管部门。

第六节　跟踪项目的立项审批

建设项目前期工作基本完成后，许多项目需报政府有关部门立项与审批。作为全过程工程咨询服务的项目管理单位，应积极配合建设单位跟踪项目的立项与审批，并应注意以下几点：

（1）要严格遵守基本建设程序。国家规定的基本建设程序是项目科学决策的基础，政府投资项目应该带头遵守。实践证明，不按基本建设程序，项目的前期工作准备不充分，会对项目的建设造成很大影响，轻则多走弯路、增加投资、影响工期，重则出现投资决策失误，给国家和人民的财产带来严重损失。

（2）要按照有关法律法规办理申报与审批手续。工程建设涉及规划、计划、资金、土地、环保、交通、通信等诸多方面，国家在许多法律法规中对此提出明确的要求。项目管理单位要熟悉这些法律法规，理清工作思路，严格做到依法办事。要加强与有关部门联系，尤其是要与发展和改革部门、规划部门、自然资源部门、财政部门、生态环境部门、上级主管部门经常沟通。要落实相关人员，跟着申报材料走，一环扣一环，环环抓落实。

（3）要注意收集相关资料。充足的资料是做好项目前期工作的必要条件，资料来源要广，水文、地质、气象、规划、土地、环保、地形地貌、地下管线、经济社会发展指标、国内外类似项目建设情况等等，都应注意收集。资料要翔实可靠，根据项目的特点有针对性地收集，并加以分析、整理，为项目的科学决策提供依据。

（4）要落实项目建设资金。建设项目经有关部门审批后，建设资金渠道大体明确，除配合建设单位抓好落实外，还应按照相关合同要求落实银行贷款（如PPP项目）等，确保工程开工后建设资金有保障。

在立项审批过程中，筹建单位要努力做到"四勤"：腿勤、嘴勤、笔勤、脑勤。腿勤——就是要多跑腿，跑有关部门，"跑部进京"争取项目；嘴勤——就是要多问，问有关领导、有关经办人员，项目进行得怎样，需要再做什么工作；笔勤——就是要多动笔，写报告、写补充材料，满足审批的需要；脑勤——就是要经常动脑子、想问题，并着力解决实际问题。有的项目由于种种原因，立项审批一拖再拖，除客观原因外，主观上不妨从"四勤"方面下点功夫。

第七节　办理规划及建设用地审批手续

建设项目通过有关部门的立项审批后，应依法到自然资源和规划主管部门办理《建设用地规划许可证》。《中华人民共和国城乡规划法》第三十七条规定：在城市、镇规划区内以划拨方式提供国有土地使用权的建设项目，经有关部门批准、核准、备案后，建设单位应当向城市、县人民政府城乡规划主管部门提出建设用地规划许可申请，由城市、县人民政府城乡规划主管部门依据控制性详细规划核定建设用地的位置、面积、允许建设的范围，核发建设用地规划许可证。

申请核发建设用地规划许可证，申请人应当提供下列材料：
(1)《建设用地规划申请书》；
(2) 主管部门的建设项目立项批准文件；
(3) 建设项目用地协议书或者用地证明文件、用地说明；
(4) 符合规划审批要求的规划设计方案；
(5) 其他有关申报材料，如《选址意见书》复印件、管线设计方案图及相关部门审查意见、建设项目的节能评估、交通影响评价报告等。

自然资源和规划主管部门受理申请后，应对申请人提供的材料进行初审，申请材料齐全的，对其规划设计方案组织评审和进行审查，再向社会进行公示，对通过公示的建设项目，核发《建设用地规划许可证》。

建设单位在取得建设用地规划许可证后，方可向县级以上地方人民政府自然资源主管部门申请建设用地。

《中华人民共和国土地管理法》第五十三条规定：经批准的建设项目需要使用国有建设用地的，建设单位应当持法律、行政法规规定的有关文件，向有批准权的县级以上人民政府土地行政主管部门提出建设用地申请，经土地行政主管部门审查，报本级人民政府批准。

政府投资项目属于下列建设用地的，经县级以上人民政府依法批准，可以以划拨方式取得：国家机关用地和军事用地；城市基础设施用地和公益事业用地；国家重点扶持的能源、交通、水利等基础设施用地；法律、行政法规规定的其他用地。

建设用地涉及林地的，还应向县级以上林业主管部门提出申请，依法办理林地审批手续。

建设项目取得《国有土地使用权证》或《建设用地批准书》、划拨类用地取得《国有建设用地使用权划拨决定书》后，应根据自然资源和规划主管部门给出的规划设计条件，组织工程设计，并依法申请办理建设工程规划许可证。

《中华人民共和国城乡规划法》第四十条规定：在城市、镇规划区内进行建筑物、构筑物、道路、管线和其他工程建设的，建设单位或者个人应当向城市、县人民政府城乡规划主管部门或者省、自治区、直辖市人民政府确定的镇人民政府申请办理建设工程规划许可证。

申请办理建设工程规划许可证，应当提交使用土地的有关证明文件、建设工程设计方案等材料。需要建设单位编制修建性详细规划的建设项目，还应当提交修建性详细规划。对符合控制性详细规划和规划条件的，由城市、县人民政府自然资源和规划主管部门或者省、自治区、直辖市人民政府确定的镇人民政府核发建设工程规划许可证。

城市、县人民政府自然资源和规划主管部门或者省、自治区、直辖市人民政府确定的镇人民政府应当依法将经审定的修建性详细规划、建设工程设计方案的总平面图予以公布。

申请核发建设工程规划许可证，申请人应当提供下列材料：

(1)《建设工程规划申请书》；
(2) 已核发的《建设用地规划许可证》及附图复印件；
(3) 自然资源主管部门核发的建设用地批准文件及附图复印件；
(4) 符合规划审批要求的建筑（市政）设计方案（总平面、平面、立面、剖面图）；
(5) 人防等其他相关部门出具的书面审查意见；
(6) 其他有关申报材料，如应提供符合规划审批要求的管线施工图等。

自然资源和规划主管部门受理申请后，应对申请人提供的材料进行初审，申请材料齐全的，对建筑（市政）设计方案进行规划审查，审查合格后向社会进行公示，对通过公示的建设项目，向申请人核发《建设工程规划许可证》。

需要说明的是，在核发《建设工程规划许可证》过程中，重要的一个环节是对建设项目的规划设计方案进行审查，需要提供建设项目的修建性详细规划以及建筑设计方案，应满足规划设计条件，包括容积率、建筑密度、绿地率、建筑限高、停车泊位等强制性内容，还要对建筑物的外观设计进行把关，使之与城市设计和周边环境相吻合。较重要的建设项目除报自然资源和规划主管部门审查外，还需报城市规划委员会审批。

第八节 组织勘察设计、监理及施工招标

建设项目经有关部门立项审批后，应尽快按照经批准的《项目建议书》《可行性研究报告》等，组织开展工程勘察设计。

工程勘察设计单位的选定及勘察设计成果的相关要求已在第三章中详细表述，不再重复。

需要强调的是，组织好工程勘察设计，是全过程工程咨询服务的一项重要内容。工程测量、地质勘察是基础，工程设计则几乎涉及工程建设的全过程，务必引起高度重视。承担全过程工程咨询服务的设计单位，应积极创造条件，充分发挥建筑师的作用，推行由建筑师负责制这一工程建设领域的重大改革。

在工程勘察设计基本完成后，应着手选定工程监理单位。相关要求详见第五章。

在基本具备工程施工条件时，应依法组织工程的施工招标，择优选定施工总承包企业和其他施工单位。相关内容和要求详见第四章。

第九节 委托工程质量（安全）监督

对建设工程实行质量监督是国家为提高工程质量而行使的一种重要手段。国务院《建设工程质量管理条例》明确规定：国家实行建设工程质量监督管理制度。县级以上人民政府建设主管部门对本行政区域内的建设工程质量实施监督管理。

住房和城乡建设部《工程质量监督工作导则》和《建设工程质量监督机构监督工作指南》，对建设工程质量监督工作作出了明确的规定。工程质量监督是建设主管部门或其委托的工程质量监督机构根据国家有关法律、法规和工程建设强制性标准，对工程责任主体和有关机构进行质量责任的行为以及对工程实体质量进行监督检查，维护公众利益的行政执法行为。

在工程开工前，建设单位应提供下列资料，主动到当地建设主管部门办理质量监督登记手续，委托工程质量监督机构实施质量监督：

(1) 施工图设计文件审查报告和批准书；

(2) 中标通知书和施工、监理合同；

(3) 建设单位、施工单位和监理单位工程项目的负责人和机构组成；

(4) 施工组织设计和监理规划（监理实施细则）；

(5) 其他需要的文件资料。

受委托后质量监督机构的主要工作内容包括：

(1) 对责任主体和有关机构（包括建设单位、勘察设计单位、施工单位、监理单位、工程质量检测单位）履行质量责任的行为监督检查；

(2) 对工程实体质量的监督检查；

(3) 对施工技术资料、监理资料以及检测报告等有关工程质量的文件和资料的监督检查；

(4) 对工程竣工验收的监督检查；

(5) 对混凝土预制构件及预拌混凝土质量的监督检查；

(6) 对责任主体和有关机构违法、违规行为的调查取证和核实，提出处罚建议或按委托权限实施行政处罚；

(7) 提交工程质量监督报告。

近年来，随着国民经济和社会的发展，工程建设项目逐年增多，建设工程的安全事故也时有发生。为了加强安全生产监督管理，防止和减少生产安全事故，保障人民群众生命和财产安全，促进经济发展，全国人大常委会发布了《中华人民共和国消防法》《中华人民共和国安全生产法》；国务院发布了《建设工程安全生产管理条例》《安全生产许可证条例》等，可见国家对安全生产工作的高度重视。

建设工程（包括土木工程、建筑工程、线路管道和设备安装工程及装修工程）是一项较为复杂的系统工程，安全生产涉及建设、勘察、设计、施工、监理等相关单位，各单位均依法承担建设工程安全生产的相关责任。

建设工程安全生产管理，必须坚持"安全第一、预防为主"的方针。建设工程安全生产工作由安全生产监督管理部门实施综合监督管理，县级以上建设主管部门对本行政区域内的建设工程安全生产实施监督管理，交通、水利等有关部门负责专业建设工程安全生产的监督管理。对建设工程的安全监督，必须落实各有关单位的安全生产责任，必须从源头抓起。

根据国务院《建设工程安全生产管理条例》，建设单位的安全责任主要有：提出保证安全施工的措施，提供安全施工措施的资料，保障安全施工的措施费用，确保合理施工工期；勘察单位的安全责任主要有：按国家有关法律法规和强制性标准进行勘察，提供真实准确的勘察文件，严格执行勘察操作规程，保证各类管线、设施和周边建筑物、构筑物的安全；设计单位的安全责任主要有：按国家有关法律法规和强制性标准进行科学合理设计，对涉及施工安全的重点部位和环节提出安全防范指导意见，提出保障施工作业人员和预防生产安全事故的措施建议，对设计质量终身负责；监理单位的安全责任主要有：按国家有关法律法规和强制性标准实施监理，审查施工组织设计中的安全技术措施，发现安全事故隐患及时组织施工单位整改并报告建设单位和有关部门。其他有关单位按职责各自承担安全责任。

施工单位是建设工程安全生产的主要责任单位，应依法取得相应的《安全生产许可证》，设立安全生产管理机构，配备专职安全生产管理人员，建立健全安全生产责任制和安全生产教育培训制度，制定安全生产规章制度和操作规程，定期进行安全检查，保证安全生产的投入，为施工现场从事危险作业的人员办理意外伤害保险。施工机械设备必须按规定进行检验，特种作业人员必须持证上岗。施工单位主要负责人对本单位的安全生产工作全面负责，项目经理对所承包的建设项目的安全施工负责。建设工程实行总承包的，由总承包单位对施工现场的安全生产负总责。在城市市区内的建设工程，施工单位应当对施工现场实行封闭围挡。

县级以上建设主管部门履行安全监督职责时，有权采取下列措施：

（1）要求被检查单位提供有关建设工程安全生产的文件和资料；

（2）进入被检查单位施工现场进行检查；

（3）纠正施工中违反安全生产要求的行为；

（4）对检查中发现的安全事故隐患，责令立即排除；重大安全事故隐患排除前或排除过程中无法保证安全的，责令从危险区域内撤出作业人员或者停止施工。

建设工程若发生重大安全事故，事故发生单位应在24h之内写出书面报告，按程序逐级上报上级主管部门。上级主管部门应及时组织人员对事故进行调查处理，并写出事故调查与处理报告。对造成重大事故的责任者，由其所在单位或上级主管部门给予行政处分；构成犯罪的，依法追究刑事责任。事故发生后隐瞒不报、谎报、故意拖延报告期限的，故意破坏现场的，阻碍调查工作正常进行的，无正当理由拒绝调查组查询或者拒绝提供与事故有关情况、资料的，以及提供伪证的，由其所在单位或上级主管部门按有关规定给予行政处分；构成犯罪的，依法追究刑事责任。

第十节 依法办理开工手续

建设项目正式开工前，一般应具备以下基本条件：

（1）已编制项目建议书、可行性研究报告，建设项目的立项已经有关部门审批或备案；

（2）项目建设符合城乡规划并已依法办理《建设项目选址意见书》《建设用地规划许可证》《建设工程规划许可证》；

（3）已组织环境影响评价，并经具有该项目审批权的环境保护主管部门批准或备案；

（4）已办理建设用地（含林地）审批手续，建设用地已征用，建设场地已落实；

（5）项目建设方式（采取代建或自建）已确定，筹建班子已组建，建设资金已基本落实；

（6）工程勘察设计已基本完成，初步设计经过审批，施工图通过有关部门（含审图机构、建设、人防等）的审查；

（7）工程已委托质量（安全）监督，通过招标已确定监理单位，监理人员已到位；

（8）通过招标已确定项目建设初期的施工队伍，水、电、路等基本施工条件已具备；

（9）有关部门已批准开工报告、下达开工令，或已申领《建设工程施工许可证》；

（10）其他必备条件。

《中华人民共和国建筑法》第七条规定：建筑工程开工前，建设单位应当按照国家有关规定向工程所在地县级以上人民政府建设行政主管部门申请领取施工许可证；但是，国务院建设行政主管部门确定的限额以下的小型工程除外。

按照国务院规定的权限和程序批准开工报告的建筑工程，不再领取施工许可证。

住房城乡建设部《建筑工程施工许可管理办法》规定：工程投资额在 30 万元以下或者建筑面积在 300m² 以下的建筑工程，可以不申请办理施工许可证。

建设项目一般分为两类：一是已列入国家和省一级重点工程的建设项目，这类项目由负责审批的发展改革委批准开工报告，或下达开工令，不再领取施工许可证；二是除此以外的建设项目（不含限额以下的小项目），应按《中华人民共和国建筑法》的规定向工程所在地县级以上人民政府建设行政主管部门申请领取施工许可证。

申请领取施工许可证，应当具备下列条件：

（1）已经办理该建筑工程用地批准手续；

（2）在城市规划区的建筑工程，已经取得规划许可证；

（3）需要拆迁的，其拆迁进度符合施工要求；

（4）已经确定建筑施工企业；

（5）有满足施工需要的施工图纸及技术资料；

（6）有保证工程质量和安全的具体措施；

（7）建设资金已经落实；

（8）法律、行政法规规定的其他条件。

申请办理施工许可证，应当按照下列程序进行：

（1）建设单位向发证机关领取《建筑工程施工许可证申请表》；

（2）建设单位持加盖单位及法定代表人印鉴的《建筑工程施工许可证申请表》，并附相关证明文件，向发证机关提出申请；

（3）发证机关在收到建设单位报送的《建筑工程施工许可证申请表》和所附证明文件后，对于符合条件的，应当自收到申请之日起十五日内颁发施工许可证；对于证明文件不齐全或者失效的，应当限期要求建设单位补正，审批时间可以自证明文件补正齐全后作相应顺延；对于不符合条件的，应当自收到申请之日起十五日内书面通知建设单位，并说明理由。

建筑工程在施工过程中，建设单位或者施工单位发生变更的，应当重新申请领取施工许可证。

2020 年 6 月，住房和城乡建设部下发通知：自 2021 年 1 月 1 日起，全国范围内的房屋建筑和市政基础设施工程项目全面实行施工许可电子证照。电子证照与纸质证照具有同等法律效力。

按照国务院有关规定批准开工报告的建筑工程，因故不能按期开工或者中止施工的，应当及时向批准机关报告情况。因故不能按期开工超过六个月的，应当重新办理开工报告的批准手续。

由于各地、各行业的情况不同，对项目建设前期工作的要求也不完全相同。项目筹建单位要按照当地和本行业的要求扎扎实实做好项目建设的前期工作，为项目的早日开工创造条件。有的建设项目由于前期准备工作不充分，仓促开工，导致工程开工后经常出现停工，不仅增加了投资、延误了工期，也影响工程建设质量。

第十一节　推进工程建设项目审批制度改革

工程建设项目审批制度改革是推进政府职能转变、优化营商环境工作的重要内容。2018年5月2日，国务院总理李克强主持召开国务院常务会议，决定采取措施将企业开办时间和工程建设项目审批时间压减一半以上，进一步优化营商环境。确定在北京、天津、上海、重庆、沈阳、大连、南京、厦门、武汉、广州、深圳、成都、贵阳、渭南、延安和浙江省16个地区开展试点，改革精简房屋建筑、城市基础设施等工程建设项目审批全过程和所有类型审批事项，推动流程化和标准化。具体内容：（1）精简审批。取消施工合同、建筑节能设计审查备案等事项，将消防、人防等设计并入施工图设计文件审查。环境影响、节能等评价不再作为项目审批或核准条件，由政府统一组织区域评估。（2）分类管理。简化社会投资的中小型工程建设项目审批。对社会投资的房屋建筑工程，建设单位可自主决定发包方式。（3）压缩流程。推行联合勘验、测绘、审图等，规划、国土、市政公用等单位限时联合验收。实行"一张蓝图"明确项目建设条件、"一个系统"受理审批督办、"一个窗口"提供综合服务、"一张表单"整合申报材料、"一套机制"规范审批运行。要求工程建设项目审批时间压缩一半以上，由目前平均200多个工作日减至120个工作日，推动政府职能转向减审批、强监管、优服务，促进市场公平竞争。2018年5月18日，国务院办公厅又印发了《关于开展工程建设项目审批制度改革试点的通知》；2018年6月4日，国务院副总理韩正在厦门主持召开工程建设项目审批制度改革试点工作座谈会，拉开了进一步优化营商环境工作的大幕。

经过近一年的试点，各地探索了不少经验。为进一步推进工程建设项目审批制度的改革，2019年3月13日，国务院办公厅下发了《关于全面开展工程建设项目审批制度改革的实施意见》（简称《实施意见》）。《实施意见》认为：工程建设项目审批制度改革是党中央、国务院在新形势下作出的重大决策，是推进政府职能转变和深化"放管服"改革、优化营商环境的重要内容。2018年5月工程建设项目审批制度改革试点开展以来，试点地区按照国务院部署，对工程建设项目审批制度实施了全流程、全覆盖改革，基本形成统一的审批流程、统一的信息数据平台、统一的审批管理体系和统一的监管方式。《实施意见》对改革提出了总体要求，明确改革的内容是：对工程建设项目审批制度实施全流程、全覆盖改革；改革覆盖工程建设项目审批全过程（包括从立项到竣工验收和公共设施接入服务）；主要是房屋建筑和城市基础设施等工程，不包括特殊工程和交通、水利、能源等领域的重大工程；覆盖行政许可等审批事项和技术审查、中介服务、市政公用服务以及备案等其他类型事项，推动流程优化和标准化。并强调了"四统一"原则：

（1）统一审批流程。精简审批环节，下放审批权限，合并审批事项，转变管理方式，调整审批时序，合理划分审批阶段，将工程建设项目审批流程主要划分为立项用地规划许可、工程建设许可、施工许可、竣工验收四个阶段，分类制定审批流程，实行联合审图和联合验收，推行区域评估，推行告知承诺制。

（2）统一信息数据平台。建立完善工程建设项目审批管理系统，研究制定工程建设项目审批管理系统管理办法，在"一张蓝图"基础上开展审批，实现统一受理、并联审批、实时流转、跟踪督办。

（3）统一审批管理体系。"一张蓝图"统筹项目实施，"一个窗口"提供综合服务，"一张表单"整合申报材料，"一套机制"规范审批运行。

（4）统一监管方式。加强事中事后监管，加强信用体系建设，规范中介和市政公用服务。建立健全中介服务和市政公用服务管理制度，实行服务承诺制，实施统一规范管理，为建设单位提供"一站式"服务。

工程建设项目审批制度改革，与建设工程项目管理工作息息相关。无论是前期工作、立项审批、规划及建设用地审批、施工图审查、工程招标、施工许可、质量（安全）监督直到工程建后期的竣工验收、决算、档案管理等，全过程工程咨询服务中均有所涉及，因此必须了解改革的动态，少走弯路，提高工作效率。

第十二节　制定项目管理规划

科学制定项目管理规划并严格按规划组织施工，是提高项目建设质量、确保施工工期的一项基础性工作。项目管理单位在工程开工前应认真组织编制项目管理规划。项目管理规划可分为项目管理规划大纲和项目管理实施规划两部分。

规划大纲是项目管理的总体构想，主要内容包括：（1）项目概况；（2）项目实施条件分析；（3）项目管理目标；（4）项目组织结构；（5）质量目标和施工方案；（6）工期目标和施工总进度计划；（7）造价控制目标；（8）项目风险预测和安全目标；（9）项目现场管理和施工平面图；（10）施工合同管理要求；（11）文明施工及环境保护。

项目管理单位应责成施工单位依据规划大纲、施工组织设计和施工合同编制项目管理实施规划，其主要内容包括：（1）工程概况；（2）施工部署；（3）施工方案；（4）施工进度计划；（5）资源供应计划；（6）施工准备工作计划；（7）施工平面图；（8）技术组织措施计划；（9）项目风险管理；（10）信息管理；（11）技术经济指标分析。

项目管理实施规划（或施工组织设计）应报项目管理单位和监理单位审核。重点审核施工部署、施工方案、施工进度计划、技术措施计划等方面。

施工前施工单位的项目经理应按各施工专业和子项目对项目管理实施规划进行交底，落实执行责任；施工过程中应对项目管理实施规划的执行情况进行检查和调整；项目管理结束后，必须对项目管理实施规划的编制、执行的经验和问题进行总结分析，并归档保存。

项目管理规划制定后，项目管理单位应认真抓好施工组织。

一是要明确职责。施工组织的责任主体是施工单位，各施工单位要按照投标时的承诺，精心制定施工组织方案，配齐施工管理人员，按工期和安全质量要求严密组织施工。建设单位要对各施工单位的进度、质量、安全等提出明确要求，并主动协调施工过程中遇到的矛盾和问题。监理单位要认真审查施工组织方案，落实保障施工进度、质量、安全的各项措施。质监单位要加强对建设与施工单位的质量、安全的行为监管，要求关键岗位持证、押证上岗。

二是要周密部署。根据工期要求,确定各施工单位的进场时间,并按此倒排招标的时间。各专业施工队伍何时进场必须科学安排,进场早了没活干或没有工作面,进场晚了活干不完、延误工期。一般施工顺序为:土石方、基础、主体、水电、钢结构、消防、智能化、设备安装、外装修、内装修、景观等,应根据各工程的实际情况确定。没有周密部署,要想按计划完成整个建设项目只能是一句空话。

三是要抓好协调。项目建设需要协调的地方较多,外部需要与上级有关部门的协调,与当地政府有关部门的协调;内部还得协调好建设、监理、质监等单位的关系,协调好与各施工单位的关系。由于在场的施工单位较多,有的大项目有时几十支队伍同时交叉作业,施工组织协调难度较大。建设单位着重在外部环境、建设资金等方面协调,充分运用经济杠杆,对进度快、质量安全抓得好的施工单位予以表彰奖励,反之予以处罚;监理单位在认真抓好质量安全的同时,应根据职责协调施工场地、落实材料堆放地点、指挥施工单位相互配合,对不服从施工组织的可采取必要的手段,或向建设单位提出处罚建议;总承包单位除努力组织好自营项目的建设任务外,还应兼顾由其他队伍施工的项目,若其他施工队伍的进度、质量、安全达不到要求时,可采取积极措施,在征得建设、监理等单位同意后,核减分包单位的工程量,特殊情况下可依法另选分包队伍。

四是要搞好服务。无论是建设单位还是监理、质监、施工单位,就具体的项目建设而言,都是一个整体,只是各自的职责不同而已。作为建设单位应树立大局意识,全心全意为工程的参建单位服务,绝不能霸气十足、"吃、拿、卡、要",要努力为各参建单位排忧解难,尤其是工程进度款要及时支付,否则将严重挫伤参建单位的积极性。监理单位一方面要为建设单位服务,严把工程质量安全关;另一方面要真诚为施工单位服务,帮助施工单位解决技术、材料、资金等难题,但不能为施工单位护短。质量(安全)监督部门也要一改老爷作风,经常深入施工现场检查指导,努力为建设与施工单位服务。施工单位不仅要搞好后勤保障,为现场施工人员服好务,而且要按建设、监理、质量(安全)监督等单位的要求抓好施工组织管理,确保施工进度、质量、安全,从大的方面为建设、监理、质量(安全)监督等单位服务。参建各方特别是建设单位和施工单位,要认真贯彻落实国务院《保障农民工工资支付条例》,确保农民工工资按时足额支付,维护农民工合法权益和社会的稳定。只有通过各参建单位的共同努力,才能圆满完成项目的各项建设任务。

第十三节 主要材料设备的选定

材料设备的采购在建设项目中占有很大的比例。主要材料设备的选定原则是既要确保质量、确保工期、节省投资,又要方便施工管理、发挥施工单位的积极性。因此,可根据其建设规模、内容、招标方式等来确定如何选购主要设备材料。

对于小型建设项目,为减少项目管理成本,加快工程进度,可由施工单位负责对主要材料设备进行采购。对大中型建设项目,为控制投资和工期,保证工程质量,主要材料设备的选定可采取由施工单位采购、甲供和甲控等方式。

对市场供应充裕、价格稳定、质量过关的材料设备,可委托施工单位采购,如普通钢材、水泥、木材、砂石、装饰材料、小型设备等。对大中型设备、使用量较大且价格、质量波动较大的材料,可实行甲供的方式,由建设单位组织采购。对一些价格、质量有波动，但建设单位组织采购又有一定困难的材料设备，可实行甲控的方式，即由建设单位控制材料设备的品牌、厂商、价格和质量，委托施工单位具体负责采购。

凡由施工单位采购的材料设备，建设、监理、质量（安全）监督单位应加强对主要材料设备的质量与价格的监管，在工程招标时确定主要材料设备的质量要求和控制价格，并明确其固定价格不因市场价格波动而调整，价格风险由施工企业承担。材料设备进场后应按规定在施工现场取样检测，检测费用应包含在中标价之内。经检测不合格的材料设备不准使用。

建设单位对甲供材料设备的采购，应采取公开招标或政府采购的方式进行。公开招标或政府采购应根据设计要求，发布公告，编制招标（政府采购）文件，提供设计图纸，提出材料设备的规格、质量要求和技术参数，能使用国产材料设备的应尽可能使用，确需使用进口材料设备的应从严控制。材料设备生产供应商应按照招标（政府采购）文件要求认真组织编制投标文件，并确定合理的投标报价。一般情况下，材料设备的招标或政府采购不设定控制价，在满足质量要求的前提下，投标报价较低的材料设备生产供应商容易中标。为防止质量较差的材料设备以低价中标，设计图纸和招标（政府采购）文件一定要对质量要求和技术参数描绘清楚，不要模棱两可，必要时可指定三种以上品牌。值得提示的是，大中型设备以及特殊材料一般厂家没有现货供应，招标（政府采购）工作必须提前进行，应留给厂家合理的制造时间，否则质量难以保证。对重要设备，建设单位或监理单位应派员到生产厂家现场监制。材料设备进场后，同样需进行检测与验收，建设单位应会同监理单位和供货商共同做好设备开箱记录，检查设备外观有无破损、数量是否与清单相符、是否出现以次充好、以旧充新现象，检测与验收不合格的材料设备不得使用。甲供材料设备运达工地后需要施工单位保管的，一般应支付材料设备总价1％左右的保管费。由材料设备供应商安装的材料设备或其他不需要保管的材料设备（如大型空调室外机等），无须支付保管费。

对甲控材料设备的选购，建设单位也应认真对待。在工程招标时，要将甲控材料设备的名称列出，并给定暂定价格，以便施工单位据此编制投标文件。施工单位进场后，建设单位应尽快会同监理、施工单位确定甲控材料设备。甲控材料设备的采购可采取公开招标、邀请招标、政府采购（含竞争性谈判、单一来源采购、公开询价）等方式进行。要做到"货比三家"，比质量、比价格、比品牌、比服务，不能光看样品，必要时应派员到厂家实地考察。在确定甲控材料设备的品牌、厂商和价格后，由施工单位和供货商签订合同（亦可签订包括建设单位在内的三方合同），然后由施工单位负责采购。由于甲控材料设备的价格控制得较死，施工单位基本上无利可图，故可考虑给施工单位一定的采保费（一般采购费为材料设备总价的1.5％，保管费为材料设备总价的1％）。

主要材料设备的选定是施工组织管理的一项重要内容，既要质量好、上档次，又要价廉物美，必须在选材、选设备上狠下功夫。

第十四节 抓好施工进度、质量（安全）、造价控制

任何建设项目对施工进度都有一定的要求。在项目管理中决定工程进度的因素较多，主要有前期准备工作、资金到位情况、勘察设计质量、招标投标组织、外部施工环境、施

工队伍素质以及施工组织是否科学合理等。

项目管理单位应事先对影响施工进度的各种因素进行调查分析，然后根据项目总的工期要求，认真组织编制工程进度计划，并按计划实施。在实施过程中，不断进行检查，将实际情况与计划安排进行对比，找出偏离计划的主要原因，并采取相应的措施。一方面尽可能维持原计划，使之正常实施；另一方面可根据实际情况，调整修正计划，加快或放慢进度，这就是进度控制。

建设工程施工进度计划可分为施工总进度计划和单位工程施工进度计划，施工总进度计划由建设单位会同监理单位编制，单位工程施工进度计划一般由各施工单位根据施工总进度计划编制，并经建设单位与监理单位审定后实施。考虑到施工过程中有许多不确定因素，编制施工进度计划时应留有余地。除编制施工总进度计划和单位工程施工进度计划外，还应按年、季、月甚至周编制施工进度计划，并努力协调好各工种交叉施工的问题。

在施工进度计划的实施过程中，会遇到各种各样的问题，建设单位应会同监理、施工等单位及时研究，协调、解决问题，督促施工进度计划的实施。常见的问题有：（1）由于施工准备工作不足，水、电、路等外部环境存在一些问题，导致出现缺水、停电、断路等现象，影响正常施工；（2）设计进度跟不上，施工图纸不齐全，或由于设计变更导致工程局部停工；（3）由于招标定标时间的延误，专业施工队伍尚未确定，导致某些工种的施工人员进不了场，影响整个工程的施工；（4）建设资金不足，或工程款支付不及时，影响施工单位积极性；（5）对施工难度估计不足，遇到技术难题不能马上解决，影响施工进度；（6）施工组织不力，施工人员调配不及时，工种不齐全，施工过程中会出现"卡脖子"现象；（7）材料设备供应不及时，或质量达不到要求，拖工程建设的后腿；（8）施工过程中发生质量、安全事故，而处理事故又不够及时，延误工期；（9）由于不可抗力因素，如社会动乱、地震、台风、暴雨、冰雪灾害及疫情等，影响工期。

造成工程进度拖延的原因有两个方面：一是由于施工单位自身的原因，造成工期延误；二是由于施工单位以外的原因，造成工程延期。对工期延误，建设单位和监理单位有权要求施工单位采取有效措施加快施工进度，还可依据施工合同对施工单位进行处罚，如停止支付工程款、赔偿经济损失、中止合同直至取消承包资格等，但最终目的是希望能把被延误的工期抢回来。对工程延期，建设单位和监理单位应认真分析造成延期的原因，并采取切实可行的措施予以补救，或及时调整进度计划，避免或减少工期延误；同时还应对施工单位提出的延长工期、部分赔偿损失的要求予以研究、答复。

对通过努力提前完成任务的施工单位，建设单位可采取一定的奖励措施，具体应根据实际情况确定。对施工合同签订后建设单位需要施工单位将工期提前的，双方应进行协商，在不违反国家强制性标准和施工规范、能确保工程质量安全的前提下，施工单位应制定切实可行的赶工措施，建设、监理单位应为赶工提供必要的条件，并支付一定的赶工费用。

施工进度控制是项目建设过程中的一项核心工作。不能如期完成建设任务，对政府投资项目来说，不仅是一个技术经济问题，而且是一个严肃的政治问题，尤其是涉及国计民生的工程，将会造成严重的政治影响。因此要求各参建单位、全体参建人员都必须具有强烈的政治责任感和紧迫感，千方百计按时完成建设任务。

质量与安全是施工企业的生命线。不注重质量的企业是没有前途、没有竞争力的企业，终究会被市场所淘汰。而不注重安全生产的企业更加难以生存，一旦发生安全事故将给国家和人民生命财产带来严重损失。建筑施工企业应该把质量与安全管理放在重要位置，一丝不苟地抓紧抓好。

国务院《建设工程质量管理条例》明确了建设单位、勘察单位、设计单位、施工单位、工程监理单位的质量责任和义务，各相关单位都必须严格遵守。

建设单位的质量责任和义务主要有：依法组织招标，向相关单位提供与建设工程有关的原始资料，不得将建设工程肢解分包，不得以低于成本的价格竞标，不得任意压缩合理工期，不得违反工程建设强制性标准；依法实行监理制度，组织施工图设计文件审查，办理质量（安全）监督手续；甲供材料设备符合设计文件和合同要求，不得擅自变动建筑主体和承重结构；组织竣工验收合格后方可交付使用，建立健全建设项目档案并移交给当地建设部门。

勘察、设计单位的质量责任和义务主要有：不得超越资质等级许可范围承揽工程，不得违反工程建设强制性标准；勘察设计成果必须真实准确，设计深度符合国家规定的要求并注明工程合理使用年限，所选用的材料设备质量必须符合国家标准；组织设计交底，参与质量事故分析并提出技术处理方案。

施工单位的质量责任和义务主要有：依法承揽建设工程，不得转包或者违法分包工程；建立质量责任制，确定项目经理、技术负责人和施工管理负责人，对工程的施工质量负责；必须按照工程设计图纸和施工技术标准施工，不得擅自修改工程设计，不得偷工减料；不得使用未经检验检测或检验检测不合格的材料；做好隐蔽工程质量检查记录，培训有关人员，出现质量问题负责返修。

工程监理单位的质量责任和义务主要有：依照法律、法规以及有关技术标准、设计文件和建设工程承包合同，代表建设单位对施工质量实施监理，并对施工质量承担监理责任，不得转让工程监理任务；选派具备相应资格的总监理工程师和监理工程师进驻施工现场，按照工程监理规范的要求，采取旁站、巡视和平行检验等形式，对工程建设实施监理；未经监理工程师签字的建筑材料、建筑构配件和设备不得在工程上使用或者安装，施工单位不得进行下一道工序的施工；未经总监理工程师签字，建设单位不得拨付工程款，不得进行竣工验收。

2019年9月，国务院办公厅转发了住房城乡建设部《关于完善质量保障体系提升建筑工程品质的指导意见》，强调建筑工程质量事关人民群众生命财产安全，事关城市未来和传承，事关新型城镇化发展水平。要求以供给侧结构性改革为主线，以建筑工程质量问题为切入点，着力破除体制机制障碍，逐步完善质量保障体系，进一步提升建筑工程品质总体水平。要强化各方责任，突出建设单位首要责任，落实施工单位主体责任，履行政府的工程质量监管责任，强化工程设计安全监管，完善招标投标制度，推行工程担保与保险，完善工程建设标准体系，加强建材质量管理，督促指导各地切实落实建筑工程质量管理各项工作措施。

国务院《建设工程安全生产管理条例》也同样明确了建设单位、施工单位、勘察设计单位、工程监理及其他有关单位的安全责任。其中建设单位的安全责任主要是：向施工单位提供有关资料，确保安全作业环境及安全措施费用，不得压缩合同约定的工期，不得提出违反工程建设强制性标准规定的要求，不得要求施工单位购买、租赁、使用不符合安全施工要求的设备器材,建设工程和拆除工程施工应将保证安全施工的措施及相关资料报送当地建设部门或其他有关部门备案。施工单位的安全责任主要是:建立健全安全生产责任制和教育培训制度,设立安全生产机构,配备专职安全生产管理人员,保证安全生产所需资金的投入;组织安全检查,做好安全检查记录,及时、如实报告生产安全事故;编制安全技术措施和施工方案,并在施工前向作业班组作业人员作出详细说明,特种作业人员必须持证上岗;在施工现场设置明显的安全警示标志,采取安全施工措施,临时建筑必须符合安全使用要求,在城市市区施工应对施工现场实行封闭围挡;在施工现场配备消防设施和灭火器材,提供安全防护用品,遵守安全施工的强制性标准;对施工机械设备定期进行检查、维修保养,对施工起重机械应进行检测验收;为现场施工人员办理意外伤害保险。勘察、设计、工程监理及其他有关单位的安全责任主要是:严格执行强制性标准和操作规程,防止因设计不合理导致生产安全事故的发生;对涉及施工安全的重点部位提出防范生产安全事故的指导意见,对采用新结构、新材料、新工艺的建设工程和特殊结构工程提出预防生产安全事故的措施建议;监理单位应当审查施工组织设计中的安全技术措施是否符合工程建设强制性标准,发现存在安全事故隐患应当要求施工单位整改、情况严重的应停止施工并报告建设单位和有关主管部门,对建设工程安全生产承担监理责任;提供施工机械设备的单位应当具有产品合格证明,并配齐有效的保险、限位等安全设施和装置,施工起重机械应当经检验检测合格。

  对于项目的建设,施工单位对质量安全负有最直接的责任。通过多年来的生产实践,施工单位大多都对质量安全工作高度重视,做到了"四有":有制度、有机构、有人员、有经费。尤其是一些施工资质较高、信誉度较好的企业和项目经理,在施工过程中瞄准创国优、省优、市优,能严格按设计图纸和施工规范组织施工,不偷工减料,不违反操作规程,项目经理、技术负责人、质量员、安全员在施工现场从严把关,在建设主管部门、建设单位、监理单位的监督下,确保了施工质量与安全。但也有一些施工单位质量与安全生产意识不强,企业自身素质较差,规章制度不健全,施工组织管理不够严格。有的受经济利益驱动,采取变更设计、偷工减料、以次充好、以粗代精等手段,千方百计降低施工成本,并存在侥幸心理,认为只要质量过得去、不出事故就行了,这样的施工单位,十有八九要出事,必须采取措施严加防范。

  一是要防范违法转包或分包现象。有的施工单位投标时或中标后就已经把工程转包给了其他施工单位,甚至转包给了不具有施工资质的单位和个人,这样的单位和个人没有必要的施工机械设备、工程技术人员和施工人员,只能到市场上去临时聘请人员、租赁设备,又没有多少施工管理经验,是无法保证施工质量和安全的。二是要防范施工单位项目经理和技术负责人不按招标要求到位。有的施工单位项目经理和技术负责人兼顾数个工地,没有用太多的精力抓质量安全;有的项目经理、技术负责人能力和技术水平不高,抓质量安全乏力;三是要防范施工单位偷工减料、不按图纸施工。四是要防范施工单位质量安全意识淡薄。抓好施工质量安全,必须警钟长鸣!

  在施工过程中如何控制好工程造价,是施工组织管理的一项重要内容。控制施工造价,必须从以下几方面下功夫:

  (1) 严格实行招标投标制度。要依法认真组织各标段的施工招标,按照施工图纸编制预算,确定合理的招标控制价,既要防止恶意压价中标,又要体现公平竞争、低价让利的原则。通过公开招标选择信誉好、技术过硬的施工队伍，是控制施工造价的重要前提。对一些零星工程只要达到了招标限额就应组织招标，否则与施工单位谈价，或完全按照建设工程预算定额来计价，施工造价是难以控制的。

（2）严格控制设计变更。在施工过程中大多数施工单位都会提出设计变更的要求，建设单位和监理单位对此必须持谨慎态度，设计变更不仅会拖延工期，还会增加工程造价。因此，只要原设计是合理的不能同意设计变更；可变可不变一般也不要变，要求施工单位克服困难，严格按设计图纸施工；确需设计变更的要会同设计单位进行认真研究，分析利弊，且原则上不能增加投资。

（3）严格控制现场签证。由于设计、施工现场情况等因素，施工现场签证在所难免。有的工程现场签证不严肃，建设单位把关不严，监理单位做好人随意开口子，大量的签证单不仅使投资失控，而且还会滋生腐败现象。针对这种情况，项目建设单位应建立严格的现场签证管理制度，规定签证审批程序，规范签证单的格式和内容，要求经审批同意的签证项目必须有两人以上在现场确认其工作内容和工作量，并注明签证原因、签证日期。对一些本应由施工单位完成的项目，如文明施工、建筑垃圾的处理、因工程质量问题造成的返工等，不能办理现场签证。

（4）严格控制材料价格。在施工过程中由于选材不同工程造价也大不相同，既要保证质量又要节省投资，必须确定一定的甲供和甲控材料。要尽可能选择当地的建材，减少运输成本；要推广新技术、新工艺、新材料，降低工程造价；要采取招标、政府采购等形式确定甲供和甲控材料，堵塞材料采购中的漏洞；要组织人员对市场建材价格进行调研，掌握第一手资料，使材料价格得到合理控制。

（5）严格施工合同管理。签订施工合同不能违反招标时确定的各项原则，合同签订后不能随便更改，合同中针对施工单位的奖罚措施必须兑现，尤其是关于工期、质量、安全的条款一定要认真执行，对延误工期、造成质量、安全事故的要按合同规定处罚。

第十五节 文明施工与现场管理

施工现场管理是施工组织管理的一项重要内容。由施工单位组建的项目经理部应认真抓好施工现场管理，做到文明施工、安全有序、整洁卫生、不扰民、不损害公众利益。施工现场管理是承包人和分包人的共同责任，由承包人的施工项目经理部负总责，分包人应在其指导协调下，负责其施工区域的现场管理。建设、监理单位应加强对施工现场管理的监督、管理与协调，确保文明施工。

首先，在招标过程中必须对施工现场管理提出具体要求。要求投标人在投标文件中明确现场安全、文明施工的各项具体措施，并可按定额直接费的1%计取文明施工措施费（此费不作为竞争费用，但必须单项列入投标总报价中），从资金上满足施工现场管理的基本要求。

其次，施工单位的项目经理部必须按照《建设工程项目管理规范》GB/T 50326—2017的要求落实项目现场管理的各项措施。如在施工现场门头应设置承包人的标志；在现场入口的醒目位置设立公示牌，公示工程概况、安全纪律、防火须知、安全生产、文明施工、安全无重大事故计时牌和施工总平面图、项目经理部组织架构及主要管理人员名单图；施工现场材料、器具必须按施工平面图划定的位置整齐堆放；施工现场周边应设置临时围护设施，市区工地周边围护设施高度不小于1.8m；施工工地地面道路应硬化、排水畅通，建筑垃圾、渣土日产日清；施工现场应设门卫，施工人员应佩戴证明其身份的证卡，实名制进入工地；施工现场的通道、消防出入口、紧急疏散楼道等，均应有明显标志或指示牌；施工现场应准备必要的医务设施，在显著位置张贴急救车和有关医院的电话号码，根据需要采取防暑降温和消毒、防毒措施；施工现场应严禁吸烟，必要时可设吸烟室，同时应配备必要的灭火器材；施工现场应设置饮水设施，食堂、厕所应符合卫生要求。目前在城市中许多建筑工程工地均采取封闭作业，对施工人员实行实名制管理，施工场地内部管理井然有序。

第三，建设与监理单位应加强对施工现场的监督管理。赋予监理单位对施工现场的协调和监督管理权，当有多家施工单位在现场交叉作业时，监理单位应划定各自的卫生责任区，协调材料、器具的堆放场所，并加强日常管理。进入施工现场的人员除应佩戴证明其身份的证卡外，还应戴好安全帽，并时刻注意施工安全。建设单位应会同监理单位经常组织对施工现场管理进行检查，发现施工单位未按规范要求采取现场管理措施的，应责成其纠正，情节严重的可给予一定的经济处罚。

加强对施工现场的管理，是项目建设过程中的一项重要工作。施工现场管理不规范、文明施工抓得不紧，不仅影响项目的建设形象，而且会造成诸多安全隐患。如在施工现场随便抽烟，将可能导致火灾事故；施工现场危险地段未设立醒目的警示标志，将对施工人员的安全造成威胁。无论是建设还是监理、施工单位，都必须高度重视施工现场管理工作，创造良好的施工环境。

第十六节　合同管理

建设单位对相关合同的管理贯穿于项目建设过程的始终。

项目建设过程中遇到的相关合同有：工程咨询合同、勘察设计合同、招标代理合同、工程造价咨询合同、工程监理合同、项目管理（代建）合同、施工合同、材料设备供应合同等。

《中华人民共和国合同法》规定：合同是平等主体的自然人、法人、其他组织之间设立、变更、终止民事权利义务关系的协议。当事人订立、履行合同，应当遵守法律、行政法规，尊重社会公德，不得扰乱社会经济秩序，损害社会公共利益。依法成立的合同，对当事人具有法律约束力。当事人应当按照约定履行自己的义务，不得擅自变更或者解除合同。依法成立的合同，受法律保护。

必须强调，合同当事人的法律地位平等，一方不得将自己的意志强加给另一方。当事人应当遵循公平原则确定各方的权利和义务。当事人行使权利、履行义务应当遵循诚实信用原则。

合同的内容由当事人约定，当事人可以参照各类合同的示范文本订立合同。招标投标买卖的当事人的权利和义务以及招标投标程序等，依照有关法律、行政法规的规定。

勘察设计、工程监理、施工合同等，均通过招标投标程序，必须遵守国家招标投标相关法律法规；国家有关部门均制定了合同示范文本，一般都会采用示范文本。

在全过程工程咨询服务过程中，建设单位（或代建单位）要切实加强合同管理，在招标文件中明确合同主要条款，定标后应与中标单位共同商定合同条款，合同签订后各方都应严格执行合同的约定，充分发挥合同的法律效力。

2020年5月28日第十三届全国人民代表大会第三次会议通过的《中华人民共和国民法典》，第三编 合同及第十七章 承揽合同、第十八章 建设工程合同，明确"建设工程合同包括工程勘察、设计、施工合同"。今后建设工程合同管理应严格依照《中华人民共和国民法典》等法律法规进行。

以下着重谈谈施工合同管理。

确定中标单位，中标通知书发出30天内，建设单位应与施工单位签订施工合同。住房和城乡建设部与国家工商行政管理局虽对施工合同有示范文本，但在合同的签订过程中仍需注意以下几点：

（1）施工合同的签订要严格按照招标确定的原则进行，招标文件、投标书等确定的合同条款不能改变，投标总价、单价、工程量、取费标准、项目经理、技术负责人等也不能变；（2）在招标中一些未确定的问题在合同中应尽可能确定，如甲控材料如何取费、设计变更与现场签证如何计费、工期与工程质量如何奖罚、擅自变更项目经理和项目经理兼顾其他工程如何处理、材料差价如何调整等等；（3）有关重大问题一定要在合同中明确，如对工程质量和工期的要求、工程款的支付、违约的处理、仲裁等；（4）合同一定要由双方法人代表签署，不能和项目经理签署，有的建设项目为图省事，直接与项目经理签订了施工合同，引发合同纠纷后建设单位很难找施工单位"打官司"。

合同正式签订后建设单位应会同监理等单位加强对合同的管理，严格按照合同规范施工单位的行为。从一开始就要照合同办事。如合同签订后有的施工单位项目经理和施工人员迟迟不进场，此时建设单位必须查明原因，并依据合同采取果断措施，如与施工单位法人沟通要求施工队伍尽快进场、按合同约定扣除履约保证金等，若发现存在非法转包行为，应尽快向有关部门报告并责成施工单位纠正，情节严重的可依法中止合同，由排序第二的中标候选人替补。有的施工单位因中标价格偏低而有意拖延工期，以达到和建设单位讨价还价的目的；有的施工单位技术经济实力不够强，施工组织准备不足，现场施工队伍跟不上，影响工期，遇此情况建设单位应会同监理单位和施工单位交涉，并采取必要的经济手段促使其按合同要求加快进度。如遇到工程质量、安全等方面的问题，就更应该按合同条款惩处。若在施工过程中确因不可预见的因素引起主要材料价格猛涨时，建设单位要和施工单位多沟通，协商解决问题的办法，既要严格按合同办事，又要保持适当的灵活性，否则将对工期带来较大的影响。此外，建设单位还应按合同规定加快工程款拨付进度、简化审批程序，协调外部施工条件，努力为施工单位创造良好的施工环境。

施工合同是由建设单位和施工单位签订的法律文书，双方应共同遵守，不得轻易更改合同。因故确需对合同进行变更的，双方必须进行协商，在不违反有关法律法规和招标内容的前提下签订补充合同，施工合同和补充合同具有同等法律效力。

施工合同中的工程竣工、验收和竣工决算是施工合同履行最终的三项基本内容，工程竣工验收必须在全部履行施工合同约定的期限条款、数量条款和质量条款的前提下进行，竣工决算也必须严格按照合同进行。在施工合同中还必须附上工程质量保修书，明确工程保修内容、期限和相关责任，通过合同促使施工单位承担保修义务。

施工合同的管理必须维护双方的合法权益，如遇合同纠纷应尽可能协商解决，也可申请仲裁或向当地人民法院起诉。

第十七节　与当地政府、部门的关系协调

工程项目在建设过程中，为确保进度、质量、安全，必须努力协调好与当地政府、部门之间的关系。

与政府及有关部门的关系协调，包括项目的前期工作、报批项目建议书、可行性研究、初步设计、施工图审查、环境影响评价、工程的招标投标、建设资金的拨付、材料设备的进场、垃圾余土的处置、质量（安全）监督、文明施工等等。

协调好与政府及有关部门的关系，需要建设单位（代建单位、项目管理单位）的主观努力。

（1）必须依法办事。随着我国法治建设的不断完善，各行各业都必须依法办事。建设工程涉及面较广，为规范管理，各行业都有相应的法律法规。作为建设单位，无论级别多高、来头多大，都应自觉遵守国家法律法规，政府投资项目更应带好头。法律法规规定的基本建设程序、审批（核准、备案）手续、招标投标及项目管理要求，建设单位都应认真执行。

（2）要主动与政府及有关部门沟通。各项目建设的情况是不同的，有中央项目、有省（市）项目、也有地方项目。一开始当地政府及有关部门或许对项目情况不了解，因此谈不上对项目的理解与支持，甚至在某些方面会产生误解。作为建设单位，应主动将项目建设情况、上级领导的意图及时向当地政府和有关部门通报，取得他们的理解和支持，才能掌握项目建设的主动权。

（3）要自觉服从当地政府及有关部门的管理。作为地方一级政府，除与中央和上级保持一致外，可结合当地实际制定一些地方性的管理制度。对此建设单位应予理解，无特殊情况应自觉执行规章制度，服从有关部门的管理。当然，若遇到一些需地方政府支持的事情，如因赶工期需要加快土石方外运速度、部分规费的减免、保持"绿色通道"畅通等，应及时向当地政府及有关部门提出，通过协商加以解决。

（4）要坚持原则勇于担当。工程建设是一项严谨、科学的工作，建设过程中的一些原则问题要坚持，如经审定的设计、材料设备的选定、正确的施工工艺、合理的造价控制措施等，不能因为某部门的利益而随意变更。若出现与当地政府及有关部门难以协调的重大问题，可通过向上级汇报、请求上级出面协调的方式解决。要想出色地完成一项建设任务，建设单位尤其是项目法人没有勇于担当、敢负责任的精神是不行的。

某省一政府投资项目——大型养老服务工程，建设地点在省会城市的近郊，建设单位为省民政部门，建设资金以中央财政补助为主。本来这是一项非常好的民生工程，但由于组织协调不力，省市部门之间相互扯皮，互不买账，导致资金下拨后两年多时间迟迟开不了工，受到了中央专项督导组和省政府的严厉批评。由此可见工程建设加强与当地政府及有关部门的沟通协调是多么重要！

第八章 工程验收

在工程建设过程中伴随着对该项工程的验收，工程验收是确保工程进度和质量安全的重要手段。全过程工程咨询单位应积极组织和参与工程验收。

第一节 基桩和复合地基检测

基桩和复合地基检测是隐蔽工程验收的重要部分。桩基础中的单桩称为基桩，通常意义上深度超过5m的才算桩；部分土体被增强或被置换，而形成的由地基土和增强体共同承担荷载的人工地基称为复合地基。

基础埋深不大（一般浅于5m），只需经过挖槽、排水等普通施工程序就可建成的基础称为浅基础，包括独立基础、条形基础、筏形基础、箱形基础、壳体基础等。

根据《建筑基桩检测技术规范》JGJ 106—2014 和《建筑地基处理技术规范》JGJ 79—2012 的有关规定，工程桩应进行单桩承载力和桩身完整性抽样检测，复合地基应进行载荷试验检测。而对于浅基础，在基槽（坑）开挖后，由建设单位组织勘察、设计、监理、施工单位人员现场进行基槽检验，一般不另委托检测单位进行检测。

基桩和复合地基检测应委托具有基桩检测资质并通过计量认证的单位承担。检测费用除建设单位与施工单位有约定外，一般由建设单位支付。

基桩和复合地基检测完成后，检测单位应出具书面检测报告，检测报告应结论准确、用词规范。检测报告应包括以下内容：（1）委托方名称，工程名称、地点、建设、勘察、设计、监理和施工单位，基础、结构形式，层数，设计要求，检测目的，检测依据，检测数量，检测日期；（2）地质条件描述；（3）受检桩的桩号、桩位和相关施工记录；（4）检测方法，检测仪器设备，检测过程叙述；（5）受检桩的检测数据，实测与计算分析曲线、表格和汇总结果；（6）与检测内容相应的检测结论。

所有建筑基桩及复合地基应在检测前向建设单位和当地建筑工程质量监督机构申报检测方案，并应严格执行；所有检测成果报告必须及时报送建筑工程质量监督机构认证，并出具认证报告，未经认证的检测报告一律视为无效报告。

基桩和复合地基的检测应符合国家有关标准和规范的规定，其方法应根据项目的类型进行选择。目前常见的基桩类型有：人工挖孔灌注桩、钻孔灌注桩、冲抓桩、夯扩灌注桩、沉管灌注桩、预制桩、水泥搅拌桩。复合地基类型有：水泥搅拌地基、强夯地基、置换地基、超深柱锤复合地基。

对大型工程项目，基桩和复合地基施工前一般先进行试桩，以确定单桩和复合地基竖向抗压承载力，并以此来指导设计。试桩数量应根据工程规模、工程分类、场地地质变化情况确定，同一条件下不少于3根。

人工挖孔灌注桩须100%进行低应变法检测，按工程总桩数的1%且不少于3根桩进行静载试验,按工程总桩数的10%且不少于5根桩进行钻芯法检测。

钻孔灌注桩、冲抓桩须100%进行低应变法检测,按工程总桩数的1%且不少于3根桩进行静载试验,按工程总桩数的5%且不少于5根桩进行钻芯法检测,同时按工程总桩数的10%且不少于10根桩进行声波透射法检测。

夯扩灌注桩、沉管灌注桩、预制桩须100%进行低应变法检测,按工程总桩数的1%且不少于3根桩进行静载试验。

水泥搅拌桩按工程总桩数的2%进行静载试验,其中基桩按工程总桩数的1%且不少于3根桩进行静载试验;复合地基按1%且不少于3个试验点进行静载试验。

强夯地基、置换地基按每500m² 不少于1个试点,每个工程不少于3个试点进行静载试验。

基桩及复合地基的检测是工程建设的一项强制性措施,检测结果将为工程设计和施工验收提供可靠依据,建设、设计、监理、施工等单位应认真对待。

第二节 分部分项工程验收

分部工程是建筑工程和安装工程的各个组成部分,按建筑工程的主要部位或工种工程及安装工程的种类划分。如土石方工程、地基与基础工程、主体结构工程、装饰装修工程,屋面工程、给水排水工程、建筑电气工程,电梯工程、建筑智能化工程、通风与空调工程、园林绿化工程等。

分项工程是指分部工程的各组成部分,它是按照不同的施工方法、不同材料的不同规格等,将分部工程进一步划分。如主体结构工程可分为钢筋混凝土工程、砖砌体工程、墙面粉刷工程等分项工程。

建筑工程分部分项的质量控制是整个工程质量得以实现的根本保证,检查验收是质量控制的有效途径,并贯穿于建筑工程的全过程。

建筑工程分部分项的质量检查与验收必须按照《建筑工程施工质量验收统一标准》GB 50300—2013以及国家有关验收规范进行,必须做好现场验收记录。建筑工程质量的责任主体是施工单位,各施工单位必须严格按照设计图纸和施工验收规范组织施工,并进行自验收。监理单位是施工现场质量监督的直接责任者,应按照监理规范和国家有关技术标准、规范要求对建筑工程分部分项逐一进行检查验收,验收不合格的不准进入下一道施工工序,验收合格的要认真填写验收记录,并作为单项工程验收、整体工程竣工验收的重要依据。质量(安全)监督部门应加强对施工现场的巡查,抽查分部分项工程的验收记录。

由于质量(安全)监督部门职能的转移,分部分项工程的验收责任主要落在监理单位的身上,要求监理工程师切实负起责任,该旁站的要旁站,该取样的要取样,该记录的要记录,该要求施工单位返工的要坚决返工,否则难以确保工程质量。

第三节 单项工程验收

单项工程的验收对于大中型建设项目来说,具有重大意义。特别是某些能独立发挥作用、产生效益的单项工程，更应该竣工一项，验收一项，这样可以使该项目尽早发挥效益。如新建大型博物馆、纪念馆，其展厅或办公、后勤保障等设施中的某一单项工程率先竣工，就应该组织对该单项工程先进行验收，使之能尽早发挥作用。单项工程的验收又称"交工验收"，验收合格后，经有关部门同意，该单项工程可以投入使用。

单项工程的验收，由建设单位会同勘察、设计、监理、质量（安全）监督、施工等单位进行。主要是依据国家有关法律、法规和验收规范，按照施工承包合同，对以下几方面进行检查和检验：（1）检查、核实竣工项目准备移交给建设单位或使用单位的所有技术资料的完整性、准确性；（2）按照设计文件和合同检查已完工的工程是否有漏项；（3）检查工程质量、隐蔽工程验收资料、关键部位的施工记录等，检查施工质量是否达到设计与合同要求；（4）检查试车记录及试车中所发现的问题是否得到纠正；（5）在交工验收中发现需要返工、修补的工程，明确规定完成期限；（6）其他涉及的有关问题。

单项工程验收合格后，建设、设计、监理、施工单位应共同签署"交工验收证书"，然后将有关验收材料一并报上级主管部门，经批准后该部分工程即可投入使用。

第四节 消防、环保等专项验收

消防、环保等专项验收是根据国家有关法律法规和技术规范，由有关部门牵头组织进行的。

2019年4月修订的《中华人民共和国消防法》第十三条规定：

国务院住房和城乡建设主管部门规定应当申请消防验收的建设工程竣工，建设单位应当向住房和城乡建设主管部门申请消防验收。

前款规定以外的其他建设工程，建设单位在验收后应当报住房和城乡建设主管部门备案，住房和城乡建设主管部门应当进行抽查。

依法应当进行消防验收的建设工程，未经消防验收或者消防验收不合格的，禁止投入使用；其他建设工程经依法抽查不合格的，应当停止使用。

建设项目必须充分考虑消防安全。在建设过程中，设计单位应当按照《建筑设计防火规范》GB 50016—2014（2018年版）等有关规范进行设计，建设单位应当将消防设计图纸及有关资料报送经住房和城乡建设部门认可的施工图审查机构审核；未经审核或者审核不合格的，不得自行组织施工。当地应急管理、住房城乡建设部门应加强对建筑工地的消防检查，防范火灾、爆炸等事故的发生。

《中华人民共和国消防法》同时规定：建设工程消防设计审查、消防验收、备案和抽查的具体办法，由国务院住房和城乡建设主管部门规定。

2020年4月1日公布的《建设工程消防设计审查验收管理暂行规定》（住房和城乡建设部第51号令）指出：对特殊建设工程实行消防验收制度。特殊建设工程竣工验收后，建设单位应当向消防设计审查验收主管部门申请消防验收；未经消防验收或者消防验收不合格的，禁止投入使用。

建设单位申请消防验收，应当提交下列材料：（1）消防验收申请表；（2）工程竣工验收报告；（3）涉及消防的建设工程竣工图纸。消防设计审查验收主管部门收到建设单位提交的消防验收申请后，对申请材料齐全的，应当出具受理凭证；申请材料不齐全的，应当一次性告知需要补正的全部内容。消防设计审查验收主管部门受理消防验收申请后，应当按照国家有关规定，对特殊建设工程进行现场评定。现场评定包括对建筑物防（灭）火设施的外观进行现场抽样查看；通过专业仪器设备对涉及距离、高度、宽度、长度、面积、厚度等可测量的指标进行现场抽样测量；对消防设施的功能进行抽样测试、联调联试消防设施的系统功能等内容。

消防设计审查验收主管部门应当自受理消防验收申请之日起十五日内出具消防验收意见。对符合下列条件的，应当出具消防验收合格意见：（1）申请材料齐全、符合法定形式；（2）工程竣工验收报告内容完备；（3）涉及消防的建设工程竣工图纸与经审查合格的消防设计文件相符；（4）现场评定结论合格。对不符合规定条件的，消防设计审查验收主管部门应当出具消防验收不合格意见，并说明理由。

对其他建设工程实行备案抽查制度。其他建设工程经依法抽查不合格的，应当停止使用。

2020年6月，住房和城乡建设部又印发了《建设工程消防设计审查验收工作细则》和《建设工程消防设计审查、消防验收、备案和抽查文书式样》，对建设工程消防设计审查验收工作的程序、审批内容、审批条件进行了具体细化和规范。

根据2017年7月16日修订的国务院《建设项目环境保护管理条例》第十七条规定：编制环境影响报告书、环境影响报告表的建设项目竣工后，建设单位应当按照国务院环境保护行政主管部门规定的标准和程序，对配套建设的环境保护设施进行验收，编制验收报告。

建设项目需要配套建设的环境保护设施，必须与主体工程同时设计、同时施工、同时投产使用。编制环境影响报告书、环境影响报告表的建设项目，其配套建设的环境保护设施经验收合格，方可投入生产或者使用；未经验收或者验收不合格的，不得投入生产或者使用。分期建设、分期投入生产或者使用的建设项目，其相应的环境保护设施应当分期验收。

建设项目环境保护设施竣工验收的程序为：（1）竣工检查。建设单位在项目污染防治设施建成、主体工程投入试生产前，应向生态环境主管部门申请竣工检查；（2）验收监测。建设单位在项目试运行前，应委托具有环境监测资格的单位进行验收监测；（3）竣工验收。验收监测结果合格者，建设单位带齐相关资料，向生态环境主管部门提出竣工验收申请，由生态环境主管部门组织现场验收检查。经验收合格者，发文或发证予以确认。验收时限：自收到环境保护设施竣工验收申请之日起30日内完成。

根据《中华人民共和国气象法》，新建、改建、扩建工程的防雷装置必须与主体工程同时设计、同时施工、同时投入使用。以往对防雷装置的竣工验收由气象部门负责。2016年6月24日，国务院国发〔2016〕39号文件明确：根据简政放权、放管结合、优化服务、协同推进的改革要求，为减少建设工程防雷重复许可、重复监管，切实减轻企业负担，进一步明确和落实政府相关部门责任，加强事中事后监管，保障建设工程防雷安全，决定整合部分建设工程防雷许可，将气象部门承担的房屋建筑工程和市政基础设施工程防雷装置设计审核、竣工验收许可，整合纳入建筑工程施工图审查、竣工验收备案，统一由住房和城乡建设部门监管，切实优化流程、缩短时限、提高效率；公路、水路、铁路、民航、水利、电力、核电、通信等专业建设工程防雷管理，由各专业部门负责。

根据《中华人民共和国人民防空法》等法律法规，凡设有人防设施的建设项目，其人防工程还应通过人防专项验收或备案。

按照国务院关于推进工程建设项目审批制度改革的有关要求，各地进一步优化了审批流程，大力推行各有关部门联合审批、联合验收。

第五节　竣工验收

《中华人民共和国建筑法》第六十一条规定：建筑工程竣工经验收合格后，方可交付使用；未经验收或者验收不合格的，不得交付使用。

建设工程竣工规划核实是竣工验收的一项前置条件。《中华人民共和国城乡规划法》第四十五条规定：县级以上地方人民政府城乡规划主管部门按照国务院规定对建设工程是否符合规划条件予以核实。未经核实或者核实不符合规划条件的，建设单位不得组织竣工验收。

建设工程竣工规划核实是指县级以上地方人民政府自然资源和规划主管部门以《建设工程规划许可证》及其附件、附图和相关政策、规范为依据，对已竣工待竣工验收的建设工程进行规划复核和确认的行政行为。建设单位应当提供有相应资质单位出具的《建设工程竣工规划核实测量成果报告书》及相关材料。规划核实的主要内容有：平面布局、建筑单体、配套工程、主要指标、临时建设、其他规划要求等。经规划核实合格的，由县级以上地方人民政府自然资源和规划主管部门出具《建设工程竣工规划核实合格意见单》。

住房和城乡建设部《房屋建筑工程和市政基础设施工程竣工验收暂行规定》第五条规定，建设工程符合下列要求方可进行竣工验收：（1）完成工程设计和合同约定的各项内容；（2）施工单位在工程完工后对工程质量进行了检查，确认了工程质量符合有关法律、法规和工程建设强制性标准，符合设计文件及合同要求，并提出工程竣工报告。工程竣工报告应经项目经理和施工单位的有关负责人审核签字；（3）对于委托监理的工程项目，监理单位对工程进行了质量评估，具有完整的监理资料，并提出工程质量评估报告。质量评估报告应经总监理工程师和监理单位有关负责人审核签字；（4）勘察、设计单位对勘察、施工过程中由设计单位签署的设计变更通知书进行了检查，并提出质量检查报告。质量检查报告应经该项目勘察、设计负责人和勘察、设计单位有关负责人审核签字；（5）有完整的技术档案和管理资料；（6）有工程使用的主要建筑材料、建筑构配件和设备进场试验报告；（7）建设单位已按合同约定支付工程款；（8）有施工单位签署的工程质量保修书；（9）城乡规划主管部门对工程是否符合规划设计要求进行检查，并出具认可文件；（10）有消防、环保等部门出具的认可文件或者准许使用文件；（11）建设主管部门及其委托的工程质量监督机构等有关部门责令整改的问题全部整改完毕。

建设工程竣工验收工作，由建设单位负责组织实施。应当按以下程序进行：（1）工程完工后，施工单位向建设单位提交工程竣工报告，申请工程竣工验收。实行监理的工程，工程竣工报告须经总监理工程师签署意见；（2）建设单位收到工程竣工报告后，对符合竣工验收要求的工程，组织勘察、设计、施工、监理等单位和其他有关方面的专家组成验收组，制定验收方案；（3）建设单位应当在工程竣工验收 7 个工作日前将验收的时间、地点及验收组名单书面通知负责监督工程的工程质量监督机构；（4）竣工验收顺序：一是由建设、勘察、设计、施工、监理单位分别汇报工程合同履约情况和在工程建设各个环节执行法律、法规和工程建设强制性标准的情况，二是审阅建设、勘察、设计、施工、监理单位的工程档案资料，三是实地查验工程质量，四是对工程勘察、设计、施工、设备安装质量和各管理环节等方面作出全面评价，形成经验收组人员签署的工程竣工验收意见。参与工程竣工验收的建设、勘察、设计、施工、监理等各方不能形成一致意见时，应当协商提出解决的方法，待意见一致后，重新组织工程竣工验收。

工程竣工验收合格后，建设单位应当及时整理出工程竣工验收报告。工程竣工验收报告主要包括工程概况，建设单位执行基本建设程序情况，对工程勘察、设计、施工、监理等方面的评价，工程竣工验收的时间、程序、内容和组织形式，工程竣工验收意见等内容。并附有相关文件。

当地工程质量监督机构应当对工程竣工验收的组织、验收程序、执行验收标准等情况进行现场监督，发现有违反建设工程质量管理规定行为的，责令改正，并将对工程竣工验收的监督情况作为工程质量监督报告的重要内容。

建设单位应当自工程竣工验收合格之日起 15 日内，将竣工验收的有关文件报工程所在地的县级以上地方人民政府建设行政主管部门备案。未按规定办理工程竣工验收备案的，备案机关责令限期改正，处 20 万元以上 30 万元以下罚款。

建设单位应当在竣工验收后六个月内向城乡规划主管部门报送有关竣工验收资料。

为使工程竣工验收及竣工验收备案工作顺利进行，在工程施工基本结束时，建设单位可组织勘察、设计、施工、监理等单位对工程的竣工进行预验收。预验收时若发现质量等问题应立即组织施工单位整改。预验收的结果可作为工程竣工验收的参考依据。

工程竣工验收是建设项目必不可少的一项收尾工作。通过组织竣工验收，可以全面检查工程各方面的资料和工程质量，可以让工程顺利交付使用，有效地推进了工程竣工验收备案管理工作。要按照国务院关于推进工程建设项目审批制度改革的相关要求，推动各专项工程的部门联合验收。

根据《国务院办公厅关于全面开展工程建设项目审批制度改革的实施意见》，2019 年 11 月，某省有关部门联合制定了《建设工程联合验收管理办法（试行）》。该办法所称联合验收，是指建设工程竣工后，将各行政主管部门分别依法单独实施各类专项验收的模式，转变为"一窗受理、联合验收、限时办结、统一出件"的验收模式。

《办法》规定：各级工程建设项目审批综合服务部门牵头负责建设工程联合验收协调工作。各级住房城乡建设、自然资源、行政审批、人防等主管部门按照职责分工，共同做好联合验收工作。供水、供电、燃气、通信等市政公用基础设施报装提前到开工前办理，在工程施工阶段同步完成相关设施建设，竣工验收后直接办理完成接入工作。

申请联合验收的建设工程应同时具备以下条件：

（1）建设用地范围内的各项建设项目（含建筑工程、园林绿化、道路、地下管线等）已按批准的规划全部竣工，按施工图和审批条件施工完毕，市政基础设施已按规划接入城市系统。按"多测合一"相关文件规定已完成测量并取得相关测绘报告，项目地下管线须在管线覆土前完成测量并取得验收批复。

（2）项目内配套设施（含公共服务用房）按规划要求实施到位。项目分期进行验收的，相关配套用房影响分期验收独立使用功能的应在第一阶段进行验收。

（3）施工现场已清理干净，建设用地（含代征地范围内）的临时施工用房、临时建筑、临时围墙和其他按规划要求应拆除的建（构）筑物已拆除完毕。

（4）实际用地范围、用地面积、土地用途等符合建设用地批准文件要求。

（5）土地使用合同约定的条款履行到位。

（6）建设工程已按审查合格后的消防设计文件和国家工程建设消防技术标准要求建成，具备消防验收条件。

（7）人防工程设备运转正常、主体质量合格，达到人防建设标准要求，并有具备相应资质的人防检测单位出具的质量检测合格证明文件。

（8）有建设单位出具的人防工程防护功能平战转换实施预案。

（9）人防工程标识标牌已设置到位，建设单位与工程所在地人防主管部门签订《人防工程维护管理责任书》并填写《人防工程维护管理手册》。

（10）属于易地建设的工程项目或配建防空地下室建筑面积不足部门已足额缴纳防空地下室易地建设费。

（11）建设单位已经收集汇总建设工程准备阶段文件、监理文件、施工文件和竣工图，并组织各方工程建设责任主体完成了工程竣工验收工作，且验收合格。

（12）声像档案、电子档案符合有关技术规范；纸质档案按有关规范整理立卷。

（13）工程竣工验收备案表。

（14）工程竣工验收报告。竣工验收报告应当包括工程报建日期，施工许可证号，施工图设计文件审查意见，勘察、设计、施工、工程监理等单位分别签署的质量合格文件及验收人员签署的竣工验收原始文件，市政基础设施的有关质量检测和功能性试验资料以及备案机关认为需要提供的有关资料。

（15）施工单位签署的工程质量保修书；商品住宅还应当提交《住宅质量保证书》和《住宅使用说明书》。

（16）法规、规章规定必须提供的其他文件。

建设工程具备竣工验收条件后，建设单位按照施工许可管理权限，向本地区工程建设项目审批综合服务窗口提出联合验收申请。

综合服务窗口收到建设单位提交的申报材料后，当日内将申报材料分转到各参验部门，各参验部门应在3个工作日内完成资料审查工作并向综合服务窗口反馈审查意见，逾期未反馈则视为无意见。综合服务窗口在收齐审查意见后于当日内将受理决定书、一次性补正告知单或不予受理告知书统一反馈给建设单位。

收到"综合服务窗口"受理决定后，各参验部门按验收时间安排准时到达项目现场验收。牵头部门负责现场验收的组织协调工作。建设单位负责组织勘察、设计、施工、监理等参建单位做好现场验收准备工作。

现场验收结束后，各参验部门应在3个工作日内提出验收监督意见并向综合服务窗口反馈，验收意见分为合格和整改两种。收到各参验部门验收合格意见后，综合服务窗口在1个工作日内出具联合验收意见书，作为联合验收合格的统一确认文件，反馈给建设单位。如参验部门提出整改验收意见，由建设单位进行整改，具备验收条件后，申请专项验收，各专项验收合格后综合服务窗口方出具联合验收意见书。

联合验收自受理建设单位申请之日起在 10 个工作日内完成。联合验收合格的工程，住房城乡建设主管部门直接办理竣工验收备案手续。

第六节　工程保修与交付使用

建设工程质量保修，是指对工程竣工验收后的保修期内出现的质量缺陷予以修复。质量缺陷，是指建设工程的质量出现不符合工程建设强制性标准以及合同约定的现象。

国务院《建设工程质量管理条例》规定：建设工程实行质量保修制度。建设工程承包单位在向建设单位提交工程竣工验收报告时，应当向建设单位出具质量保修书。质量保修书中应当明确建设工程的保修范围、保修期限和保修责任等。

在正常使用条件下，建设工程的最低保修期限为：（1）基础设施工程、房屋建筑的地基基础工程和主体结构工程，为设计文件规定的该工程的合理使用年限；（2）屋面防水工程、有防水要求的卫生间、房间和外墙面的防渗漏，为 5 年；（3）供热与供冷系统，为 2 个供暖期、供冷期；（4）电气管线、给水排水管道、设备安装和装修工程，为 2 年。其他项目的保修期限由发包方与承包方约定。

建设工程的保修期，自竣工验收合格之日起计算。建设工程在保修范围和保修期限内发生质量问题的，施工单位应当履行保修义务，并对造成的损失承担赔偿责任。

按照住房和城乡建设部、国家工商行政管理总局的施工合同示范文本，房屋质量保修书已作为施工合同的附件并与施工合同一并签署。

建设工程经组织竣工验收，合格后即可交付使用。有些项目的建设单位并不是使用单位，因此，在交付使用过程中，使用单位应派员参加工程竣工验收，并全面了解工程建设情况，对不清楚的问题应及时向建设、监理、施工等单位提出，尽可能予以解决。建设、监理单位应尽量把相关图纸、资料移交给使用单位，把应注意的事项、存在的问题向使用单位作出详细的说明。在工程交付使用后，建设单位应积极配合使用单位，督导施工单位对工程质量缺陷进行修复；使用单位也应及时将发现的质量缺陷向建设单位通报，并协助建设、施工单位做好修复工作。

第七节　工程档案管理

一切工程建设活动，不论其过程多么复杂，最终只能留下两个建设结果：一个是建筑实体本身，另一个就是工程建设档案。除了建筑实体质量外，工程建设档案质量也是建设工程质量的重要组成部分。建设工程质量实行终身责任制，主要包括建筑工程实体质量和工程档案质量。

工程建设百年大计，工程档案是工程建设过程各环节和建设成果的真实反映，对于加强工程质量控制，追究工程质量责任，惩治工程领域腐败行为，以及工程日后维修、改建、扩建等，都具有十分重要的作用。国家对工程建设项目的档案管理历来高度重视，各级政府建设主管部门均设立了城建档案馆（室），负责永久保存工程建设档案并指导档案的收集整理与归档工作。

《中华人民共和国建筑法》第六十一条规定：交付竣工验收的建筑工程，必须符合规定的建筑工程质量标准，有完整的工程技术经济资料和经签署的工程保修书，并具备国家规定的其他竣工条件。建筑工程竣工经验收合格后，方可交付使用；未经验收或者验收不合格的，不得交付使用。

工程项目的竣工验收是施工全过程的最后一道程序，也是工程项目管理的最后一项工作。它是建设投资成果转入生产或使用的标志，也是全面考核投资效益、检验设计和施工质量的重要环节。

交付竣工验收的建筑工程，应当符合以下条件：

(1) 必须符合规定的质量标准；
(2) 有完整的工程技术经济资料和经签署的工程保修书。

工程技术经济资料是工程项目竣工验收和质量保证的重要依据之一，施工单位应按合同要求提供全套竣工验收所必须的工程资料，经监理工程师审核，确认无误后，方能同意竣工验收。一般情况下，工程项目竣工验收的资料主要有以下几项：

(1) 工程项目竣工报告；
(2) 分部工程和单位工程技术人员名单；
(3) 图纸会审和技术交底记录；
(4) 设计变更通知单，技术变更核实单；
(5) 工程质量事故发生后调查和处理资料；
(6) 材料、设备、构配件的质量合格证明资料；
(7) 试验、检验报告；
(8) 隐蔽验收记录及施工日志；
(9) 竣工图；
(10) 质量检验评定资料。

施工单位提供的以上竣工验收资料应当经监理工程师审查后，认为符合工程施工合同及国家有关规定，并且准确、完整、真实，才可签署同意竣工验收的意见。

此外，施工单位同建设单位签署的工程质量保修书也是交付竣工验收的条件之一。未签署工程质量保修书的工程不得竣工验收。

国务院《建设工程质量管理条例》第十七条规定：建设单位应当严格按照国家有关档案管理的规定，及时收集、整理建设项目各环节的文件资料，建立、健全建设项目档案，并在建设工程竣工后，及时向建设行政主管部门或者其他有关部门移交建设项目档案。

住房和城乡建设部第90号令《城市建设档案管理规定》和第136号令《城市地下管线工程档案管理办法》，均对工程建设档案工作提出了具体要求。工业与民用建筑工程、市政基础设施工程、公用基础设施工程、交通基础设施工程、园林与风景名胜建设工程、城市防洪抗震人防工程、军事工程等均属于城建档案馆重点管理的档案资料；建设单位在工程竣工验收备案前，应当向当地城建档案馆移交相关档案资料，所移交的档案资料应当符合国家有关规范要求；建设单位在建设工程竣工验收后六个月内未向当地城建档案馆报送有关档案资料的，当地建设主管部门应责令限期补报，逾期不补报的可处1万元以上10万元以下的罚款。

按照《建设工程文件归档规范》GB/T 50328—2014（2019年版）要求，建设工程档案由工程准备阶段文件、监理文件、施工文件、竣工图和竣工验收文件5个部分组成。各参建单位应按各自的职责做好建设工程档案的收集整理工作。

1. 工程准备阶段文件

（1）立项文件。包括项目建议书、项目建议书审批意见及前期工作通知书、可行性研究报告及附件、可行性研究报告审批意见、关于立项有关会议纪要和领导讲话、专家建议文件、调查资料及项目评估研究材料等。

（2）建设用地、征地、拆迁文件。包括选址申请及选址意见书、用地申请报告及县级以上人民政府城乡建设用地批准书、拆迁安置意见协议和方案、建设用地规划许可证及其附件、划拨建设用地文件、国有土地使用证等。

（3）勘察、测绘、设计文件。包括工程地质勘察报告、水文地质勘察报告、自然条件和地震调查、建设用地钉桩通知单（书）、地形测量和拨地测量成果报告、申报的规划设计条件和规划设计条件通知书、初步设计图纸和说明、技术设计图纸和说明、审定设计方案通知书及审查意见、有关行政主管部门（人防、环保、消防、交通、园林、市政、文物、通信、保密、河湖、教育、白蚁防治、卫生等）批准文件或取得的有关协议、施工图及说明、设计计算书、政府有关部门对施工图设计文件的审批意见等。

（4）招标投标文件。包括勘察设计招标投标文件、勘察设计承包合同、施工招标投标文件、施工承包合同、工程监理招标投标文件、监理合同等。

（5）开工审批文件。包括建设项目列入年度计划的申报文件、建设项目列入年度计划的批复文件或年度计划项目表、规划审批申报表及报送的文件和图纸、建设工程规划许可证及其附件、建设工程开工审查表、建设工程施工许可证、投资许可证、审计证明、缴纳绿化建设费等证明、工程质量（安全）监督手续等。

（6）财务文件。包括工程投资估算材料、工程设计概算材料、施工图预算材料、施工预算等。

（7）建设、施工、监理机构及负责人。包括工程项目管理机构（项目经理部）及负责人名单、工程项目监理机构（项目监理部）及负责人名单、工程项目施工管理机构（施工项目经理部）及负责人名单等。

2. 监理文件

（1）监理规划。包括监理规划、监理实施细则、监理部总控制计划等。

（2）监理月报中的有关质量问题。

（3）监理会议纪要中的有关质量问题。

（4）进度控制。包括工程开工/复工审批表、工程开工/复工暂停令。

（5）质量控制。包括不合格项目通知、质量事故报告及处理意见。

（6）造价控制。包括预付款报审与支付、月付款报审与支付、设计变更和洽商费用报审与签认、工程竣工决算审核意见书等。

（7）分包资质。包括分包单位资质材料、供货单位资质材料、试验等单位资质材料等。

（8）监理通知。包括有关进度控制的监理通知、有关质量控制的监理通知、有关造价控制的监理通知等。

（9）合同与其他事项管理。包括工程延期报告及审批、费用索赔报告及审批、合同争议与违约报告及处理意见、合同变更材料等。

（10）监理工作总结。包括专题总结、月报总结、工程竣工总结、质量评价意见报告等。

3. 施工文件

（1）建筑安装工程。包括施工技术准备文件、施工现场准备、地基处理记录、工程图纸变更记录、施工材料预制构件质量证明文件及复试试验报告、设备与产品质量检查和安装记录、施工试验记录、隐蔽工程检查记录、施工记录、工程质量事故处理记录、工程质量检验记录等。

（2）市政基础设施工程。包括施工技术准备、施工现场准备、设计变更与洽商记录、原材料及构配件与设备出厂质量合格证和试验报告、施工试验记录、施工记录、预检记录、隐蔽工程检查（验收）记录、工程质量检查评定记录、功能性试验记录、质量事故及处理记录、竣工测量资料等。

4. 竣工图

建筑安装工程竣工图有：

（1）综合竣工图。包括综合图（总平面布置、竖向布置、室外管网综合图、电气综合图、设计总说明书）、室外专业图（给水、雨水、污水、热力、燃气、电信、电视、建筑小品、消防、照明、水景、道路、绿化）等。

（2）专业竣工图。包括建筑竣工图、结构竣工图、装修（装饰）工程竣工图、电气工程（智能化工程）竣工图、给水排水工程（消防工程）竣工图、供暖通风空调工程竣工图、燃气工程竣工图等。

市政基础设施工程竣工图有：道路工程、桥梁工程、广场工程、隧道工程、铁路、公路、航空、水运等交通工程、地下铁道等轨道交通工程、地下人防工程、水利防灾工程、排水工程、供水、供热、供气、电力、电信等地下管线工程、高压架空输电线工程、污水处理工程、垃圾处理处置工程、场、厂、站工程等。

5. 竣工验收文件

（1）工程竣工总结。包括工程概况表、工程竣工总结。

（2）竣工验收记录。建筑安装工程竣工验收记录包括单位（子单位）工程质量验收记录、竣工验收证明书、竣工验收报告、竣工验收备案表（含各专项验收认可文件）、工程质量保修书。市政基础设施工程竣工验收记录包括单位工程质量评定表及报验单、竣工验收证明书、竣工验收报告、竣工验收备案表（含各专项验收认可文件）、工程质量保修书。

（3）财务文件。包括决算文件、交付使用财产总表和财产明细表。

（4）声像、缩微、电子档案。包括声像档案（工程照片、录音、录像材料）、缩微品、电子档案（光盘、磁盘）等。

按照《建设工程文件归档规范》GB/T 50328—2014（2019年版）要求，建设单位应按下列流程开展工程文件的整理、归档、验收、移交等工作：

（1）在工程招标及与勘察、设计、施工、监理等单位签订协议、合同时，应明确竣工图的编制单位、工程档案的编制套数、编制费用及承担单位、工程档案的质量要求和移交时间等内容。

(2) 收集和整理工程准备阶段形成的文件,并进行立卷归档。

(3) 组织、监督和检查勘察、设计、施工、监理等单位的工程文件的形成、积累和立卷归档工作。

(4) 收集和汇总勘察、设计、施工、监理等单位立卷归档的工程档案。

(5) 收集和整理竣工验收文件,并进行立卷归档。

(6) 在组织工程竣工验收前,提请当地的城建档案管理机构对工程档案进行预验收;未取得工程档案验收认可文件,不得组织工程竣工验收。

(7) 对列入城建档案管理机构接收范围的工程,工程竣工验收后3个月内,应向当地城建档案管理机构移交一套符合规定的工程档案。

勘察、设计、施工、监理等单位应将本单位形成的工程文件立卷后向建设单位移交。

建设工程项目实行总承包管理的,总包单位应负责收集、汇总各分包单位形成的工程档案,并应及时向建设单位移交;各分包单位应将本单位形成的工程文件整理、立卷后及时移交总包单位。建设工程项目由几个单位承包的,各承包单位应负责收集、整理立卷其承包项目的工程文件,并应及时向建设单位移交。

项目建设过程中,各参建单位应加强工程档案的收集整理工作。一是要对照上述要求,分门别类地收集与保存相关档案资料。由于工程建设任务较为繁重,有的项目建设单位只注重于协调解决实际问题,而忽视文件、档案的收集保存,尤其是不注意积累各施工阶段的声像材料和电子档案,待工程建成后,这些资料再也无法收集了,往往给后阶段的验收、评奖等带来诸多困难。二是要有专人整理保存档案资料。各参建单位的管理人员由于分工不同,几乎每人手中均有应该保存的档案资料,若不指定专人整理保存,很可能造成部分重要资料的丢失。三是要建立健全工程档案资料管理制度。在建设期间,大部分档案资料都在建设、施工、监理单位保存,没有必要的管理制度,谁想要谁就随便取走,真正要找时谁都找不到,将会给工程建设带来严重影响,甚至造成经济损失。

建设单位在工程招标及与勘察、设计、施工、监理等单位签订合同时,应对编制工程文件的套数、费用、质量和移交时间等提出明确要求,在工程建设中督促检查各参建单位工程文件的形成、收集、整理和立卷归档工作。竣工图绘制方法、图式及规格等符合住房和城乡建设部《编制基本建设工程竣工图的几项暂行规定》的专业技术要求,图面整洁,盖有竣工图章;文件的形成、来源符合实际,要求单位或个人签章的文件,其签章手续必须完备。建设工程档案的收集整理是一项耐心细致的工作,既要懂得档案管理的基本知识,又要对工程建设的相关业务有所了解。各参建单位都要高度重视档案管理,严格按国家有关要求做好工程档案工作。

档案管理体现了一个单位的管理水平。管理好工程档案,既有利于搞好工程的建设,又有利于工程的后续管理工作。搞好工程档案管理,应从以下几个方面努力:

(1) 要领导重视。无论是建设单位还是施工单位、监理单位,单位领导一定要重视档案工作,做到要人定人、要钱给钱。档案管理没有专人不行,有了专人没有必要的经费也不行。相比之下用于工程档案管理的经费相对工程建设费用、建设单位管理费、监理费来说要少得多,但领导不重视恐怕连最起码的人、财、物都难以保证。

(2) 要有规章制度。工程建设档案涉及单位和人员较多,必须建立健全管理规章,规范文件的收发、起草、签发、借阅、归档等行为,并认真抓好规章制度的执行。规章制度不健全、不落实,档案管理工作也就难以做好。

（3）要熟悉有关业务。工程档案管理专业性强、业务范围广、涉及的法律法规较多,相关领导和档案管理人员应尽可能多了解国家有关法律法规,了解工程建设的业务知识,熟悉档案管理相关知识。要按照国家标准《建设工程文件归档规范》GB/T 50328—2014（2019年版）的要求,扎实做好工程档案归档整理工作。

（4）要形成督导机制。建设单位要加强对其他单位档案管理工作的督导,在工程建设中督促检查各参建单位工程文件的形成、收集、整理和立卷归档工作。工程竣工验收后,要进一步加大力度,采取经济等手段督促各参建单位尽快完成归档工作。

勘察、设计单位负责工程勘察、设计文件收集、整理和立卷,向建设单位移交;施工单位负责施工文件收集、整理和立卷,编制竣工图,工程竣工后向建设单位移交;监理单位负责工程监理文件收集、整理和立卷,向建设单位移交归档;建设单位负责工程准备阶段、竣工验收阶段文件的收集、整理和立卷,竣工验收前负责收集和汇总各参建单位移交的工程档案,形成一套完整的工程档案,并提请当地城建档案馆对工程档案进行预验收。预验收合格后,由城建档案馆出具工程档案认可文件。

建设单位在取得工程档案认可文件后,方可组织工程竣工验收。竣工验收后建设单位应将一套完整的工程档案原件（包括工程准备阶段文件、监理文件、施工文件、竣工图和竣工验收文件5个部分）送交当地城建档案馆复验,符合要求的城建档案馆应接收该工程的档案,并开具建设工程档案移交证明。

建设单位在工程档案建档过程中遇到有关问题,可以向城建档案馆咨询或提请进行现场指导。各参建单位对建设工程文件整理立卷确有困难的,可以请求城建档案馆提供有偿技术服务或委托整理立卷。

工程档案一般不少于两套,一套由建设单位保管（或移交给使用单位保管）,一套（原件）移交给当地城建档案馆。

工程档案的保管期限规定为永久、长期和短期三种,长期为20～60年左右,短期为20年以下。凡定为短、长期的档案,到期再鉴定时,视其价值可延长保管期限。

第八节 工程项目后评价

对已完工程开展后评价,主要目的是通过后评价对政府投资项目以及国有资金占主导地位的项目进行检查和分析,对其产生的经济、社会和环境效益进行评价,以提高政府投资决策水平和投资效益。

国家发展改革委《关于印发中央政府投资项目后评价管理办法（试行）的通知》（发改投资〔2008〕2959号）要求,加强和改进中央政府投资项目的管理,建立和完善政府投资项目后评价制度,规范项目后评价工作。项目后评价应当在项目建设完成并投入使用或运营一定时间后,对照项目可行性研究报告及审批文件的主要内容,与项目建成后所达到的实际效果进行对比分析,找出差距及原因,总结经验教训,提出相应对策建议,以不断提高投资决策水平和投资效益。根据需要,也可以针对项目建设的某一问题进行专题评价。

项目后评价应当遵循独立、公正、客观、科学的原则,建立畅通快捷的信息反馈机制，为建立和完善政府投资监管体系和责任追究制度服务。

项目后评价一般在每年年初由发展改革部门研究确定需要开展后评价工作的项目名单，制定项目后评价年度计划，印送有关项目主管部门和项目单位。

列入项目后评价年度计划的项目单位，应当在项目后评价年度计划下达后 3 个月内，向发展改革部门报送项目自我总结评价报告。项目自我总结评价报告的主要内容包括：

（1）项目概况：项目目标、建设内容、投资估算、前期审批情况、资金来源及到位情况、实施进度、批准概算及执行情况等。

（2）项目实施过程总结：前期准备、建设实施、项目运行等。

（3）项目效果评价：技术水平、财务及经济效益、社会效益、环境效益等。

（4）项目目标评价：目标实现程度、差距及原因、持续能力等。

（5）项目建设的主要经验教训和相关建议。

在项目单位完成自我总结评价报告后，发展改革部门或主管部门根据项目后评价年度计划，委托具备相应资质（资信）的工程咨询机构承担项目后评价任务。

承担项目后评价任务的工程咨询机构，在接受委托后，应组建满足专业评价要求的工作组，在现场调查和资料收集的基础上，结合项目自我总结评价报告，对照项目可行性研究报告及审批文件的相关内容，对项目进行全面系统地分析评价。必要时应参照初步设计文件的相关内容进行对比分析。

承担项目后评价任务的工程咨询机构，应当按照委托要求，根据业内应遵循的评价方法、工作流程、质量保证要求和执业行为规范，独立开展项目后评价工作，按时、保质地完成项目后评价任务，提出合格的项目后评价报告。

工程咨询机构在开展项目后评价的过程中，应重视公众参与，广泛听取各方面意见，并在后评价报告中予以客观反映。

工程咨询机构应对项目后评价报告质量及相关结论负责，并承担对国家秘密、商业秘密等的保密责任。

列入项目后评价年度计划的项目单位，应当根据项目后评价需要，认真编写项目自我总结评价报告，积极配合承担项目后评价任务的工程咨询机构开展调查工作，准确完整地提供项目前期及实施阶段的各项正式文件、技术经济资料和数据。

通过项目后评价工作，认真总结同类项目的经验教训，将后评价成果作为规划制定、项目审批、投资决策、项目管理的重要参考依据。

发展改革委将会同有关部门，大力推广通过项目后评价总结出来的成功经验和做法，不断提高投资决策水平和政府投资效益。

第九章 案例分析

第一节 某工程项目建议书

某建设工程项目建议书基本框架

第1章 总论

1.1 项目背景

(1) 项目名称;

(2) 承办单位;

(3) 承办单位法人代表;

(4) 项目编制依据;

(5) 项目提出的理由与过程。

1.2 项目概况

(1) 拟建地点;

(2) 建设规模与目标;

(3) 主要建设条件;

(4) 项目投入总资金及效益情况。

第2章 项目建设必要性与建设规模

2.1 项目建设必要性

(1) 项目提出的背景;

(2) 项目建设的必要性。

2.2 初步确定建设规模及理由

(1) 建设规模;

(2) 建设理由。

第3章 建设场址与建设条件

3.1 场址现状

(1) 地点与地理位置;

(2) 场址土地权属类别及占地面积。

3.2 建设条件

(1) 地形地貌条件;

(2) 地质条件;

(3) 气候条件;

(4) 交通运输条件;
(5) 建筑材料来源及施工条件;
(6) 公用工程及基础设施条件;
(7) 征地拆迁条件。

第 4 章 建设方案

4.1 建筑设计指导思想与原则
(1) 遵守国家有关法律法规;
(2) 符合城乡规划;
(3) 充分利用地形地貌,保护生态环境;
(4) 符合有关设计规范;
(5) 充分利用当地建材;
(6) 设计高标准,建设高水平。

4.2 项目总体规划方案
(1) 项目建设内容;
(2) 项目建设总体规模。

4.3 主体工程建筑方案
(1) 平面布置和功能要求;
(2) 建筑结构设计;
(3) 配套工程;
(4) 建设方案。

第 5 章 环境影响评价

5.1 环境现状
(1) 气温;
(2) 降雨量、风速;
(3) 空气、水质情况。

5.2 项目建设与营运期对环境的影响
(1) 施工期主要污染源和主要污染物;
(2) 营运期主要污染源和主要污染物。

5.3 环境保护措施
(1) 方案实施采用的环境保护标准;
(2) 施工期环境保护措施;
(3) 营运期环境保护措施;
(4) 水土保持;
(5) 环境监测。

第 6 章 组织机构

6.1 组织领导机构
6.2 项目实施机构

第 7 章 项目实施进度

7.1 前期工作

7.2 勘察设计

7.3 施工进度

7.4 环境整治与验收

第8章 投资估算与资金筹措

8.1 估算范围

（1）土建工程；

（2）设备购置及安装工程；

（3）其他附属工程。

8.2 主要编制依据

（1）有关专业图纸；

（2）主要设备清单；

（3）主要材料市场价；

（4）建筑工程、市政工程预算定额。

8.3 建设投资估算

（1）总投资估算（建筑工程费、设备购置及安装工程费、工程建设其他费用、基本预备费等）；

（2）征地拆迁费用；

（3）分年度投入计划。

8.4 年运行成本

（1）基本维修费；

（2）水电费；

（3）管理费用；

（4）其他费用。

8.5 资金筹措方案

第9章 社会评价

9.1 社会影响分析

9.2 互适性分析

9.3 社会风险分析

9.4 社会评价结论

第10章 研究结论与建议

10.1 结论

10.2 建议

附件：

（1）工程总投资估算表

（2）有关政府部门对工程建设的承诺函

（3）工程项目规划建设总平面图

第二节 某工程可行性研究报告

某市南湖景观工程可行性研究报告

第1章 总论

1.1 项目概况

某市南湖景观工程，地处市南湖新区，占地面积约 $5hm^2$。建设内容为湖岸的整治、景观园林工程、城市市政公用基础设施的配套及部分商业用房的开发。

1.2 建设单位基本情况

市国有资产经营管理有限公司由市国有资产监督管理委员会一次性出资。公司设董事会、监事会，设董事长1人。董事会成员由出资人委派或职工大会选举产生，董事长由市国资委任命。

公司的经营范围包括资产收购、资产处置、资产托管、股权投资、实业投资、资本运营、投资管理咨询、城市基础设施建设、土地整理与开发、棚户区改造等。

1.3 项目建设背景

城市基础设施是城市正常运行和健康发展的物质基础，对于改善人居环境、增强城市综合承载能力、提高城市运行效率、稳步推进新型城镇化、确保2020年全面建成小康社会具有重要作用。某市新批准的《城市总体规划》要求打造成"经济活跃、社会和谐、生态宜人、文化浓郁"的现代化中等城市，构建"两带四区"的生态体系结构框架。

本项目拟打造一个城南新区的标志性集商业和景观园林的主题公园，项目的实施将有效改善项目所在区域居民的生活和工作环境，将有效促进城市的扩张，改善了周边的人居环境，增加了宜居宜业的优良地段，有利于招商引资，增加产业效益。有利于美化城市形象，提高城市品位，增强城市社会经济发展后劲。

1.4 建设内容及规模

本项目建设内容包含南湖景观工程和周家片区综合环境提升工程。

南湖景观工程主要建设内容包括：建筑工程、道路工程、雨污水工程、给水工程、供电工程、照明工程、交通工程以及通信工程等。工程规划用地面积约为 $44588m^2$。拟规划建筑面积约为 $26500m^2$，景观绿化面积约为 $35005m^2$，规划停车位约260个，并配套建设景观道路、给水工程、雨污水工程、照明工程等。

周家片区综合环境提升工程主要建设内容有：国道及城市入口道路改造，村镇风貌提升、外部水系改造、环境的整治等。

1.5 研究依据及范围

1. 编制依据

国家相关法律法规、相关行业标准、相关政策和规划文件。

2. 编制范围

对项目建设背景及必要性、建设规模及建设内容、场址选择、工程方案、节能节水、环境影响评价、劳动安全卫生、项目实施进度、投资估算与资金筹措、社会评价等方面进行全面论证与分析，为政府主管部门及建设单位投资决策提供参考。

1.6 投资估算

本项目总投资估算为 45134.67 万元。其中工程费用 36781.66 万元，工程建设其他费用 3384.70 万元，工程预备费 3213.31 万元；建设期利息 1755.00 万元。

资金来源：建设单位自筹 18134.67 万元，拟向银行贷款 27000 万元，贷款年利率 6.5%，贷款年限为 3 年，其中前 2 年为宽限期，到期一次性还本。

1.7 建设期

本项目建设周期为 24 个月。

1.8 主要技术经济指标

主要技术经济指标表（略）。

1.9 项目效益分析

（1）社会效益

本项目的实施将解决城乡之间基础设施建设、环境治理改善的重大不平衡问题，弥补农村基础设施的短板，改变原以城市为中心的城乡条块分割式治理模式，实现城乡生态环境良性互动。将有效促进城市的扩张，改善周边的人居环境，增加宜居宜业的优良地段，有利于招商引资，极大地增加产业效益。

（2）经济效益

本项目建成运营后，通过景观楼商铺出租、销售等方面获得较好的经济效益。同时还将进一步带动建设单位土地升值，为企业的进一步发展壮大提供有力保障，项目的实施将产生良好的经济效益。

1.10 研究结论与建议

1. 结论

项目的建设是改善城市生态环境的重要体现。项目建设采取合理的规划布局和设计方案，注重消防、安全、环保、节能等配套措施，技术上具备较强的可操作性。

本项目的组织管理机构、项目进度计划均有合理安排，对项目存在的有关风险制定有相关措施和对策。

项目资金来源为建设单位自筹及银行贷款。项目建设具有生态环境效益显著，社会效益明显，建设方案稳妥、先进，投资合理、资金来源可靠等特点，项目具有可行性。

本项目建成运营后，可以获得较好的经济效益，同时还将带动建设单位名下土地升值，产生较好的经济效益。

该项目符合城市总体发展规划，技术上是可行的，经济上是合理的，建成后能够产生显著的社会效益和经济效益。因此，该项目建设是非常必要的，也是十分可行的。

2. 建议

（1）本项目建设涉及工程量较大，种类较多，建设过程中要精心组织、精心设计、精心施工。

（2）本项目建设需要较大的资金投入，建设单位应积极争取国家相关扶持政策或优惠条件，采取相关措施积极筹集资金，确保建设资金及时、足额到位。

第2章 项目建设的必要性

2.1 项目的建设是加强城市基础设施的迫切需要

2013 年 9 月，《国务院关于加强城市基础设施建设的意见》指出：加强城市基础设施建设,要围绕推进新型城镇化的重大战略部署,切实加强规划的科学性、权威性和严肃性,坚持先地下、后地上,提高建设质量、运营标准和管理水平。要深化投融资体制改革,在确保政府投入的基础上,充分发挥市场机制作用,吸引民间资本参与经营性项目建设与运营,改善城市人居生态环境,保障城市运行安全。同时明确了当前加快城市基础设施升级改造的重点任务:(1)加强城市供水、污水、雨水、燃气、供热、通信等各类地下管网建设和改造;(2)加强城市排水防涝防洪设施建设,解决城市积水内涝问题;(3)加强城市污水和生活垃圾处理设施建设;(4)加强城市道路交通基础设施建设;(5)加强城市电网建设;(6)加强生态园林建设。

该项目的建设,是落实国务院关于加强城市基础设施建设以及加强生态园林城市建设的要求。

2.2 项目的建设是改善人居环境的迫切需要

本项目拟打造一个城南新区的标志性集商业和景观园林的主题公园,项目实施后一方面能够为市民提供休憩、游玩的场所,同时美化城市环境,净化空气,提高居民生活质量;另一方面通过美化环境能吸引投资,促进周边地段商业、贸易的发展,为当地居民提供更多的就业机会。同时对地区公共基础设施和经济发展都具有重大的促进作用,将有效促进城市的扩张,改善周边的人居环境,增加了宜居宜业的优良地段,有利于招商引资,增强产业效益。

2.3 项目的建设是提高城市总体形象的需要

城市景观建设作为城市建设的重要组成部分,不仅能改变城市面貌,而且能改善人民生活,体现着城市精神文明和物质文明的程度。它的目标是三位一体的,即最稳定的生态效益、最佳的社会效益、最大的经济效益的统一。由此可见,城市景观建设是一项多功能、多效益的经济事业。

2.4 项目的建设是改善城市生态环境,建设生态宜居城市的需要

随着经济发展、社会进步,人民对生活环境改善的要求越来越迫切,同时,随着生活节奏的加快和工作等多方面压力的增加,更多的市民需求正日益增长。本项目的建设就是为市民打造一条开放城市游园景观,为城市居民提供一个环境优美、游憩休闲的环境。

2.5 项目的建设是企业做大做强的需要

本项目建成运营后,通过景观楼商铺出租、出售等方面获得较好的经济效益。同时本项目的实施还将进一步带动建设单位土地升值,将为企业的进一步发展壮大提供有力保障。因此,项目的建设也是企业做大做强的需要。

第3章 建设内容及规模

3.1 设计原则

本工程的设计遵循共融化、生态化、多元化、可持续化以及经济性的原则。

根据场地特色、使用者活动内容、周边环境及对外交通等情况,规划中不设围墙和大门,各功能区块各设出入口,通过对不同性质空间的特殊处理来达到吸引人流和限制人流的作用,方便管理和人们的出入,来达到综合性城市开放空间的目的。结合各自的地理位置和规划目的的考虑,西入口广场处和沿街绿化之间设置停车位。

3.2 建设内容及规模

本项目建设内容包含南湖景观工程和周家片区综合环境提升工程。

(1) 南湖景观工程

南湖景观工程主要建设内容包括：建筑工程、道路工程、雨污水工程、给水工程、供电工程、照明工程、交通工程以及通信工程等。工程规划用地面积约为 44588m²。拟规划建筑面积约为 26500m²，景观绿化面积约为 35005m²，规划停车位约 260 个，并配套建设景观道路、给水工程、雨污水工程、照明工程等。拟打造一个城南新区的标志性集商业和景观园林的主题公园。拟建的景观道路工程共两条，全长约为 456.4m，道路红线宽度为 20m。

(2) 周家片区综合环境提升工程

本工程规划范围为周家片区，项目主要建设内容有：国道及城市入口道路改造、村镇风貌提升、外部水系改造、环境的整治等。具体为：新建匝道 11657m²、道路人行道铺装 29323m²、绿化 174770m²、道路优化 36500m²、农贸市场改建 3500m²、雨污水管网改造长度约 11km。

第 4 章　项目地址与建设条件

4.1　项目位置

(1) 项目区位。

(2) 项目场址。

4.2　项目建设条件

(1) 地形地貌。

(2) 水文气象。

(3) 地震。

(4) 自然灾害。

(5) 交通条件。

(6) 施工条件。

第 5 章　工程建设方案

5.1　建筑部分

(1) 设计依据

现行国家有关设计规范、标准等。

(2) 建筑外墙装饰设计

本项目各建筑单体外墙采用幕墙（石材、玻璃、GRC 等）、软石饰面相结合，幕墙分为围护幕墙及装饰性幕墙，装饰性幕墙内衬满足节能要求的砌体，其余直墙部分为加气混凝土墙体外贴软石饰面。

(3) 无障碍设计

根据《无障碍设计规范》GB 50763—2012 中的无障碍要求，本项目各栋建筑在建筑入口、水平与竖直交通、公共用房、公共厕所等部位考虑无障碍设计。

(4) 主要建筑材料（略）。

5.2　结构部分

(1) 设计依据

现行国家有关设计规范、标准等。

(2) 设计条件

建筑物设计使用寿命 50 年；建筑结构安全等级二级；场地地震基本烈度为 6 度，建筑物按 6 度抗震设防；地基基础设计等级乙级。

(3) 设计要求

结构体系采用框架结构体系；结构设计永久荷载取值均按《建筑结构荷载规范》GB 50009—2012 规定。

(4) 结构体系

主体结构体系：框架结构，楼板、屋面板均为现浇。

基础：人工挖孔桩基础和独立基础，具体情况按单体不同及相应地质报告探明情况确定。

主要材料：钢筋、混凝土、加气混凝土砌块、多孔砖等。

5.3 给水排水部分

(1) 设计依据

现行国家有关设计规范、标准等。

(2) 给水

1) 水源

工程的给水水源通过市政自来水管网接入。给水管从地块环管引入两路 $DN200$ 的给水管。市政给水压力按不小于 0.30MPa 设计。

2) 用水量预测

根据《建筑给水排水设计标准》GB 50015—2019、《室外给水设计标准》GB 50013—2018、《室外排水设计规范》GB 50014—2006（2016 年版）等相关标准综合选取用水指标进行估算，用水定额取中值为 12.5L/($m^2 \cdot d$)。绿化用水定额按节水指标取 1.5L/($m^2 \cdot d$)，未预见用水量以总用水量的 10% 计算。

本项目最大日用水量为 422.14m^3。各项标准用水量见表 9-1。

生活用水量表　　　　　　　　　　　　　　　　　　　　　　表 9-1

项目	用水量定额	用水面积	日用水量（m^3）
景观楼	12.5L/($m^2 \cdot d$)	26500m^2	331.25
绿化用水	1.5L/($m^2 \cdot d$)	35005m^2	52.51
未预见水量	上述 10%		38.38
合计	—		422.14

(3) 给水系统

1) 室外给水管网

根据道路规划情况，考虑供水的安全性，给水管沿消防环道呈环状布设，接入市政给水管统一供水。管道采用承插式球墨铸铁管橡胶圈接口，南北向道路原则上布置在道路西侧，东西向道路原则上布置在道路北侧，给水总管采用 $DN200$。

2) 室内给水

建筑内生活用水通过市政给水管网供给。

3) 生活给水系统

公共卫生间配水点压力不超过 0.35MPa，结合安全、经济、合理的原则，本地区所能提供的市政给水管道供水压力为 0.30MPa。本项目各单体建筑均为地上三层及以下，可由市政直接供水。

4）消防水池

考虑到要收集雨水作为消防用水，以及消防水池的水要经过加压之后才能流入消防水管，在项目区域内地势最低处设立一个地下消防水池和一个与之相连的加压泵房。消防水池设两根进水管，分别从市政环状管网的不同管段连接。泵房的消防总出水管从两个方向与消防环状管连接。

5）消防水管网

为保证消防用水供应，消防水管也设置成环状。为消防服务的供水管末端最小管径不小于 $DN100$。

6）绿化景观用水

本项目绿化景观用水通过市政给水管网供水，绿化给水管径 $DN25 \sim DN100$，采用自动微喷灌系统。

（4）排水

1）污水排放方案

污废水排放量按生活日用水量的90%计（除绿化用水），室内排水采用污、废水分流。

室内生活污水经排水管道收集后就近排出室外，生活粪便污水经化粪池处理，餐厨污水经隔油池处理后，通过提升泵站加压排入镇区污水处理厂，经处理达标后排放。

2）雨水系统

建筑物屋面雨水采用有组织排水，设置屋面PVC雨水口、雨水斗、落水管，将雨水排至室外地面，经场地内雨水排放管网收集后，排放到市政排水干管中。

室外道路上每隔30m设一雨水口，雨水检查井的间距视雨水管道管径不同（$D400 \sim D1200$）而定，按规范最大间距对应 $50 \sim 120m$。在雨水干管排入市政管网前，应设沉砂井。管道在改变管径、方向、坡度处、支管接入处和管道交汇处都设检查井，雨水管管径为 $D400 \sim D1200$，管道起点井埋深不小于 $1.5m$。

室外道路边适当位置设置平算式雨水口，收集道路、人行道及屋面雨水。

雨水排放结合用地布局以及道路竖向采取分散就近排放的原则组织排放，根据用地格局以及道路竖向，形成合理的排水分区，雨水管道沿道路敷设，分散就近排入周围水体。

5.4 消防系统

5.4.1 设计依据

国家及省有关规范、规程。

5.4.2 总平面布局

（1）本项目总平面上设有环形消防车道。所有建筑的四周各设置6m宽道路，形成消防环道，转弯半径大于12m。

（2）与外部建筑物间的消防间距按规范要求设置。

5.4.3 建筑单体消防设计

1. 建筑消防

本项目包含多栋建筑单体，各建筑均设不少于两个安全疏散出口，库房门和疏散门必须向疏散方向开启。消防逃生通道设计时应考虑采用双重门，中间有一个过渡空间，发生火险立即启用双重门，能够有效阻隔有毒有害烟气进入消防逃生通道。

2. 给水消防

(1) 消防水量

项目区域内消防按同一时间内火灾次数 1 次考虑。利用市政自来水设置水泵房、消防储水池。消防水池储存 2h 室内消火栓水量及 1h 喷淋水量。在最高建筑屋顶设置消防水箱（20m³），储存初期室内消防水量。

消防用水量：

室外消防：40L/s；

室内消防：25L/s；火灾延时 2h；

自动喷水灭火系统：30L/s；火灾延时 1h。

(2) 消火栓给水系统

室外消火栓系统采用低压制，消防水量 40L/s，水源由市政管网接入。在各建筑附近布置室外消火栓。

室内消火栓系统消防水量 25L/s，消防水源为建筑内设置的消防水池。消防水池应采用杀菌、除藻、消毒措施或更换消防储水以确保消防储水水质。消防水池的补水时间不超过 48h。消防泵从消防水池内直接抽水供区内相应建筑物室内消火栓使用。

(3) 灭火器配置

本项目建筑物灭火器的配置根据不同建筑特性按不同标准设计，每层均应配置环保型灭火器。

(4) 气体消防

在变压器室、高低压配电室及通信机房设置 FM200（七氟丙烷）固定气体灭火装置，并预留气瓶间。

(5) 安全、疏散

本项目建筑消防疏散门均采用钢质外开平开门，疏散门宽度均统一采用 1500mm×2500mm（h），出口设置疏散标志，疏散距离不应超过 50m。

二层及以上办公生活辅助设施疏散距离按不大于 40m 设置（开敞楼梯间按 35m 设置）；当办公生活辅助设施为二层时疏散宽度指标按 0.65m/百人计算，当办公生活辅助设施为三层时疏散宽度指标按 0.75m/百人计算。

3. 电气消防

(1) 消防电源

消防设备电力负荷为二级负荷。设计引入一路 10kV 高压电源。为了确保消防用电负荷的用电要求，本工程在地下层设置自启动柴油发电机组作为自备应急电源。

(2) 消防配电

为了保证可靠供电，消防泵、消防控制室、消防风机、火灾事故照明等消防用电设备均采用两路电源在设备末端配电箱内自动切换。

(3) 漏电火灾监控系统

本工程设漏电火灾监控系统保护。漏电火灾监控系统仅作用于报警信号。

(4) 火灾事故照明

在楼梯间、疏散走道等的公共活动场所和人员密集场所，设置疏散照明灯，灯具安装在墙面或顶棚下，照度不低于正常照度 10%，最低不小于 5lx。在疏散走道、楼梯间及其转角处等部位，距室内地坪 0.5m 的墙面上设置疏散方向标志灯，间距不大于 15m。在安全出口上部的顶棚下或墙面上设置安全出口标志灯。

在配电室等发生火灾时仍需坚持工作的所有房间设置火灾备用照明，并保持正常照明的照度。

(5) 火灾自动报警及消防联动控制系统

本项目采用控制中心报警系统，各公共场所、功能用房、办公室及各层走道均设置智能型感烟探测器，每层设有手动报警器、火灾应急广播、层号灯及消防栓启泵按钮、水流指示器等，在各层手动报警按钮处设置对讲电话插孔。

4. 防排烟设计

根据消防设计规范，对相关场所设置必要的防排烟措施，以保证消防疏散的安全要求。

5.5 电气部分

5.5.1 设计依据

国家有关标准与设计规范。

5.5.2 设计范围

(1) 变配电系统；

(2) 照明、动力供配电系统；

(3) 防雷与接地系统；

(4) 有线电视天线系统；

(5) 电话及宽带网络系统；

(6) 安全防范系统；

(7) 火灾自动报警及联动控制系统。

5.5.3 电源及负荷等级

(1) 负荷等级

本工程二级负荷包括：消防用电（消防潜污泵、应急照明、防火卷帘门等）、潜污泵，生活水泵等。三级负荷：除二级负荷外的其他负荷。

(2) 负荷估算

采用规划单位建设用地负荷指标法进行预测。规划本着节约能源原则，根据本市现状用电水平，参考《城市电力规划规范》GB/T 50293—2014 及《全国民用建筑工程设计技术措施-电气》（2009 年版）。

本项目建筑用电负荷指标取高值为 80W/m^2。同时考虑 10% 的未预见负荷。据此，用电负荷统计如表 9-2。

用电负荷统计表　　　　　　　　　　表 9-2

用电单元	建筑面积（m^2）	负荷指标（W/m^2）	装机功率（kW）	需用系数	计算负荷（kW）
景观楼建筑	26500	80	2120	0.8	1696
未预见负荷	按总用电量的10%计		212		169.6
合计	—		2332		1865.6

(3) 电源：

本工程拟由市政 10kV 电网供电，从城市电力网引入一路 10kV 高压电源至一层变配电室，同时自备柴油发电机组作为消防应急电源，应急电源的启动和供电时间应满足消防要求。高压电源引接位置待与当地供电部门协商后确定。高压系统电压等级为10kV，低压系统电压等级为220V/380V。

根据负荷估算，本项目预计装机功率约2332kW，考虑各建筑需用系数后计算负荷约为1865.6kW。

5.5.4 供配电系统

（1）高压配电系统

本项目高压配电系统采用单母线接线方式，高压开关柜选用金属封闭式高压开关柜，二次接线采用直流操作方案。

（2）低压配电系统

变配电所低压配电系统主结线均采用单母线分段运行，柴油发电机组单独设置事故母线，通过母联开关和正常电源母线相连。

（3）备用电源系统

备用电源采用自启动闭式水循环风冷柴油发电机组。

（4）计量及无功补偿

本项目无功功率补偿方式为变压器低压侧集中电容补偿，采用三相和单相混合补偿方案，补偿后10kV侧功率因数保持在0.9以上。电能计量采用高供高计形式，在高压配电房内设专用10kV电力计量柜计量，在低压侧各配电回路设置数字式低压计量表作为内部分项计量，并设置电能监测管理系统。

5.5.5 电力设计

低压配电系统采用放射-树干式配电方式，消防用电自变电所以专用回路放射式供电。室外高、低压电力电缆均沿电力电缆沟敷设，楼内配电线路根据负荷等级选择，采用阻燃和低烟无卤的铜芯导线或电缆，消防电力设备采用耐火电力电缆供电，水平电缆线路采用托盘式金属电缆桥架在吊顶内敷设，竖井内电缆沿梯级式电缆桥架敷设。所有导线线路采用金属线槽或钢管沿天棚吊顶、楼板及墙内敷设。

5.5.6 照明设计

照度标准：门厅200lx，楼梯、平台75lx，变配电间、发电机房200lx，走廊100lx，停车库55lx。

照明设计包括普通照明、装饰照明、火灾事故照明、疏散及诱导照明、建筑立面泛光照明、庭院照明等，照明光源按平面功能分别选择三基色、高光效T5、T8细管径直管荧光灯、紧凑型荧光灯或金属卤化物灯，优选效率高的灯具和节能电子镇流器，照明控制采用分区控制方式。

5.5.7 防雷与接地

本工程属人员密集的公共建筑物，按第二类防雷建筑物设计。

利用建筑物钢筋混凝土基础作接地体，接地电阻要求不大于1Ω。

5.6 供暖通风与空调

5.6.1 设计依据

国家有关标准与设计规范。

5.6.2 设计内容

（1）各建筑舒适性空调设计；

(2) 地下室平时通风及排烟系统设计；

(3) 火灾防排烟设计；

(4) 地下室战时通风设计。

5.6.3　设计气象参数

室外计算参数：

大气压力：冬季 1000800Pa 夏季 991500Pa；

冬季空气调节室外计算相对湿度（%）：82；

室外平均风速：冬季 1.4m/s，夏季 1.9m/s。

5.6.4　通风排烟设计

(1) 对部分空调场所，设置必要的排风系统，以加强通风换气，同时实现空气量的平衡。

(2) 对各空间较小、设置空调的功能用房，一般情况均采用渗透排风方式。

(3) 所有卫生间均设有排风，补风由相邻空调房间的新风平衡。

(4) 对于部分非空调场所及设备用房，按需要设置通风系统。

冷冻机房：满足 8 次换气次数。

水泵房：满足 8 次换气次数。

变电所：根据热平衡计算值确定。

卫生间：满足 15 次换气次数。

5.6.5　空调设计

使用的空调均采用独立的柜式机空调系统。

5.7　停车场工程

停车场按不同类型的车辆，分为小型车辆停车场和大型车辆停车场，以确保进出安全与交通疏散，提高停车场的使用效率。在交通组织上尽量简洁、方便，避免使交通组织复杂化。通过在停车场内设置必要的交通标志、标线以作为指示停车位置和行驶通道的范围。停车场内部道路宽 9m，设计时速 20km/h，道路采用混凝土路面结构，各条道路形成环网。停车场的绿化设计应注重"适宜性、延续性、季节性"的原则，注重乔灌木与草坪的层次搭配，注重季节的变化，以当地树种为主，结合地形设计，将自然美与人工美相结合。在绿化上重点要与周围规划景观相融合。

第6章　环境提升工程建设方案

6.1　生活垃圾治理

1. 整治目标

重点整治公路、城中村周边区域环境，基本做到"四无、四净"（无卫生死角、无暴露垃圾、无乱堆乱放、无残墙断壁，大街小巷净、房前屋后净、河塘沟渠净、村庄田头净）。

禁止工业污染向农村转移，禁止城市向农村堆弃垃圾，防止城市垃圾下乡。到 2020 年基本完成非正规垃圾堆放点整治任务。

2. 整治措施

(1) 建设垃圾中转站、垃圾收集点等环卫设施；

(2) 科学布局垃圾收集、中转、处理等设施；

(3) 保持道路通畅，无乱堆乱放，对堆放的废土杂物及时清理；
(4) 加强道路保洁方面宣传教育，提高民众意识；
(5) 建立垃圾分类收集、分类运输和分类处理体系。

6.2 生活污水治理

1. 东湖片区污水管网

沿各主要道路敷设污水管，统一排放进入市污水处理厂。

2. 提升城镇生活污水截污纳管水平，推进排水系统优化，加快污水管网建设和改造，合流制排水系统应尽可能改造为雨污分流排水系统，推进污水处理设施升级改造，实现稳定运行、达标排放。

3. 污水整治措施

(1) 污水处理采用延伸城镇管网的方式，实行统一处理；
(2) 保持河道通畅，河中无障碍物；
(3) 保持水渠无污水排入，无垃圾堵塞；
(4) 加强河塘保洁方面宣传教育，提高民众意识；
(5) 对现有河道进行景观绿化处理。

6.3 道路及停车场整治

道路整治的目标为硬化美化主干道、进户路、巷道。

合理设置公共停车场，解决停车难、车辆违章停放突出问题。

6.4 强弱电线网整治

现状村庄电线杂乱，存在安全隐患，对公共空间电网进行上改下处理，实行除强电外所有电网入地。

6.5 建筑及庭院整治

现状区域内各个村庄均缺少公共活动空间，规划考虑在保留整治居住建筑外切院落设计的情况下，合理利用村内部分小广场空间及废弃空间，通过对植物及原有院落围墙的合理运用，营造出部分公共绿地空间。

整治措施

(1) 村庄节点环境提升。对广场节点、水岸提出环境提升策略。
(2) 建筑风貌提升。从建筑形式、材质、色彩等多方面对建筑风貌进行整治；
(3) 环境小品提升。对村庄内的院落形式、标识小品及电线路灯进行风格与形式的整治。

6.6 农贸市场整治

(1) 设计依据。
(2) 选址要求。
(3) 规划面积。
(4) 配套要求。
(5) 空间布置。

第7章 环境保护

7.1 编制依据

国家有关法律法规和标准。

7.2 环境影响分析

7.2.1 施工期环境影响分析

本项目施工期产生的污染物有扬尘和废气、废水、噪声以及固体废弃物。

(1) 粉尘和废气

施工区主要空气污染物为 TSP、CO、NO_X，其中 TSP 主要为施工产生的粉尘和交通运输产生的扬尘所致，CO、NO_X 主要是施工燃油机械排放尾气所致。

(2) 废水

施工废水主要产生于混凝土工程，混凝土预制、施工及机械检修等过程，其中，混凝土浇筑产生的废水主要污染物为悬浮物；机械设施设备运行、检修、设备冲洗产生的废水主要为含油废水。

(3) 噪声

施工期噪声污染源主要来源于土石方阶段的挖土机、结构阶段的混凝土输送泵、振捣器、电锯、电焊机、空压机等，设备安装及运输车辆产生的噪声。

(4) 固体废弃物

施工期固体废弃物主要来源于河道淤泥、场地平整、土石方阶段、结构阶段及装修阶段产生的渣土、土方及建筑垃圾，以及施工人员排弃的生活垃圾。

7.2.2 营运期环境影响分析

(1) 废水：游客、市民及工作人员活动及建筑物内设备运转都能形成废水，产生污染，这些污染对水环境造成不同程度的影响。

(2) 噪声：室外娱乐设施设备运转以及人员活动等都会成为噪声及振动污染源，带来一定的噪声。另外还存在附近道路车辆引起的噪声及其他社会噪声。

(3) 固体废弃物：项目营运期固体废物主要由游客、市民及工作人员产生的固体垃圾。

7.3 环境保护措施

7.3.1 施工期环保措施

(1) 噪声治理措施

对噪声的控制主要采用强化工程管理的办法，控制高噪声设备的运行时间，避开居民的休息时间特别是控制夜间施工的时间，21时至翌日7时禁止高噪声设备的运行。对于汽车运输产生的交通噪声，主要是控制超载、限速和限制喇叭鸣放。对在高噪声环境下作业的施工人员，每天工作时间不超过6h，并配备相应的防噪设备，如耳塞、耳罩等。

(2) 废水治理措施

在施工区周边开设滞留泥池的排水沟，泥水经留泥池沉淀泥沙后的清水排出；在车辆出入工地口设洗车池，汽车经过洗车池时，轮胎上的泥沙留在池内，减少泥沙的带出。

含油废水处理：机械检修、冲洗产生的油污如直接排入水体，易对附近水体产生污染。机械检修产生的废油应集中回收；冲洗废水由明沟集中收集入油水分离池分离。

(3) 扬尘治理措施

运输车辆必须安装尾气净化器，严禁超负荷运行，确保车辆尾气达标排放。将运输车辆密闭，定期清扫施工场地及运输路面上散落的渣土，定期洒水降尘。

(4) 废弃物影响

对施工现场废弃的建筑材料和堆放的建筑材料采取围护和遮盖等措施防止流失，设专人负责管理，定期清运，集中收集后全部运至城市垃圾处理站妥善堆放，以减少对环境的影响。为确保施工过程不对河水产生二次污染，清出的淤泥将运送至场区外的指定堆泥场，待污泥去水后经过固化用于路基填筑等。

7.3.2 营运期环保措施

根据运营期环境影响特征，本工程拟采取如下措施：

（1）防止水污染

本工程设计采用雨、污分流系统。雨水经留泥井自流入自然水体，污水经收集接入化粪池初步处理后排入市政污水管网，最终接入城市污水处理厂处理。

（2）振动及噪声控制

各种室外设施设备安装时，在设备与基础的连接处，设置橡胶垫圈等隔振措施，有效降低振动产生的噪声。

（3）防止固体废弃物污染

在公共区域应设置分类垃圾桶，由卫生保洁人员随时进行垃圾的分类回收、分类运输、分类处置，最终达到无害化处理。

7.4 环境影响评价小结

本项目的建设不会对原有环境状况造成较大的负面影响，在对相关污染物进行处理后可基本消除较大污染。

项目建成、经所采取的污染物防治措施后，生活污水经生化处理达到一级标准排入城市污水管网，废水中主要污染物大幅度减少，对地表水及周边生态环境影响不大；生活垃圾通过区域卫生保洁人员定期收集，清运到指定垃圾处理场，对区域内的环境影响不大。

第8章 节能专篇

8.1 节能依据

国家相关法律法规政策文件。

8.2 项目节能措施

8.2.1 节能措施

（1）总图布置节能

总平面布置节能首先要关注路线的合理走向，要因地制宜，充分利用地形地势特点，满足规划及使用要求，并与周边环境协调，尽量减少土石方工程量，同时兼顾到工程管线的敷设，保障使用合理。在符合有关规范要求下，布置紧凑，节约用地。

（2）环境设计节能

创造对节能有利的微气候条件，合理布置绿化种植面积。在人行道、游步道等场地用透水砖铺设，可消除地面积水，防止路面打滑，又由于其保水功能，在气温上升时能够得到路面的汽化吸热效果，减轻热岛效应。

（3）建筑材料节能

建筑材料采用清洁生产技术、有利于环境保护和人体健康的建筑材料，少用天然资源和能源。尽量采用可降解和可回收再生材料。尽量采用预拌混凝土、高强度钢。建筑设计选材时考虑材料的可循环使用性。

（4）给水排水节能措施

绿化浇灌、场地冲洗、道路清洁用水取自附近水域。生活给水管和排水（雨水）管尽量采用塑料管。给水龙头以及卫生洁具均采用节水型产品，水泵采用节能产品。

区域内污废水采用人工生态绿地处理污水系统，把传统的污水处理与生态绿化相结合，通过植物吸收和好氧、厌氧、间氧反应及过滤协同处理，达到中水的水质要求回用。

(5) 电气节能措施

合理确定各变配电所的位置、容量，尽量做到高压供电线路深入负荷中心，正确选择导线截面、线路的敷设方案，降低配电线路的损耗。采用箱式变电站为路灯提供 380V/220V 低压电源，在每台箱式变电站内设路灯专用智能节能调压装置。正确采用无功功率补偿、调节谐波措施，提高供电系统的功率因数。选择节能设备，减少设备本身的能源消耗。执行绿色照明工程，采用高效节能光源。

区域内景观照明采用计算机智能照明控制系统，合理分配和控制开关灯时间，既延长了灯管的使用寿命，又有利于节约电能。

8.2.2 节能管理

道路照明控制系统采用手动和自动两种控制方式。在道路运行期间考虑定期清扫和维护灯具，可以大大提高光源光通量利用率，实现运行期间照明系统上的管理节能。

8.3 项目节能分析小结

本项目为达到节能、环保的目标，在设备选型方面，严格执行国家标准、规范。项目积极选用高效能的设备、材料和技术方案，符合国家相关的节能要求。本项目道路照明系统中选择环保、节能的 LED 路灯，具有高效、安全、节能、环保、寿命长、响应速度快、显色指数高等独特优点，广泛应用于城市道路照明。

本项目不采用国家强令禁止或淘汰的落后工艺、设备，在节能措施中积极采用新工艺、新技术、新产品，以达到节能效果。建议项目单位在后期的管理中健全能源管理制度，采用智能控制系统以及定期进行设备维护，以促进项目节能工作的顺利开展。

第9章 劳动安全卫生与消防

9.1 指导思想

以科学发展观和构建和谐社会为指导，坚持安全第一，预防为主，综合治理；坚持安全施工，以保障项目施工人员的生命财产安全为根本出发点，以遏制重特大事故为重点，以杜绝人员伤亡为目标，倡导安全文化，健全项目安全管理制度，落实安全责任，建立长效的安全机制；坚持安全消防与建筑工程同时设计，同时施工，同时投入使用。

9.2 劳动安全

9.2.1 建立劳动安全管理制度，加强劳动安全教育

项目实施期内，要求所有施工企业应具备相应的资质条件，并对法人实行责任管理制，各企业必须建立劳动安全管理制度，加强劳动安全教育。

9.2.2 编制劳动保护措施，并落实

所有施工企业必须编制劳动保护措施，并落实。如劳动及安全保护用具、劳动安全保险购买、劳动者持特种行业上岗证；编制施工工艺流程，并加以监督；配备专职安全监护员；施工完应断电断气。

9.3 职业安全卫生健康对策与措施

9.3.1 安全施工保障措施

(1) 选择先进、经济、节能、高效的安全技术、材料、工艺和设备，保证施工过程的

安全，从源头上消除事故隐患。

(2) 对危险源进行有效控制，事故隐患得到有效治理。

(3) 建立项目安全生产监管体系，创新安全生产监管方式和手段，提高安全生产监管执法装备水平和执法能力。

(4) 建立健全项目安全施工应急救援体系。

(5) 建立安全施工责任制，健全安全施工规章和操作规程。

(6) 项目的安全设施应与建设工程同时设计、同时施工、同时投入使用。

9.3.2 职业卫生健康对策与措施

(1) 项目的工作场所，应当符合国家职业卫生要求。

(2) 建立和完善职业卫生监督检查机制，配备必要的专业监督和检查装备。

(3) 研究、推广先进的职业危害控制技术，采用职业安全健康管理体系，促进项目职业卫生状况的改善。

(4) 落实有关规章制度和职业危害防治与整改措施。

(5) 加强从业人员的劳动保护、有效防止职业危害。

(6) 建设项目的职业病防护措施应与建设项目工程同时设计、同时施工、同时投入使用。

9.4 消防工程

(1) 本项目以室外消防为主。系统设计执行《建筑设计防火规范》GB 50016—2014 (2018年版)。

(2) 消防用水水源：室内外消防系统水源取自城市给水管网，室外消火栓最大消防水量 25L/s，灭火时直接从室外消火栓取水。

(3) 管材小于等于 $DN100$，采用内外壁热镀锌钢管，丝接。大于 $DN100$，采用内外壁热镀锌无缝钢管，沟槽式连接。

(4) 根据《建筑灭火器配置设计规范》GB 50140—2005，在建筑各层相应部位设置干粉手提式灭火器。

(5) 消防外援由建设方和当地消防部门协商解决。

第10章 组织结构与管理

10.1 组织机构

本项目建议成立项目管理处，设主任、副主任各一名，内设办公室、保安部、管理部、后勤服务中心。

10.2 人力资源配置

本项目人力资源配置由建设单位根据项目需要现场安排。

10.3 人员培训

通过招聘的职工，必须根据岗位技术要求，采取请进来、送出去的办法对职工进行培训，聘请专家到项目地讲授或送到外地同类单位培训学习的方式，培训时间可根据不同岗位来确定，经培训后，考核合格者方可上岗。

第11章 项目进度与项目管理

11.1 概述

本项目应在保证项目实施顺利和达到预期目标的条件下合理安排建设周期。实施期间，在保证施工安全、技术可行、可靠、合理的前提下，要做到科学组织，认真调度，尽快完成项目实施。

11.2　建设前期的准备工作

（1）尽快落实前期征地拆迁调查研究；

（2）落实勘察、评估单位；

（3）制定严密可靠、科学的进度计划，并分工负责，落实到人。

11.3　项目进度安排

为了保证项目的实施，应逐项编制项目实施网络计划，监控项目实施进度，做到技术准备、图鉴施工、设备订货、安装调试等各项工作协调一致，按计划进行；环保与项目主体工程"三同时"。

项目建设实施进度安排：结合拟建项目的规模和规划方案，按照项目分析及建设计划的要求，本项目从基础建设到项目竣工验收，总建设周期为 24 个月。

11.4　项目管理

本工程在建设时，采取整体规划、分项施工。实行岗位责任制，对工程质量、实施进度、合同、资金、施工现场等进行管理协调和成本控制。应注意以下问题：

（1）质量管理

从材料、施工等方面加强质量控制，建立和健全质量保证体系，使质量管理工作制度化。通过招标选择有相应资质的监理机构，督促承包单位设专职质量科及质检员，形成质检网络。

（2）进度管理

要求承包单位针对工程特点编制施工方案，合理安排工程进度，采用先进的网络控制技术，按各工序间的先后逻辑顺序组织施工，在严格遵守安全规范的前提下，组织平行流水、交叉作业，以提高效率，控制各工序施工进程，确保工程总进度计划的落实。

（3）合同管理

要体现合同公平、程序公开、公平竞争和机会均等性。实行全过程合同管理，使得每一个分项工程都处于有效的控制之下，确保整个工程的顺利完成。

（4）资金管理

在建设过程中加强工程款的预结算管理，严格控制工程量变更，对项目资金实行分阶段验收报账管理，对不达进度、不合质量标准的工程坚决不予验收和拨付资金。

（5）现场管理

工程施工期间，要确保施工现场有条不紊、文明施工。结合施工现场周边的具体情况，应严格控制施工噪声、施工灰尘对周边环境的影响，对出入施工现场的人员要制定相应的管理制度，以保证施工现场人员的管理得到有效的控制。

第 12 章　项目招标投标

12.1　招标工作依据

国家有关法律法规。

12.2　招标工作原则

招标投标活动应当遵循公开、公平、公正和诚实信用的原则。

12.3 招标组织形式

招标的组织形式有自行招标和委托招标两种形式。考虑本项目建设的复杂性，建议本项目采用委托公开招标，由业主委托经验丰富且信誉良好的招标代理机构负责招标投标工作。

12.4 招标范围

根据《必须招标的工程项目规定》，本项目达到了规定的规模，属于必须进行工程建设项目招标的项目，应对项目建设的勘察、设计、建筑工程、安装工程、监理、设备以及重要材料采购等实行招标。

12.5 招标基本情况

本项目的勘察、设计、施工、监理以及主要设备、材料等采购活动，拟采用公开招标方式，招标基本情况见附表（略）。

12.6 招标投标程序

本项目招标投标程序为：发布招标公告—投标邀请—招标文件—现场踏勘—标前答疑会—正式开标—综合评标—确定中标单位。

第13章 投资估算与资金筹措

13.1 估算范围

本项目投资估算范围包括所涉及的建设内容对应的工程建设费（建筑工程费、设备购置费及安装工程费）、工程建设其他费用、基本预备费、建设期利息等。

13.2 估算依据

国家和省发布的建设工程定额。

13.3 投资估算编制说明

（1）建设单位管理费依据财政部财建〔2016〕504号文计算；

（2）工程咨询费、勘察设计费、招标代理费、建设监理费等，按照国家发展改革委发改价格〔2015〕299号文规定实行市场调节价，本项目按国家以往制定的有关标准暂定；

（3）施工图预算编制费估算取值为工程勘察设计费的10%；

（4）施工图审查费估算取值为工程费的0.2%；

（5）工程建设预备费按工程费用与其他费用之和的8%计算。

13.4 估算结果

本项目总投资估算为45134.67万元。其中工程费用36781.66万元，工程建设其他费用3384.70万元，工程预备费3213.31万元；建设期利息1755.00万元。

项目投资估算详见附表（略）。

13.5 资金筹措及使用计划

资金来源：建设单位自筹18134.67万元，拟向银行贷款27000.00万元，贷款年利率6.5%，贷款年限为3年，其中前2年为宽限期，到期一次性还本。

第14章 财务分析

14.1 财务分析说明

本项目计算期为3年，其中建设期2年，还款期1年。

14.2 财务分析依据

（1）本项目财务评价以原国家计委颁发的《建设项目经济评价方法与参数》（第三版）

为依据；

(2) 本项目成本、效益等方面的财务测算，按财政部颁发的《企业财务通则》和《企业会计准则》的有关规定为依据；

(3) 本项目税金测算，按国家颁发的税种、税目及相关规定为测算依据。

14.3 财务分析与评价

14.3.1 项目经济效益识别分析

(1) 景观楼出售收益

东湖景观二、三期建设景观楼商铺合计 26500m^2，商铺出售单价按照 25000 元/m^2，项目建成后第一年出售 60%，则运营期第一年可产生收益 39750.00 万元。

(2) 停车场收益

东湖景观二期、三期停车场停车位 260 个。停车费单价按照 12 元/天，停满率按照 70% 计算，则年均停车场收益约为 79.72 万元/年。

(3) 农贸市场出租收益

本项目农贸市场面积约为 3500m^2，农贸市场摊位租金单价按照 30 元/(月·m^2)。运营期内年均农贸市场租金收益约为 126 万元/年。

根据测算，项目建成后第一年将产生的收益约为 39955.72 万元。

14.3.2 项目总成本费用估算

本项目的总成本费用包括固定资产折旧、工资福利、修理费、管理费用及财务费用等。

1. 生产成本

(1) 直接工资及福利费

项目设 3 名管理人员和 5 名普通员工，管理人员工资按 8 万元/(年·人) 计算，普通员工工资按 5 万元/(年·人) 计算，直接工资及福利费约为 49 万元。

(2) 制造费用

固定资产折旧采用直线法。

固定资产折旧年限：房屋及建构筑物平均折旧年限按 30 年，机器设备平均折旧年限按 10 年，残值均按 5% 考虑，运营期第一年固定资产折旧 1429.26 万元。

2. 管理费用

停车场场内维护管理费按 5 万元/年计算，商铺出售管理费用按 30 万元/年计算，农贸市场维护管理费按 15 万元/年计算，年管理费用合计为 50 万元。

3. 财务费用

财务费用指向银行借款的利息支出费用，本项目运营期第一年财务费用为 877.50 万元。

根据测算，项目年均总成本费用 2405.76 万元/年，经营成本约为 99 万元/年。

14.3.3 增值税金和附加测算

本项目停车场增值税为收入的 5%，农贸市场租金增值税为收入的 10%，城市维护建设税为增值税总数的 5%，教育费附加为增值税总数的 3%、地方教育费附加为增值税总数的 2%，所得税税率按 25% 计算。年均税金及附加 18.24 万元，年均所得税 9382.93 万元。

14.3.4 利润分析

本项目运营期内年平均利润总额为 39838.47 万元，年平均净利润为 30455.54 万元。

14.3.5 项目借款偿还计划

本项目申请银行借款 27000 万元，贷款存续周期为 3 年，前 2 年建设期，各年利息当年还清，至第 3 年偿清贷款本息，项目还本付息共计 27877.50 万元（含建设期利息 877.50 万元，计入项目总投资）（表 9-3）。

还本付息计划表 表 9-3

| 年份 | 建设周期 | 期初贷款余额 | 当期借款 | 当期还本付息 | 其中： | | 年末贷款余额 |
					还本	付息	
第 1 年	建设期	0	13500	438.75	0.00	438.75	13500.00
第 2 年		13500		1316.25	0.00	1316.25	27000
第 3 年	经营期	27000		27877.50	27000.00	877.50	0
合计	—	—	—	29632.5	27000	2193.75	—

14.3.6 偿债能力分析

本项目拟向银行贷款 27000 万元，贷款年利率 6.5%，贷款年限为 3 年，其中前 2 年为宽限期，到期一次性还本。通过计算偿债备付率指标，判断项目的偿债能力。

偿债备付率（DSCR）系指在借款偿还期内，用于计算还本付息的资金与应还本付息金额的比值，它表示可用于还本付息的资金偿还借款本息的保障程度。

本项目偿债备付率大于 1，具备偿债能力。

14.3.7 财务分析评价

经济分析表明，项目建成运营后第一年将产生收益约为 39955.72 万元，净利润为 30455.54 万元。总的来看，项目整体的经济效益较好。项目综合偿债备付率均大于 1，具备良好的偿债能力。因此，从财务角度来看，该项目是可行的。

第 15 章 社会评价

15.1 社会效益分析

（1）本项目的建设改善了城乡居民的生活工作环境，保障人民的生命财产及正常的生产、生活安全，对地区公共基础设施和经济发展都具有重大的促进作用。

（2）地价升值效益：本项目建成后，项目周边环境得到明显改善，必定带来当地地价升值，促进开发增值潜力，产生地价增值效益。

（3）产业效益：本项目的实施，有较促进了城市的扩张，改善了周边农村的人居环境，增加了宜居宜业的优良地段，有利于招商引资，极大地增加产业效益。

15.2 项目对社会的影响分析

15.2.1 对当地居民收入的影响

本项目的建设促进了城市公共服务设施条件的改善，提升了公共服务能力和投资吸引力。公共服务设施的发展与人们日常的衣、食、住、行息息相关，对城市的形象和发展、居民的生活质量影响较大。

本项目建设所带来的社会影响可以通过间接效应和直接效应两个方面反映出来，其中间接效应占主导地位。项目建设对所在地居民收入的影响也包括两个方面：一是直接收入效应。项目建设时，需雇佣当地大量的劳动力，由此产生直接收入效应。二是间接收入效应。本项目建成后，将改善城市环境，大大增加该区域招商引资的吸引力，通过招商引资为当地居民提供就业岗位而获得收入。由此可见，项目对所在地居民收入的影响是积极的。

15.2.2　对所在地不同利益群体的影响

项目的利益相关群体主要包括：（1）当地政府；（2）项目承办单位；（3）项目所在地居民；（4）规划设计单位；（5）施工建设单位；（6）工程评估、审计等相关单位。在上述不同利益群体中，均为项目受益群体。

15.2.3　对文化、教育、卫生的影响

本项目能够增加当地公共服务设施资源，提升当地配套公共设施的服务水平，促进当地市政公用事业的发展，美化城市环境。同时，对这一地区未来的文化教育事业发展将会产生积极影响。

15.2.4　对所在地基础设施和公共服务的影响

项目建成运营后，将促进周边道路、供电、供水、通信等基础设施的需求和建设，改善本地基础设施和公共服务。项目本身即为配套公共服务设施项目，项目的建成能够进一步完善当地基础设施和公共服务设施水平，加快周边项目的开发进程和城市发展。

15.2.5　对经济发展及就业的影响

本项目的建设，能带动相关产业的发展，增加周边招商引资项目的吸引力，对刺激经济发展，适应现阶段国家经济的飞速发展进程，具有积极意义。同时还能提供大量的就业岗位，直接的就业是建设施工阶段的就业以及投产后营运过程中的就业。

15.2.6　对居民生活的影响

项目的建设，改善了地区基础设施和公共服务，优化了区域环境，提升了城市形象。良好的生活环境，使得人民群众的精神面貌焕然一新，人民群众的精神生活质量大大提高，当地居民更加安居乐业。

15.3　项目与社会的互适性分析

15.3.1　利益群体对项目的态度及参与程度

分析预测与项目直接相关的不同利益群体对项目建设和运营的态度，选择可以促使项目成功的各利益群体的参与方式，对可能阻碍项目存在与发展的因素提出防范措施。

项目已经得到了当地政府、相关企业及当地居民的广泛认可，对本项目建设表示支持。

15.3.2　地区文化技术对项目的适应程度

项目由于对当地居民就业、收入和公共服务设施的促进作用而得到当地群众的接受，项目的规划设计充分融合了当地文化元素，并且无特殊的文化和技术要求，与当地文化技术能够相互适应和协调发展。

15.3.3　项目承担机构能力的适应性

项目承担机构均为专业管理部门，有较丰富的项目建设管理经验。但由于本项目规模较大，涉及面广、建设期较长，需要承担机构加强能力建设，制定周密可行的实施方案和应急方案，以加快建设进度，降低运营成本。

15.3.4　各级组织对项目的态度及支持程度

本项目得到了当地政府部门的大力支持。当地政府表示，愿意为本项目的建设提供交

通、电力、通信、供水等基础设施条件。

15.4 项目对公平的影响

从宏观上看,通过项目运作,能够改善当地经济状况和发展基础,为当地经济社会发展奠定良好的基础,因此,项目能够缩小当地与发达地区的贫富差距。

从微观上看,项目为当地普通劳动者提供大量的就业机会,吸纳农村富余劳动力、城镇下岗职工就业,增加其收入,缩小当地居民间的贫富差距。

综上所述,项目对社会公平具有积极的促进作用。

15.5 社会评价结论

从以上分析可以看到,本项目建设具有良好的社会效益,项目得到了当地政府、相关企业及当地居民的认可,社会风险较小,因此,从社会评价的角度来分析,本项目建设是可行的。

第16章 风险分析

16.1 风险分析概况

本项目的风险分析过程总体分为三个阶段:风险辨识、风险估计和风险评价。

16.2 项目风险因素识别

本项目属于公共设施项目,其目标定位符合国家和地方政策,可能的主要风险因素包括:

(1) 市场风险

因宏观经济波动、区域发展缓慢等原因,可能导致项目使用率不高,设施闲置,生态景观不能发挥社会效益。

(2) 技术风险

主要指工程技术不先进、技术采用不合理引起的工程问题造成的损失。

(3) 工程风险

主要指工程地质条件、水文气象条件和工程设计本身发生重大变化,导致工程量增加、投资增加、工期拖长所造成的损失。

(4) 资金风险

主要指资金来源中断或供应不足,导致建设成本增加和建设周期拖延,给建设和生产运营造成的损失。

(5) 外部协作风险

主要指投资项目所需要的供水排水、供电供气、通信、交通等主要外部协作配套条件发生重大变化,给建设和生产运营带来的困难。

(6) 管理风险

施工组织管理或项目运营管理不科学不合理导致的各种损失。

(7) 社会风险

由于项目建设对社会产生的不良影响而带来的社会冲突、社会动荡等风险,主要包括征地拆迁、与用地范围内已建设施所有者的衔接等。

16.3 风险评估

风险评估采用专家评估法。主要风险因素水平水平评估如表9-4。

主要风险因素水平　　　　　表 9-4

主要风险因素	高	较高	中	较低	低	说　明
1. 市场风险				✓		项目能充分利用乐平市在生态环境方面的优势，风险较低
2. 技术风险						
2.1　先进性				✓		项目所采用的工程技术成熟、使用、可靠
2.2　实用性				✓		
2.3　可靠性				✓		
2.4　可得性				✓		
3. 工程风险						
3.1　工程地址			✓			项目条件基本满足工程建设需要，但仍需关注一些建筑设施对地质的特殊要求
3.2　工程量				✓		具有可控性
3.3　工程组织				✓		进行科学规范的工程组织
4. 资金风险						
4.1　资金来源中断			✓			项目属重大基础设施项目，需要政府政策的大力支持
4.2　资金供应不足			✓			
5. 外部协作风险						
5.1　交通运输				✓		
5.2　供水				✓		项目具有较好的外部协作条件
5.3　供电				✓		
6. 管理风险				✓		对项目运营管理人员进行严格培训，借鉴成熟经验，风险较低
7. 社会风险				✓		项目建设深受当地居民欢迎，社会风险较小

16.4　降低风险的主要措施

（1）加强项目承办单位队伍建设和能力建设，制定和优化工作计划，建立严格的责任制。

（2）加强资金筹措力度，确保建设资金及时到位，编制资金使用计划，严格控制投资。

（3）工程建设方面，加强与规划设计单位联系，降低因双方沟通不及时或不力造成的设计频繁变更；对规划设计方案进行专家评审，及时发现问题；加强项目管理，健全招标投标制度，优中选优，精心组织承包方施工；加强与施工承包方的协调沟通，帮助其提高工作效率；加强监理工作；健全工程监督机制与责任机制，杜绝因责任心不强或谋私动机引起的材料不合格现象。

（4）通过加强内部管理、资金管理、招标投标管理等降低建设成本。

第 17 章　结论与建议

17.1　结论

本项目的建设符合当地城市总体规划。

项目的建设是改善城市生态环境的重要体现。项目建设采取合理的规划布局和设计方案，注重消防、安全、环保、节能等配套措施，技术上具备较强的可操作性。

本项目的组织管理机构、项目进度计划均有合理安排，对项目存在的有关风险制定有相关措施和对策。

项目资金来源为建设单位自筹及银行贷款。项目建设具有生态环境效益显著，社会效益明显，建设方案稳妥、先进，投资合理、资金来源可靠等特点，项目建设形成的固定资产属于建设单位名下，可用于抵押，项目具有可行性。

本项目建成运营后，可以获得较好的经济效益，同时还将带动建设单位名下土地升值，产生较好的经济效益。

该项目符合城市总体发展规划，技术上是可行的，经济上是合理的，建成后能够产生非常显著的环境效益和社会效益。因此，该项目建设是非常必要的，也是十分可行的。

17.2　建议

（1）项目主办方应积极做好各项前期工作，抓紧落实相关配套资源，认真开展施工前的设计、招标等工作。引入竞争机制，通过招标投标择优选择施工企业、监理单位等，以保证工程项目的质量和进度，使之按预期计划进行，并满足可研报告中预期的目标。

（2）项目为基础设施建设项目，且需要较大的资金投入。建设单位应积极争取国家相关扶持政策或优惠条件，以减轻资金压力。另外，建设单位应精心安排好工程进度计划，注意保证资金按期足额到位，以确保项目的顺利实施和生态环境效益、社会效益的尽快实现。

（3）项目为生态景观及城镇基础设施建设工程。因此，需要按照统一规划，配套建设的原则，认真编制工程建设的详细规划和实施计划，使项目达到生态、美观、实用的标准。

（4）项目建设时要注意项目的施工安全和消防安全，注意环境保护。工程建设一定要按照国家标准进行设计、施工，采用合格的材料和工器具，制定科学的施工方案。

第三节　某全过程工程咨询服务招标文件

某市博物馆项目全过程工程咨询服务招标文件

第1章　投标邀请书

（1）某招标公司受某招标人的委托，邀请国内合格的投标人就某全过程工程咨询服务项目进行投标。

（2）项目主要内容：拟新建建筑面积约 3 万 m^2 的市级博物馆及相关配套设施，总投资控制在 3 亿元人民币之内，建设周期约 36 个月。服务内容包括项目的投资咨询、工程勘察设计、工程监理、施工管理、造价咨询、项目管理等全过程工程咨询服务。

（3）报名条件：具备建筑类甲级资信的工程咨询单位或工程设计甲级资质的勘察设计单位、甲级资质的监理单位、甲级资质的工程造价咨询单位（上述任一种资信、资质均符合报名条件）。

（4）报名方式：自即日起至某年某月某日某时前在某市公共资源交易中心网站"全过程工程咨询服务项目招标栏"报名，并上传以下资料的原件扫描件①单位法定代表人授权书，营业执照；②各类资信、资质证书；③单位简介、相关业绩证明材料；④拟派项目负责人简介及业绩；⑤投标委托代理人有效身份证。

(5) 报名经初审合格后，投标人即可在网上下载招标文件，报名及招标文件不收取投标人费用。

(6) 投标人应于某年某月某日某时以前将密封的投标文件送至招标公司，同时将电子版按要求上传至市公共资源交易网（不解密）。逾期送达的投标文件恕不接受。

(7) 开标时间：某年某月某日某时（北京时间）；开标地点：某市公共资源交易中心401大厅。

(8) 凡对此次招标提出询问，请在报名的网站上提出，或以信函、传真形式与招标公司联系。

招标代理机构名称、详细地址、邮编、联系人、电话、传真、开户银行、账号。

第2章 投标人须知

2.1 总则

(1) 投标范围

1) 招标公司就本项目全过程工程咨询服务单位的选择进行公开招标。

2) 中标人应在预定的日期前完成该项目全过程工程咨询服务实施方案的编制。

(2) 合格条件与投标人的资格要求

1) 投标人应为具有法人资格、且满足报名条件所列的资格要求。

2) 为具有被授予合同的资格，投标人应提供令招标人满意的证明材料，证明其符合规定的条件，并具有足够的能力来有效地履行合同。

(3) 投标费用

投标人应承担其投标文件编制与递交所涉及的一切费用。在任何情况下招标人对上述费用均不负任何责任。

(4) 现场考察

本项目不邀请投标人考察现场。

(5) 资金来源

本项目经相关程序批准后，建设资金以政府投资为主，资金有保障。

2.2 招标文件

(1) 招标文件的内容

本招标文件包括投标邀请书、投标人须知、投标方案编制要求、主要合同条款、咨询方案任务书、投标文件格式、附件等。

(2) 招标文件的澄清

要求澄清招标文件的投标人应以书面形式按投标邀请书中的地址通知招标公司。招标公司将对其在投标截止期15天以前收到的要求澄清的问题予以答复。招标公司的答复将在市公共资源交易网上公布，并视为对招标文件的补充材料，各投标人应认真阅读并执行。

(3) 招标文件的修正

1) 在投标截止期10天之前，招标公司可以用修改通知书的方式修改招标文件。

2) 据此发出的修改通知书将构成招标文件的一部分，当两者内容不一致时，以后发的修改通知书为准。该修改通知书将在市公共资源交易网上公布。

2.3 投标文件的编制

(1) 投标文件的语言及计量单位

1）与投标有关的所有文件均应使用中文。
2）与投标有关的所有文件所用的计量单位应是中华人民共和国法定计量单位。
（2）投标文件的组成
投标人所递交的投标文件应包括下述文件：
1）投标书（含附表）；
2）资格审查材料；
3）项目全过程工程咨询服务实施方案。
（3）投标价格
1）所报价格应包含招标文件所要求的可能发生的投资咨询费、勘察设计费、招标代理费、监理费、工程造价咨询费、项目管理费等全过程工程咨询服务费用（工程施工费、材料设备费除外）。报价中各项费用应该单列。投标人具有相应资信资质的项目不再另行招标委托，没有相应资信资质的项目可依法通过招标等方式委托给其他单位，但不得将所有项目全盘转包给其他单位。
2）所有根据合同或其他原因应由投标人支付的税金和其他应缴纳的费用都要包括在投标人提交的投标价格中。
3）固定价格合同：投标人所报的投标总价在合同实施时将保持不变，不受政策性价格的调整而增减。
（4）投标有效期
1）投标文件应在本项目所规定的投标截止期之后开始生效，在投标有效期内保持有效。本项目投标有效期为90天。
2）如果出现特殊情况，招标公司可要求投标人将投标有效期延长一段时间。这种要求和投标人的答复应以书面方式进行。投标人可以拒绝这种要求。同意延期的投标人，不需要也不允许修改其投标文件。
（5）投标文件的格式和签署
1）投标人须按本须知编制投标文件。要求编制正本1份、副本5份，正本与副本如有不一致之处，以正本为准。
2）投标文件均应使用不能擦去的墨料或墨水打印，并视情况由授权的签署人签署。凡有增加或修正之处均应由签署人签署证明。
3）全套投标文件应无涂改和行间插字，除非这些改动是根据招标公司的指示进行的，或者是为改正投标人造成的必须修改的错误而进行的。有改动时，修改处应由投标文件签署人签署证明。

2.4 投标文件的提交
（1）投标文件的装订、密封、包装与标志
1）投标文件应分别单独装订成册，并分开单独密封。
2）投标人必须按照招标公司规定的样式密封与包装。
3）如有违反招标公司要求的装订、密封、包装及标识规定，将导致其投标文件被拒绝。
4）所有投标文件应在投标截止期前将电子版上传至市公共资源交易中心网站，并不得解密。

(2) 投标截止期

投标文件应在本须知所规定的日期和时间前送达规定的地址。

(3) 迟到的投标文件

招标公司在规定的投标截止期以后收到的投标文件，将原封退给投标人。

(4) 投标文件的修改与撤回

1) 投标人可以在招标公司规定的投标截止期之前，以书面通知的形式修改或撤回其投标文件。

2) 在投标截止期后不能修改投标文件。

3) 在投标截止期与投标有效期终止日之间，投标人不能撤回投标文件。

2.5 开标与评标

(1) 开标

1) 招标公司将于本须知规定的时间和地点开标。

2) 开标时招标公司将宣读开标一览表中的内容。

3) 开标后各投标人将上传到市公共资源交易中心网站上的电子文档解密，供评标专家审阅。

4) 开标时合格投标人不足 3 家的，应重新组织招标。

(2) 评标过程保密

在宣布授予中标人合同之前，凡属于投标文件的审查、澄清、评价和比较及有关授予合同的信息，都不应向投标人或与该过程无公务关系的其他人泄漏。

(3) 投标文件的澄清

1) 为了有助于投标文件的审查、评价和比较，在进行本须知规定的评议时，根据需要，可以个别地要求投标人澄清其投标文件。有关澄清的要求与答复应采用书面形式，但不应寻求、提出或允许更改投标价格或投标文件的实质性内容。

2) 如果投标人试图对评标过程或合同授予决定施加影响，则将导致该投标人的投标文件被拒绝。

(4) 投标文件的审查与响应性的确定

1) 在详细评标之前，评标委员会将对每份投标文件进行审查，看其是否实质上响应了招标文件的要求。

2) 下列情况属于重大偏差：

① 投标文件载明的招标项目完成期限超过招标文件规定的期限；

② 明显不符合技术规范、技术标准的要求；

③ 投标文件附有招标人不能接受的条件；

④ 不符合招标文件中规定的其他实质性要求。

3) 凡有下列情况之一者，投标文件作废标处理：

① 评委会在评标过程中发现投标人以他人名义投标、串通投标的；

② 投标截止时间之后送达的投标文件；

③ 未按要求经法定代表人（或正式授权代理人）签字或盖章和未盖法人单位公章的；

④ 不满足招标文件所规定的合格性标准或未提供资格证明文件的；

⑤ 投标文件实质性内容字迹模糊、内容不全的；

⑥ 隐瞒真实情况，弄虚作假的。

(5) 评标

1) 由市公共资源交易中心从省级评标专家库中随机抽取相关专业的 5 名专家组成评标委员会（其中工程咨询 1 人，建筑专业 2 人，造价专业 1 人，监理专业 1 人），并推选出 1 名主任评委负责主持评审工作。评标委员会成员应该严格遵守相关回避制度。

2) 评标采用综合评估法，对投标文件的技术部分、商务部分和价格部分进行综合评价。

3) 技术部分（50 分）

① 实施方案内容：齐全、完整的 8～10 分，基本可行的 5～8 分，不够齐全的 3～5 分；

② 建设思路：思路较好，符合项目实际的 4～5 分，基本符合要求的 3～4 分，一般性的 3 分以下；

③ 建设目标：总投资、进度、质量目标明确的 4～5 分，基本明确的 3～4 分，不够明确的 3 分以下；

④ 设计理念：理念新颖、方案科学的 4～5 分，一般性的 3～4 分，不够清晰的 3 分以下；

⑤ 进度控制措施：措施具体、可行的 4～5 分，一般性的 3～4 分，无实质性内容的 3 分以下；

⑥ 质量（安全）控制措施：措施具体、可行的 4～5 分，一般性的 3～4 分，无实质性内容的 3 分以下；

⑦ 造价控制措施：措施具体、可行的 4～5 分，一般性的 3～4 分，无实质性内容的 3 分以下；

⑧ 重点难点分析：分析描述准确的 4～5 分，一般性的 3～4 分，不够准确的 3 分以下；

⑨ 咨询服务承诺：承诺中肯、操作性强的 4～5 分，一般性的 3～4 分，无实质性内容的 3 分以下。

各评委对技术部分的评分应独立进行，各项最终得分取各评委的平均值。

4) 商务部分（30 分）

① 具有 1 项甲级资信、资质的得 2 分（投资咨询、勘察、设计、监理、造价），该项满分为 10 分。凭资信、资质证书扫描件计分。

② 投标人提供的单位业绩：开标前 3 年承担过类似工程（总投资 3 亿元以上、总建筑面积 3 万 m^2 以上的建筑工程，下同）的投资咨询、勘察、设计、监理、造价咨询业务（以合同原件为准），每项计 2 分，不重复计算，该项满分为 10 分。

③ 项目负责人资格和业绩：具有相关专业高级职称 1 分，具有一级注册资格 1 分（凭资格证书扫描件计分）；承担过类似工程投资咨询、勘察设计、监理主要负责人（以合同原件为准），每项计 1 分，不重复计算；该项满分为 5 分。

④ 团队人员素质：拟派人员（至少 10 人）专业配套（咨询、设计、监理、造价等专业至少各一人具备注册资格）2 分，每缺 1 项扣 0.5 分；具有高级职称占比 40% 以上 3 分，30%～40% 2 分，20%～30% 1 分，20% 以下不计分。凭资格证书扫描件计分。该项

满分为 5 分。

5）报价部分（20 分）

① 本项目投标控制价为某万元，为项目全过程工程咨询服务费（含投资咨询、勘察、设计、招标代理、监理、造价咨询、项目管理费等全部服务费用）。超过投标控制价的为无效标。除总报价外投标人还需分项报价，中标后如需另行委托的项目（如设计、监理等）经招标人同意后，费用从全过程工程咨询服务费中支付。

② 报价得分：

当投标人报价等于或低于所有有效投标人的平均报价时，报价得分＝投标人报价÷所有有效投标人的平均报价×20 分；

当投标人报价高于所有有效投标人的平均报价时，报价得分＝所有有效投标人的平均报价÷投标人报价×20 分。

（6）定标

1）由评标委员会汇总各投标人的技术、商务和报价得分，取得分最高的 3 位投标人排序，得分第一的推荐为第一中标候选人，以此类推，得分相同者以技术部分得分的高低排序，若技术部分得分仍相同则采取公开抽签的办法确定排序。

2）评标委员会依法出具评标报告。招标公司在市公共资源交易中心网站上对评标结果进行不少于 3 天的公示。公示结束后招标人依法确定一家中标人，并在 5 个工作日内向中标人发出中标通知书，同时向未中标人发出未中标通知书。

3）中标人在收到中标通知书后，应在 30 日之内与招标人签订全过程工程咨询服务合同。

第 3 章　全过程工程咨询服务实施方案编制要求

3.1　编制内容（提纲）

（1）总论

1）项目概况。

2）项目建设思路。

3）项目建设总目标。

4）全过程咨询服务范围和内容。

（以上四项内容由招标人提供书面参考材料，各投标人自行完善）

5）设计理念。

6）项目重点难点分析。

7）项目组织机构。

8）咨询服务承诺。

（2）前期工作

1）项目的前期调研。

2）项目建议书的编制。

3）环境影响评价。

4）项目的规划与选址原则。

5）项目可行性研究报告的编制。

6）跟踪项目的立项审批。

7)落实工程勘察设计。

8)办理项目开工前相关审批手续。

(3)勘察设计

1)组织地形测绘。

2)开展工程勘察。

3)设计方案比选。

4)初步设计及审查。

5)跟踪施工图设计及审查。

6)组织设计交底。

(4)工程监理

1)落实监理人员。

2)监理大纲的编写。

3)明确监理责任。

4)监理工作要点。

(5)造价咨询

1)项目策划阶段。

2)工程设计阶段。

3)发承包阶段。

4)实施阶段。

5)竣工阶段。

(6)项目管理

1)项目管理规划。

2)施工招标组织。

3)主要材料设备的选定。

4)施工进度控制。

5)质量(安全)控制。

6)造价控制。

7)文明施工与现场管理。

8)合同管理。

(7)工程验收

1)基桩和复合地基检测。

2)分部分项工程验收。

3)单项工程验收。

4)消防、环保等专项验收。

5)竣工决算与验收。

(8)后续工作

1)工程交付使用。

2)工程档案整理与移交。

3)工程保修。

4）工程后评价。

附：某市博物馆项目建设基本思路及基础资料

第4章 主要合同条款（略）
第5章 咨询方案任务书
5.1 建设方案任务书（略）

5.2 规划设计条件（略）

5.3 用地规划图（略）

第6章 投标文件格式（略）
第7章 附件（略）

第四节 某工程项目后评价报告

某光伏发电项目后评价报告

第1章 项目概况

1.1 基本情况

1. 建设单位基本情况

某市发展改革委于2015年5月对某公司20MWp光伏发电新建工程项目进行了备案，备案确定的项目建设单位为某公司。该公司是一家以煤为主，多业并举的大型综合型企业，公司注册资本为3000万元。

2. 项目基本情况

该项目属新建项目，占地面积约550亩，建设地点位于某区废弃的工业场地。项目于2016年8月正式开工建设，2016年12月完成并网发电。项目安装共74800块270Wp型太阳能电池组件，总安装容量20.196MWp。

主要承建单位有：

勘察单位、场地平整单位、设计单位、施工单位、监理单位、质量监督单位、主要设备供应商（名称略）。

1.2 项目决策要点

1. 项目建设理由

（1）符合可再生能源发展规划和能源产业发展方向

我国能源结构以煤炭为主，在经济快速增长的拉动下，煤炭消费约占商品能源消费构成的75%，已成为我国大气污染的主要来源。由于能源消费的快速增长，环境问题日益严峻，尤其是大气污染状况愈发严重，既影响经济发展，也影响人民生活和健康。随着我国经济的高速发展，能耗的大幅度增加，能源和环境对可持续发展的约束将越来越严重。因此，大力开发太阳能、风能、地热能和海洋能等可再生能源利用技术将成为减少环境污染的重要措施，同时，也是保证我国能源供应安全和可持续发展的必然选择。

根据《中国应对气候变化国家方案》等相关政策文件要求，我国将通过大力发展可再生能源，提高可再生能源在能源结构中的比重，促进可再生能源技术和产业发展，提高可再生能源技术研发能力和产业化水平。到2020年，可再生能源在能源消费中的比重将达到10%，全国可再生能源利用量达到3亿t标准煤。

可再生能源中，利用太阳能发电是最有前景的技术之一。太阳能发电从环境保护及能源战略上都具有重大的意义；从发展看，太阳能光伏发电电源将逐步进入电力市场，并部分取代常规能源。《可再生能源中长期发展规划》等文件中多次提到发展太阳能光伏发电，并提出在太阳能资源充足地区建设大规模并网太阳能光伏发电示范工程。

（2）推进国内光伏并网发电产业的发展

2009年7月以来，国家先后出台了《关于加快推进太阳能光电建筑应用的实施意见》、《太阳能光电建筑应用财政补助资金管理暂行办法》等政策文件。2014年4月省政府印发了《加快推进全省光伏发电应用工作方案》，计划以财政补助的方式推动光伏发电应用示范项目的实施。国内光伏发电应用市场有望得到快速的发展。

本项目的实施，一是落实国家开拓国内光伏市场的政策，促进光伏发电系统在国内的应用；二是为日后大型的光伏发电系统在国内的应用提供参考和借鉴；三是积累光伏发电系统设计、施工和使用的经验，为制定相关国家标准提供参考。

（3）优化区域电源和网络结构，取得经济效益和社会效益

本项目的建设，符合将该市建成"低碳、绿色生态区"的目标。并以此为起点，在区域内建设光伏并网发电及应用推广示范，为城市的经济转型和可持续发展探出一条新路。本项目有利于获取建设经验，有利于提升企业形象，有助于获得社会声誉、提升信任度，取得社会效益，同时可通过出售光伏发电电量给企业和单位带来经济效益。

（4）运用新技术，推动科学技术进步，保护自然资源和生态环境

太阳能是清洁的、储量极为丰富的可再生能源，太阳能发电是目前世界上先进的能源利用技术。建设本项目，不消耗煤、石油、天然气、水、大气等自然资源；亦不产生有害气体、污染粉尘，不引起温室效应、酸雨现象等，可有效地保护生态环境。

项目建成后，与传统火电项目相比，可以大量减少二氧化碳、二氧化硫、氮氧化物、烟尘、灰渣等污染物排放。有助改善当地的大气环境，促进我国的节能减排工作。

（5）选址条件有利

项目选址区域，地势相对平缓、空旷。年平均日照时数1881h。光照充足，完全满足光伏发电采光要求。

2. 项目决策目标

（1）宏观目标

响应国家和省有关号召，进一步推进实施全省光伏发电；实现传统煤炭能源产业向综合清洁能源产业转型，为保护环境作出贡献。

（2）具体目标

盘活大量的荒山废岭闲置土地，本项目总安装容量20.196MWp，综合效率达80%，年均上网发电量为1838.44万度。

1.3 项目建设内容

本项目为地面光伏发电站，总计安装74800块270Wp型太阳能电池组件。主要建（构）筑物包括箱式变压器基础、箱式逆变器基础、电气综合楼和屋外配电装置基础等。

1.4 项目实施进度

本项目计划建设周期为6个月，项目从场地平整至试运行结束共用时11月。因前期

项目用地落实时间较长,导致项目投产期延长。

1.5 项目总投资

本项目初步设计投资概算为16970.35万元,竣工决算审计值为15978.69万元;竣工决算审计值较概算节约991.66万元,节约比例为5.84%。

1.6 项目资金来源和到位情况

项目实际总投资15978.69万元,资金来源主要包括资本金3000万元、银行贷款9500万元以及自筹资金3478.69万元。项目资金来源合法合规,资金到位相对及时,资金使用未对项目工期造成影响。

1.7 项目运行及效益情况

1. 项目运行情况

项目于2016年12月28日首次并网发电,2017年1月16日工程竣工。项目投产至2019年10月,年发电综合效率相对稳定,均达80%以上,达到了初步设计的预期目标。但2017年太阳能总辐照量3909.87MJ/m^2,2018年太阳能总辐照量4184.85MJ/m^2,均小于初步设计文件预测的太阳能总辐照量4429.551MJ/m^2,故项目2017年及2018年的实际发电量均小于初步设计文件预测值。

2. 项目经济效益情况

根据公司提供的2017年、2018年已审财务报表,20MWp光伏发电项目2017年、2018年完成营业收入分别为1552.35万元、2045.45万元,净利润分别为545.82万元、403.59万元。总的来看,项目投产后,项目运营具备一定的营收能力。

1.8 项目后评价依据、主要内容和基础资料

1. 后评价依据

国家和省有关文件。

2. 后评价主要内容

围绕项目的前期决策、建设准备和实施、运营等阶段对项目全过程进行总结与评价;从项目的技术水平、财务及经济效益、经营管理、资源环境效益、社会效益五个方面进行项目的效果和效益评价;以工程建设目标、投资控制目标、经济目标等为内容进行项目目标评价;对影响项目可持续性的内外因素进行分析与评价;对项目实施的过程、效果、目标等进行归纳总结,并得出主要经验和教训;最后提出相关建议。

3. 后评价基础资料

(1) 项目可行性研究报告及备案批复、项目初步设计和概算文件及批复。

(2) 项目工程招标文件、工程合同,项目设计、监理资料与总结报告、项目施工总结报告,项目环境影响评价报告表及批复、环保验收等专项验收报告。

(3) 公司20MWp光伏发电项目运营期生产统计报表、财务统计报表、施工结算报告、审计报告等。

(4) 公司提供的其他项目相关资料。

第2章 项目实施过程总结与评价

2.1 项目前期决策总结与评价

1. 项目立项

2015年2月至2016年2月,省、市有关部门出具立项审批(备案)文件。

2. 可行性研究报告的编制及要点

2015年2月，省电力设计院编制了《某公司20MWp光伏发电新建工程可行性研究报告》。

可行性研究报告的结论要点：

（1）项目属于《产业结构调整指导目录（2013修正版）》中的鼓励类第五条新能源中第1款"太阳能热发电集热系统、太阳能光伏发电系统集成技术开发应用、逆变控制系统开发制造"，符合国家的产业政策要求。项目是对省人民政府印发《加快推进全省光伏发电应用工作方案》的响应。项目属于重点鼓励发展的产业，是省能源集团向综合清洁能源产业转型的方向之一。

（2）项目建于废弃工业广场，盘活了荒山废岭闲置土地，项目选址符合当地功能区域划分要求，建设区域内未发现珍稀动植物物种，项目所在地区域交通便利，工程地质条件良好，项目采取相应的治理措施后，污染物实现达标排放，对外界环境影响较小，项目选址是可行的。

（3）项目投资金额为16843.56万元，建设工期为6个月（施工期3个月），建设装机容量为20MWp的光伏发电项目，配套建设电站输配电系统、电网接入系统、土建设施、电器控制与综合监测系统等。

3. 前期决策过程评价

（1）项目可研报告编制单位对电池组件选择、光伏阵列安装方式、安装倾角选择、逆变器选型、光伏方阵设计等进行了充分论证选择，建设方案经过比选优化，合理可行，为项目的科学决策提供了依据。

（2）本项目的建设在一定程度上促进了当地经济与社会的发展，在响应省政府《加快推进全省光伏发电应用工作方案》上比较积极，决策正确。

（3）项目的决策基本合理，项目前期其他各项工作开展比较顺利、建设条件得到了较好的落实，项目决策阶段的程序符合国家规定的基本建设程序要求。

2.2 项目实施准备工作与评价

1. 项目勘察设计

（1）项目勘察

本建设项目的勘察由省电力设计院勘测工程公司完成，该公司具有工程勘察综合类甲级资质，在勘察设计经验方面具有强有力的技术保障，确保勘探工作顺利完成。项目勘察单位出具了《岩土工程勘测报告》，认为项目地质上属于相对稳定地段，场地稳定性良好，工程地质条件满足光伏电站的建设条件。

（2）项目设计

本项目发电场区部分的初步设计和施工图设计由省电力设计院负责完成。该院具有电力工程设计、工程勘察综合类、工程总承包、工程咨询、工程监理等多项甲级资质及对外经济技术合作经营权。

2016年8月，省电力设计院完成了本项目初步设计编制。初步设计在项目可研报告的方案设计基础上进行优化设计调整，确定本项目选用74800块270Wp多晶硅太阳能电池组件、采用固定式安装的方式即所有光伏组件均采用固定安装方式、安装倾角选择20°、选用20台1000kW集装箱式逆变器房（含2台500kW逆变器和2台直流柜）、采用分块发电，集中并网的系统设计方案。初步设计批复项目总投资为 16970.35 万元，其中：施工辅助工程 55 万元、设备及安装工程 13164.15 万元、建筑工程 2206.96 万元、其他费用 1213.56 万元、基本预备费 166.4 万元、建设期贷款利息 164.30 万元。2016 年 9 月 6 日，完成了本项目的全部施工图设计。

2. 项目采购招标情况

（1）EPC 总承包方招标

公司委托招标代理机构负责项目 EPC 总承包招标事宜，招标方式采用公开招标。招标范围：20MWp 分布式光伏发电项目勘察、设计、采购及施工全过程工程总承包。

（2）场地平整招标

公司发布本项目场地平整标段招标公告，明确项目场地平整标段采用公开招标，通过招标，确定了项目场地平整单位。

（3）监理招标

公司发布了本项目监理招标公告，明确项目监理采用公开招标，通过招标，确定了项目监理单位。

3. 项目开工准备情况

（1）该项目土地采用租用的方式，项目涉及用地主要为租用村级集体土地。项目场地平整于 2016 年 5 月动工，并于当年 9 月完工。

（2）2016 年 4 月取得了项目《施工许可证》。总承包单位于 2016 年 8 月向监理单位提交了工程开工报审表和开工报告，经监理单位和建设单位认可，同意该工程开工建设。

4. 资金筹措

项目采取资本金、银行借贷及股东内部借款相结合的方式进行筹资，实际使用资本金 3000 万元、银行贷款 9500 万元、股东内部借款 3478.69 万元。

5. 实施准备阶段评价

（1）项目准备阶段工作符合建设流程要求。项目认真按照建设程序执行，落实管理机构、按照要求开展招标投标工作、办理相关开工手续，项目开工手续基本完备。工作程序总体符合要求。

（2）项目 EPC 采购内容与实际执行存在一定的差别，实际上成了 PC 招标，EPC 总承包概念理解上有较大偏差。项目招标秩序颠倒，将项目场地平整招标置于项目 EPC 总承包招标之后，在一定程度上影响了项目的整体建设进度。

（3）项目场地平整耗时 4 个多月，一方面由于天气原因导致；另一方面由于所确定的场地平整单位前期投入的人工、机械数量有限，后期虽增加了机械及管理人员，但管理混乱，机械效率较之前反而下降，施工进度相对滞后。

（4）项目资金来源合法合规，资金到位相对及时，资金使用未对项目工期造成影响。

2.3　项目建设实施总结与评价

1. 合同执行与管理

建设单位分别与总承包单位、场地平整单位签订了施工合同，与监理单位签订了工程监理合同。

场地平整于 2016 年 5 月开始动工，由于受天气影响，主要工程量于 2016 年 9 月完工。

总承包单位于 2016 年 3 月 3 日进驻了施工现场，并于 2016 年 5 月 3 日按合同要求提供了履约保函。由于场地平整施工滞后的原因，总承包方于 2016 年 8 月开始全面动工，并于 2016 年 12 月 28 日项目成功并网送电。2017 年 1 月 10 日，项目通过了市能源局组织的专项验收。至 2017 年 3 月底，光伏发电项目主体工程已全部完成施工，主要设备状态良好，投入正常使用。

合同签订工作按合同管理制度执行，内容完整、审批符合要求。工程建设期间各类合同执行顺利，过程无较大争议，合同总体执行情况良好，未发生合同纠纷。

2. 项目设计变更情况

本项目建设实施的过程中，未发生设计变更。

3. 工程建设进度情况

项目实际建设过程中，土地平整用时 5 个月，项目建设施工用时 4 个月，试运营用时 3 个月。项目从场地平整至试运行结束共用时 11 个月。项目主体工程施工周期控制较好，但项目整体投产时间滞后。

4. 项目投资控制情况

项目投资控制一般分为三个阶段，即项目投资估算控制、投资概算控制、竣工决算控制。

本项目初设投资概算为 16970.35 万元，竣工决算审计值为 15978.69 万元；竣工决算审计值较概算节约 991.66 万元，节约比例为 5.84%。

项目详细投资对比如表 9-5 所示。

实际投资与概算投资、估算投资情况对比表 表 9-5

项目	施工辅助工程	设备及安装	建筑工程	其他费用	基本预备费	建设期利息	合计
实际完成投资	60	13063.04	1903.73	583.73	93	275.19	15978.69
初步设计概算投资	55	13164.15	2206.95	1213.55	166.4	164.3	16970.35
相对初设概算超支（＋）或节约（－）额	5	－101.11	－303.2247	－629.82	－73.4	110.89	－991.66
相对初设增减率	9.09%	－0.77%	－13.74%	－51.90%	－44.11%	67.49%	－5.84%

项目投资组成中各部分的变动原因：

(1) 设备与安装费用实际完成数比概算减少 101.11 万元，主要是设备采用了批量采购模式，该采购模式在一定程度上节省了采购成本。

(2) 建筑工程费用实际完成数比概算减少 303.22 万元。一是排水沟经优化后减少了工程量；二是变电站工程由于逆变等基础钢结构招标时清单工程量较初步设计工程量少；三是综合楼及电气楼单位造价比原概算低，站区围栏比概算要少；四是部分预留工程未实施，场地平整费用比概算减少；五是水保工程量比概算减少。

(3) 其他费用实际发生数比概算减少 629.82 万元。主要是建设管理费、咨询费、评审费、验收费、保险费用大幅降低，职工在本企业内招聘熟练工人，降低了生产培训费用。

(4) 基本预备费仅为场区内红灰厂搬迁，产生 93 万元搬迁费用。

(5) 建设期利息实际发生数比概算增加 110.89 万元，主要是银行贷款时增加贷款手续费 139 万元。

总体来说，本项目投资控制在合理的幅度范围之内，投资控制较好。

5. 工程质量控制情况

（1）项目勘察设计质量控制

本项目勘察和设计单位能够根据国家及相关行业的相关规范、规定和标准开展勘察和设计工作，符合工程的施工及安装要求。勘察和设计单位均参与了工程质量全过程控制，包括但不限于图纸会审及地基验槽、基础及主体工程的验收，能按照国家有关标准进行验收检查，质量行为良好。

（2）施工阶段的质量控制

本项目在各参建单位的共同努力下，按照工程建设相关法律、法规、规程、规范进行施工，在工程建设中严格执行国家有关工程建设标准强制性条文，工程质量始终处于受控状态，从项目开工到工程建成投产，未发生任何质量事故，施工质量满足设计及规范要求，总的来说，工程质量控制良好。

6. 工程监理

监理公司按照监理合同要求组建了该工程项目监理机构，并由有经验的专业监理工程师组成，实行了总监理工程师负责制。

以总监理工程师为首的项目监理部全体监理人员，从工程建设项目的实际出发，贯彻落实有关政策，认真执行有关技术标准、规范和法律法规，以建设质量高、速度快、投资合理的项目工程为目标，以"守法、诚信、公正、科学"为标准，以事前指导、事中检查、事后验收为工作方法，严格履行《建设工程监理合同》中的各项约定，全面开展监理工作。

在对建设单位的服务方面，监理部在不超出监理合同规定的范围内，尽最大可能地满足建设单位提出的要求，努力做好业主的参谋和代理人。

7. 竣工验收与档案管理

（1）竣工验收

2016 年 12 月至 2017 年 7 月，该项目分别通过了消防、环保等单项验收和竣工验收，工程验收质量合格。

（2）档案管理

项目建设期档案管理制度较健全，工程资料较完整，施工单位设立了专门的管理人员，及时对工程资料进行预立案，遵循了档案资料的自然形成规律和成套性的特点，按科学分类、编排有序、便于保管和利用的原则，实现了"边施工、边收集、边整理"的工作目标。市档案局于 2019 年 9 月组织档案专业人员对项目档案进行了专项验收。

2.4 项目运营情况及评价

2.4.1 项目运行情况

（1）项目试运行情况

项目于 2016 年 12 月 28 日并网发电，2017 年 1 月开始试运行，试运行 3 个月。

试运营期间，实际共发电 3084480 度，理论发电量为 3449954 度，实际转换效率为 89.41%，线损率为 2.06%，实际综合转换效率为 87.57%，达到了初步设计预测综合转换率80%目标。

试运营期间的收入合计为356.48万元。

（2）项目投产运行情况

项目投产运营2017年期间（不含试运营期），实际共发电15218910度，理论发电量为18484395度，实际转换效率为82.33%，线损率为1.47%，实际综合转换效率为81.13%。

项目投产运营2018年期间，实际共发电19314540度，理论发电量为23475301度，实际转换效率为：82.28%，线损率为1.38%，实际综合转换效率为81.14%。

项目投产运营期间实际综合转换效率均达到了初步设计预测综合转换率80%目标。但2017年及2018年太阳能总辐照量均小于初步设计文件预测的太阳能总辐照量，故项目两年的实际发电量均小于初步设计文件预测值。

（3）运行期间经济效益

项目投产运营期间，2017年（不含试运营期）的收入合计为1769.48万元，2018年的收入合计为2247.593万元，投产运营两年（不含试运营期）合计收入4017.07万元。

本项目运营期内，各项设施、设备运行正常，未出现重大质量问题。

2.4.2 项目的管理评价

（1）管理机构及生产管理制度建设情况

1）生产管理机构概况

公司设总经理1名，副总经理1名，经营副总1名；生产技术科3名，其中科长1名，技术员2名；综合管理科3名，其中财务副科长1名，科员1名，保卫副科长1名。

公司生产管理系统设置合理，各职位工作任务安排得体，权责和职责分工清晰明确。

2）生产管理制度建设情况

公司自成立以来，已建立多项安全生产管理制度，满足了企业生产运营的需要，基本做到了有章可循。

（2）人员持证上岗、培训、劳动定员情况

公司现有在岗职工13人，分两个部门：综合管理科、生产技术科。生产科7人多次经总承包单位进行现场操作培训，有6人在国家电网经过培训并已取得调度系统运行值班合格证书。

2.4.3 项目设计能力实现情况

本项目设计建设规模为20MWp，实际装机容量20.196MWp，年设计平均发电量1838.44万kWh。2017年实际共发电18303390度，2018年实际共发电19314540度，2019年1月至10月实际共发电15472170度。项目正式运营至今的实际综合转换率均大于设计估算的80%，基本实现达产。

2.4.4 项目运营管理的评价

公司生产各项工作准备充分，组建了专业的生产运营管理团队，设置了相应的职能部门及各种生产管理规章制度，组织各岗位员工进行现场操作培训及国家电网培训并取得调度系统运行值班合格证书，为项目顺利投产提供了有力的人力保障。项目运营基本实现达产，但辐照度较预期减少，且项目区域有一定阴影，最终导致项目实际发电量较预期减少。

第3章 项目效果及经济效益评价

3.1 项目技术水平评价

3.1.1 发电方式对比分析

目前,发电方式大体可以分为:火力发电、水力发电、风力发电、核能发电及太阳能发电等。各发电方式工艺对比如表9-6所示。

各发电方式工艺对比表 表9-6

发电方式	简 介	优 点	缺 点
火力发电	火力发电一般是指利用石油、煤炭和天然气等燃料燃烧时产生的热能来加热水,使水变成高温、高压水蒸气,然后再由水蒸气推动发电机来发电的方式的总称	火力发电是发电方式中历史最久的,也是最重要的一种,故火力发电的技术成熟,成本较低,对地理环境要求低	污染大;大型热电厂的热能利用率只能达到60%~70%,这种发电方式耗能大,效率低;且使用的矿物燃料资源越来越少
水力发电	水力发电是通过构筑物来集中天然水流的落差,形成水头,并以水库汇集、调节天然水流的流量,当水流通过水轮机时,水轮机受水流推动而转动,水轮机带动发电机发电,机械能转换为电能	水力发电是再生能源,对环境冲击较小,发电效率高达90%以上,发电成本低,发电启动快,数分钟内可以完成发电,调节容易,单位输出电力之成本最低	单机容量因地形、水力资源等的限制无法建造太大的容量;水力发电虽然厂用设备投资不高,但是在建厂初期,要开山筑坝,安顿大量移民工作,因此建厂初期投资费用较高;水力发电站一旦建成,由于地形、水电资源、技术等方面的因素很难对其进行扩建;对生态环境有一定的负面影响
风力发电	风力发电的原理是利用风力带动风车叶片旋转,再透过增速机将旋转的速度提升,来促使发电机发电	清洁,环境效益好;可再生,永不枯竭;基建周期短;装机规模灵活	噪声,视觉污染;占用大片土地;不稳定,不可控;目前成本仍然较高;影响鸟类
核能发电	核能发电利用铀燃料进行核分裂连锁反应所产生的热,将水加热成高温高压的水蒸气,水蒸气推动汽轮发电机发电	核能发电不会排放巨量的污染物质到大气中,不会造成空气污染;核能发电不会产生温室效应的二氧化碳;核燃料能量密度比起化石燃料高上几百万倍,故核能电厂所使用的燃料体积小,运输与储存都很方便	核能电厂会产生高低阶放射性废料,必须慎重处理;核能发电厂热效率较低,核能电厂的热污染较严重;核能电厂投资成本太大,电力公司的财务风险较高
太阳能发电	太阳能发电有两大类型,一类是太阳光发电(亦称太阳能光发电),另一类是太阳热发电(亦称太阳能热发电)。太阳能光发电是将太阳能直接转变成电能的一种发电方式;太阳能热发电是先将太阳能转化为热能,再将热能转化成电能,它有两种转化方式	太阳能到处都有,可直接开发和利用,且无须开采和运输;开发利用太阳能不会污染环境,它是最清洁能源之一;每年到达地球表面上的太阳辐射能约相当于130万亿t煤;太阳的能量是用之不竭	不稳定性:由于受到昼夜、季节、地理纬度和海拔高度等自然条件的限制以及晴、阴、云、雨等随机因素的影响。效率低和成本高:目前太阳能利用的发展水平,有些方面在理论上是可行的,技术上也是成熟的。但有的太阳能利用装置,效率偏低,成本较高

3.1.2 项目光伏发电生产工艺流程

项目光伏发电是通过光伏阵列将太阳能辐射能量转换为直流电能,通过汇流箱(直流配电箱)传送到与之相连接的逆变器的直流输入端;逆变器采用MPPT(最大功率追踪技术使光伏阵列保持最佳输出状态，同时将直流电能转换成为与电网频率和相位均相同的交流电能，符合电网地面发电的要求；逆变器发出的交流电能直接进入光伏电站交流配电柜后并入当地电网用电系统。

3.1.3 项目技术水平评价

本项目总体设计布局合理，项目施工图设计在可研方案设计的基础上进行优化设计后，最终仅用 430 亩左右的土地完成了整个 20MWp 光伏组件的安装，比可研设计方案要求的 560 亩节约土地 23%。项目的生产技术方案成熟合理，工艺设备安全、可靠，能够满足生产需求。

3.2 项目财务经济效益评价

本项目经济评价方法按国家计委和建设部颁布的《建设项目经济评价方法与参数》（第三版）有关规定及现有财税制度，从财务角度分析、计算本建设项目的财务效益、费用和相关评价指标。本项目计算期设定为 26 年，其中建设期 1 年，运营期 25 年，本项目基准收益率设定为 $i_c = 7\%$。

3.2.1 项目的主要经济指标分析

（1）营业收入估算

项目的营业收入主要来源于两部分：一是根据电站核准的电量、电价计算得到的电费收入；二是根据电站核准的电量及省内对光伏发电项目的补助政策计算得到的电费收入。本项目运营收入测算见附表（略）。

（2）成本费用估算

本项目建成后，项目总成本费用包括电费、维修费、工资福利、折旧摊销（采用直线折旧法计算，残值率为 3%）、管理及其他费用等，本项目总成本费用及预测见附表（略）。

（3）财务费用

本项目的借款及偿还财务测算见附表（略）。

（4）项目利润估算

本项目年平均利润总额为 407.52 万元，平均净利润总额为 323.61 万元。项目利润见附表（略）。

3.2.2 财务分析评价

（1）本项目投资现金流量见附表（略）。

项目税前财务净现值为：$FNPV(i_c = 7\%) = 1208.67$ 万元

项目税后财务净现值为：$FNPV(i_c = 7\%) = 40.05$ 万元

（2）财务内部收益率（FIRR）

项目税前财务内部收益率为：$FIRR = 8.03\%$

项目税后财务内部收益率为：$FIRR = 7.04\%$

（3）投资回收期（Pt）

本项目税前投资回收期为 10.04 年，税后投资回收期为 10.74 年。

3.2.3 项目财务评价结论

经财务测算分析，项目投资财务内部收益率（税前）为 8.03%，投资财务内部收益率（税后）为 7.04%，均大于设定的基准收益率 7%；财务净现值（税前）1208.67 万元，财务净现值（税后）40.05 万元；项目投资回收期（税前）10.04 年（含建设期），项目投资回收期（税后）10.74年（含建设期）。综上所述，项目财务效益高于行业标准，可以实现项目的财务目标。

第4章 项目环境和社会效益评价

4.1 项目环境效益评价

4.1.1 项目环境基本情况

项目所在区域属于江南丘陵地区，以丘陵地貌为主，地带性土壤主要是红壤。地震烈度小于Ⅵ度。项目区域属亚热带季风湿润气候区，主要气候特征为：气候温和、四季分明、雨量充沛、日照充足、霜期较短、作物生产期长。年平均气温17.2℃，极端最低气温－8.6℃，极端最高气温40.1℃。

本项目总投资16248.83万元，环保总投资50万元，占项目投资的0.31%。

环境保护验收意见认为：该项目选址合理，符合产业政策，在主体工程建设期间，环境保护设施做到了与主体工程同时设计、同时施工、同时运行，按照有关要求严格执行"三同时"制度，项目废水、废气、厂界噪声均达标，固体废弃物均得到妥善处理，项目的建设从环保角度考虑是可行的。

4.1.2 主要污染物

（1）废气污染

本项目是光伏发电项目，是将太阳能转换为电能，在转换过程中没有废气排放。对大气环境没有影响。

（2）废水污染

本项目废水污染主要是生活污水。生产工序中不产生污水，其排水任务主要是排除场内大气降水形成的地表径流。

（3）固体废弃物污染

本项目固体废弃物污染主要来自项目运营须更换的废弃电池板及生活垃圾。

（4）噪声污染

本项目噪声污染主要来自变压器、逆变器等。

4.1.3 环保设施落实情况

本项目在建设时进行了环境影响评价，编制了《项目环境影响报告表》，在主体工程建设期间，按照有关要求严格执行"三同时"制度。项目环保设施按环评及批复要求基本建成，验收监测期间，环保设施运行正常。具体情况见表9-7。

环保设施实际建设与环评及批复落实情况对照表　　　表9-7

污染源		环评要求	环评批复要求	实际执行情况
废水	生活污水	生活污水经生活污水处理设备处理后外排	清洗废水和生活污水，建设单位须配套建设污水处理设施，确保废水经处理达标后排放	生活污水经由化粪池处理后达标排放。地表径流经沉淀池沉淀后达标排放
	地表径流	经沉淀池沉淀后达标排放		
噪声		—	环境噪声污染防治，须选用低噪声设备，并对变压器、电容器等产生噪声的设备采取消声、减振等降噪措施，确保噪声达标排放	基本落实

续表

污染源		环评要求	环评批复要求	实际执行情况
固体弃废物	废电池板	电池生产厂家回收利用	该项目生产过程中产生的固体废弃物主要是废电池板、废蓄电池、生活垃圾等，废电池板，废蓄电池属于危险废物，建设单位须按照《危险废物贮存污染控制标准》GB 18597—2001规范设置贮存场地，并委托有资质的单位进行处理处置；生活垃圾等须按"资源化、减量化、无害化"处理处置原则进行分类收集，综合利用和安全处置	基本落实
	生活垃圾	环卫部门统一处理		

4.1.4 环境监测结果

4.1.4.1 水环境监测结果

本项目废水主要来自职工生活中产生的生活污水及地表径流和清洗废水，生活污水经化粪池处理后达标排放，地表径流水经沉淀池沉淀后达标排放。项目废水监测在生活污水排放口设置一个监测点，沉淀池排放口设置一个监测点。

从监测结果可以看出，该项目生活污水各污染物因子排放浓度日均值为：pH为7.68～7.72，化学需氧量为30～41mg/L，氨氮为0.752～0.774mg/L；沉淀池废水各污染物因子排放浓度日均值为：pH为7.09～7.14，化学需氧量为17～20mg/L。均达到了《污水综合排放标准》GB 8978—1996表4中的一级标准。

4.1.4.2 声环境监测结果

本项目噪声主要来源于变压器、逆变器等设备。项目噪声监测结果：

厂区东、南、西、北四面场界噪声的昼间等效声级为41.4～44.1dB（A），夜间等效声级为35.9～37.9dB（A），均低于《工业企业厂界环境噪声排放标准》GB 12348—2008 2类标准。

4.1.4.3 固体废弃物处理结果

本项目的固体废弃物主要来源是厂区生产的废电池板和职工生活产生的生活垃圾。废电池板属于一般固废由电池生产厂家回收利用，生活垃圾由环卫部门统一处理。项目产生的固体废弃物均得到了有效处置。

4.1.4.4 公众意见调查

为了解项目周边公众对项目的建设及其带来的环境问题的意见，对项目周边群众进行了调查。调查表发放20份，收回20份，均为有效表格，从调查结果可以看出：当地100%的居民赞成该项目的建设；100%的人认为有利于本地区经济发展；100%的人认为该工程建成后对周围的环境现状满意；100%的人认为该工程建成后污染治理设施运行情况基本可以接受；100%的人认为厂界噪声无影响；100%的人认为废水、废气污染物排放情况无影响；100%的人认为固体废弃物可以接受。

公众意见调查结果显示，项目周边居民对本项目的建设及其带来的环境问题持认可态度，项目公司需继续加强对环保设施的运行维护管理，确保环保设施稳定运行，废水达标排放，废固妥善处理。项目运营期间无环境污染事故投诉。

4.1.5 环境效益评价

本项目在主体工程建设过程中，能够按照环评及批复文件的要求，执行了"三同时"制度。验收期间，本项目废水、废气、厂界噪声均达标，固体废弃物均得到妥善处理，从环保角度考虑，本项目是可行的。

本项目与传统火电项目相比，可以大量减少二氧化碳、二氧化硫、氮氧化物、烟尘、灰渣等污染物排放。有助于改善当地的大气环境，促进我国的节能减排工作。

4.2 项目社会效益评价

4.2.1 项目建设有利于进一步优化地区能源结构

之前，区域内电力供给主要是由火力发电厂提供，但由于火力发电厂会排放大量的有毒有害气体，对当地的生态环境会造成很大的负面影响。本项目的实施，通过利用当前相对成熟的光伏发电技术，采用高效先进的设备，为当地用户提供清洁高效的电能，有助于提高地区非常规能源的供应比例，优化地区能源结构。

4.2.2 项目建设有利于进一步支撑地区节能减排

太阳能是一种取之不尽用之不竭的清洁可再生能源，太阳能光伏发电的开发利用符合我国节能、环保等各项政策。本项目的实施是光伏并网发电的生动实践，有利于降低常规能源的消耗，降低能源进口依赖度，有利于保护生态环境，实现经济社会的可持续发展，利于进一步支撑地区节能减排。

4.2.3 项目建设有利于进一步推动节约型社会建设

我国正处于工业化、城镇化快速发展的阶段，各地都有极大的生活和生产用电需求，但目前发电主要还是煤，这种以煤为主的能源结构对于环境的污染和生态的破坏毫无疑问是巨大的，不利于国家建设节约型社会。太阳能是一种新型能源，能够减少其他不可再生能源的消耗。本项目的实施是充分利用太阳能发电的重要举措，项目实施有利于推动建设节约型社会。

4.2.4 项目建设有利于进一步增加地方财税收入

从增加地方政府的财政收入来看，本项目稳定运营后，每年能够为当地政府贡献一定的税收。此外，通过带动建筑、建材、发电设备、多晶硅电池等行业的发展也将间接推动地方政府税收收入的增长，推进民生工程的建设。

第5章 项目目标和可持续性评价

5.1 项目目标评价

5.1.1 工程建设目标

（1）投资目标

本项目初设投资概算为 16970.35 万元，竣工决算审计值为 15978.69 万元；竣工决算审计值较概算节约 991.66 万元，节约比例为 5.84％。实际决算投资比批复的初步设计概算投资有所减少，项目投资控制较好。

（2）进度目标

本项目计划建设周期约为 6 个月。实际建设过程中，项目从场地平整至试运行结束共用时 11 月，整体投产时间滞后。项目实际进度偏差主要在于：项目用地范围广，项目用地审批相对复杂，用时较长；项目招标秩序颠倒，将项目场地平整招标置于项目 EPC 总承包招标后,后因天气原因出现项目土地平整时间未能按照计划完成,导致整个项目进度相对滞后。单从项目的实际建设仅用时 4 个月来看,建设用时控制良好。

(3) 质量目标

项目建设期间,项目建设单位建立健全了质量管理体系,较好地履行了对合同规定的履约要求、质量标准落实情况的监督管理职责,未发生重大质量事故。各单位工程竣工验收合格,工程质量目标基本实现。

5.1.2 项目技术目标

本项目总体设计布局合理,项目施工图设计在可研方案设计的基础上进行了优化。项目的生产技术方案成熟合理,工艺设备安全、可靠,工艺布局合理,各项装置满足生产要求,生产指标达到设计要求,具备达产能力。项目技术目标得以实现。

5.1.3 项目经济效益目标

本项目投资财务内部收益率(税前)为 8.03%,投资财务内部收益率(税后)为 7.04%,均大于设定的基准收益率 7%;财务净现值(税前)1208.67 万元,财务净现值(税后)40.05 万元;项目投资回收期(税前)10.04 年(含建设期),项目投资回收期(税后)10.74 年(含建设期)。

经测算,在本报告财务测算假设条件下,项目生命周期内部收益率大于 7%基本收益率,有一定经济效益,经济效益目标基本实现。

5.1.4 项目环境和社会影响目标

项目在主体工程建设过程中,能够按照环评及批复文件的要求,执行了"三同时"制度;环保验收期间,本项目废水、废气、厂界噪声均达标,固体废弃物均得到妥善处理,未对生态环境造成不良影响;项目与传统火电项目相比,可以大量减少二氧化碳、二氧化硫、氮氧化物、烟尘、灰渣等污染物排放,有助于改善当地的大气环境,促进我国的节能减排工作。项目具有较好的环境效益。

项目建设有利于进一步优化地区能源结构、有利于进一步支撑地区节能减排、有利于进一步推动节约型社会建设、有利用进一步增加地方财税收入、有利于土地的综合开发利用。项目建设具有良好的社会效益。

5.2 项目的持续性评价

项目的持续性评价是在对项目建设过程评价、效益评价和影响评价的基础上,通过对项目在未来一定时期内的政府政策因素、管理组织和参与因素、经济财务因素、技术因素、社会文化因素、环境和生态因素等对项目所产生影响进行分析,评价建设项目的运营持续性。

5.2.1 政府政策因素

随着《中华人民共和国可再生能源法》的修正和实施以及《可再生能源发电价格和费用分摊管理试行办法》《可再生能源电价附加收入调配暂行办法》《可再生能源发电有关管理规定》《关于分布式光伏发电实行按电量补贴政策等有关问题的通知》《国家能源局关于进一步落实分布式光伏发电有关政策的通知》等一系列配套政策出台,国内太阳能发电市场得到了国家政策的大力支持。太阳能发电从环境保护及能源战略上都具有重大的意义。从发展看,太阳能光伏发电电源将逐步进入电力市场,并部分取代常规能源。

我国《国民经济和社会发展第十三个五年规划纲要》《可再生能源中长期发展规划》

中多次提到发展太阳能光伏发电,并提出在太阳能资源充足地区建设大规模并网太阳能光伏发电示范工程。

5.2.2 管理、组织和参与因素

公司设立的安全生产管理系统完善、合理,组织机构人员按需设置,机构人员各司其职。为保障项目的安全生产、企业财产和人身安全,建立了一套完整的安全生产管理办法,安全生产管理办法涵盖项目运行规程、设备管理、安全管理及应急预案等。

本项目建设单位完善的安全生产管理办法及生产操作人员熟练的操作技能是项目可持续性的根本保障。

5.2.3 经济财务因素

从项目的财务分析显示,在国补和省补均能按期支付的情况,项目税前及税后的投资财务内部收益率均大于设定的基准收益率7%;税前和税后财务净现值均大于零;项目税前和税后投资回收期均达到了行业平均水平,项目运营具有一定经济效益,项目运营收入可以如期偿还贷款和满足项目管理成本支出,项目经济财务因素基本能够满足本项目的可持续要求。

5.2.4 技术因素

光伏发电是利用半导体界面的光生伏特效应而将光能直接转变为电能的一种技术。主要由太阳电池板(组件)、控制器和逆变器三大部分组成,主要部件由电子元器件构成。项目采用的生产技术方案成熟合理,工艺设备安全、可靠,工艺布局合理,各项装置达到了设计要求。

5.2.5 社会文化因素

项目建设场地位于某市某镇,该镇经济过去以煤炭生产、加工为主,属老工矿型集镇。通过产业结构调整,形成以建材、电瓷、化工产品、玻璃制品、汽车配件和煤炭生产等为主的工业体系。近年来,群众生产生活条件得到不断改善,经济社会发展不断跨越。

本项目的建设占用了部分村镇土地,在项目建设过程中都得到了妥善处理,未对当地居民造成不良影响。项目运营实施阶段产生的税收,还可在一定程度上支持当地的市政建设,提高居民的生活水平。本项目的实施也能增强当地居民对光伏发电的认识和了解,提升居民的生态环保意识。从本项目的问卷调查情况来看,当地居民对本项目的建设认可度较高。社会文化环境对本项目的可持续性是有利的。

5.2.6 环境和生态因素

与常用的火力发电系统相比,光伏发电的优点主要体现于:无枯竭危险;安全可靠,无噪声,无污染排放外,绝对干净(无公害);不受资源分布地域的限制,可利用建筑屋面的优势;无须消耗燃料和架设输电线路即可就地发电供电;能源质量高;使用者从感情上容易接受;建设周期短,获取能源花费的时间短。

项目在主体工程建设过程中,能够按照环评及批复文件的要求,执行了"三同时"制度;环保验收期间,本项目废水、废气、厂界噪声均达标,固体废弃物均得到妥善处理,未对生态环境造成不良影响,项目在环境和生态因素层面的可持续性较好。

5.2.7 项目的持续性评价结论

综合上述因素对项目的持续性分析结果,良好的政策及社会文化环境为本项目的持续性提供了强有力的支持和保障;项目运营产生的经济财务效益良好,出售光伏发电产生的

电量收入可以保证项目运营过程中必要的管理费用支出及贷款本息偿还；项目技术成熟可靠，区域光照相对稳定，未对生态环境造成不良影响，相对传统火电项目，可大量减少有毒有害物质的排放，有助于改善当地的大气环境，保护生态环境。

第6章 项目成功度评价与后评价结论

6.1 项目的成功度评价

本项目后评价工作开展过程中，工作组聘请了行业内相关专家，组织专家现场实地踏勘和查阅相关数据、资料，与项目相关人员座谈，收集相关信息并加以整理分析，最终对项目的15项指标进行了综合评定。

根据后评价工作组评审结果及相应的计分方法（百分制），得出该项目后评价总得分80.43分，项目原定目标基本实现。

6.2 项目的后评价结论

（1）前期立项决策

项目可研报告编制单位对电池组件选择、光伏阵列安装方式、安装倾角选择、逆变器选型、光伏方阵设计等进行了充分论证选择，建设方案经过比选优化，合理可行，为项目的科学决策提供了依据。项目建设符合国家产业政策、土地利用政策和地方发展规划的要求。

项目的决策基本合理，前期其他各项工作开展比较顺利、建设条件得到了较好的落实，决策阶段的程序符合国家规定的基建程序要求。

（2）实施准备阶段

项目准备阶段工作符合建设流程要求。项目认真按照建设程序执行，落实管理机构、按照要求开展招标投标工作、办理相关开工手续。工作程序总体符合要求。但项目EPC采购内容与实际执行存在一定的差别，实际上成了PC招标，EPC总承包概念理解上有较大偏差。项目招标秩序颠倒，将项目场地平整招标置于项目EPC总承包招标之后，在一定程度上影响了项目的整体建设进度。项目的准备工作存在一定的不足，需进一步改善提高。

（3）建设实施阶段

项目建设实施过程中，合同签订内容完整、审批符合要求，工程建设期间各类合同执行顺利、过程无较大争议，合同总体执行情况良好，未发生合同纠纷。建设实施过程未发生设计变更情况。项目土地平整耗时较长，一方面由于天气原因导致；另一方面由于所确定的场地平整单位前期投入的人工、机械数量有限，后期虽增加了机械及管理人员，但管理混乱，机械效率较之前反而下降，施工进度相对滞后。项目实际建设施工进度控制合理。项目整体投资控制情况良好。项目施工单位工程归档资料与监理归档文件资料基本齐全，工程档案管理工作比较规范；项目顺利通过分部分项、单位工程验收、环保验收、安全设施验收、消防验收等相关要求验收。项目档案管理专项验收获得了市、区档案局的批复，电子化档案管理的模式得到了较好运用。

（4）项目运营阶段

公司生产各项工作准备充分，组建了专业的生产运营管理团队，设置了相应的职能部门及各种生产管理规章制度，组织各岗位员工进行现场操作培训，为项目顺利投产提供了有力的人力保障。项目运营基本达到设计要求，但辐照度较预期减少，且项目区域有一定阴影，最终导致项目实际发电量较预期减少。

(5) 项目技术水平

项目的生产技术方案成熟合理，工艺设备安全、可靠，工艺布局合理，项目最终用地430亩，较可研阶段估算用地560亩节约土地23%，各项装置满足生产要求，生产指标达到设计要求，具备达产能力。

(6) 项目财务经济效益

项目投资财务内部收益率（税前）为8.03%，投资财务内部收益率（税后）为7.04%，均大于设定的基准收益率7%；财务净现值（税前）1208.67万元，财务净现值（税后）40.05万元；项目投资回收期（税前）10.04年（含建设期），项目投资回收期（税后）10.74年（含建设期）。项目运营具有一定经济效益。

(7) 项目环境影响

项目在主体工程建设过程中，能够按照环评及批复文件的要求，执行了"三同时"制度；环保验收期间，本项目废水、废气、厂界噪声均达标，固体废弃物均得到妥善处理，未对生态环境造成不良影响；项目与传统火电项目相比，可以大量减少二氧化碳、二氧化硫、氮氧化物、烟尘、灰渣等污染物排放，有助于改善当地的大气环境，促进节能减排工作。

(8) 项目社会效益

项目建设有利于进一步优化地区能源结构、有利于进一步支撑地区节能减排、有利于进一步推动节约型社会建设、有利于进一步增加地方财税收入、有利于土地的综合开发利用。项目建设具有良好的社会效益。

(9) 项目的可持续

良好的政策及社会文化环境为本项目的持续性提供了强有力的支持和保障；项目运营产生的经济财务效益良好，出售光伏发电产生的电量收入可以保证项目运营过程中必要的管理费用支出及贷款本息偿还；项目技术成熟可靠，区域光照相对稳定，未对生态环境造成不良影响，相对传统火电项目，可大量减少有毒有害物质的排放，有助于改善当地的大气环境，保护生态环境。

第7章 项目经验教训及建议

7.1 主要经验教训

7.1.1 项目主要经验

(1) 立足实际，响应政策，理性决策

当地煤炭资源日益枯竭，公司决定向综合清洁能源产业转型，大力发展光伏发电新能源产业符合这一产业转型定位。本项目规模设定，立足了公司现状，抓住了政策时机，进行了充分的可行性论证，并在此基础上做出了理性决策。在项目前期准备工作过程中，程序合规，相关建设手续办理齐全，符合项目建设程序的要求，为今后建设项目提供了操作参考。

(2) 优化设计，节约项目用地

本项目初步设计在批复项目可行性研究报的基础上进行优化设计，将计划选用的255Wp多晶硅太阳能电池组件改选为270Wp多晶硅太阳能电池组件，对光伏阵列的布局进行优化设计，最终仅在430亩左右的土地完成了整个20MWp光伏组件的安装，比批复项目可行性研究报告要求的 560 亩节约土地 23%，该设计优化对项目的成功起着不可或缺的作用。

(3) 科学管理，精准用人

在工程建设期间，公司经常组织开展安全专项检查，推行全面质量管理，建立责任制，重奖重罚。严格按照设计图纸、施工组织设计、操作规程、施工验收规范进行施工，严格执行工序控制，特别是隐蔽工程和重点工序，关键工序设置管理点，步步把关，实行质量动态控制，及时采取措施，预防质量事故的发生。施工期间所有设计文件、监理通知、技术考核、材料检验、技术交底、施工记录、质量检查记录等及时整理归档，使工程实物质量和内业质量双双达标。

本项目整体实施过程采取了 EPC 总承包的建设模式，项目通过公开招标方式择优选择了项目 EPC 总承包单位。严格要求工作人员不仅应满足在技术工作、设计工作、现场建设方面有着多年的工作经历，而且在组织协调能力、沟通能力、对新情况的应变能力、对大局的控制和统筹能力方面均应有出色才能。EPC 项目总承包商保证了各分包商在工程设计、采购、施工管理上的准确衔接，为项目的成功建设提供了强有力的保障。

7.1.2 项目主要教训

(1) 落实项目用地耗时较长

本项目获市发展改革委备案同意，批复项目用地面积约 560 亩，由于用地范围较广，加上林地需报省林业厅审批，因而耗时较长，对工期造成一定的影响。

(2) 项目招标程序控制错乱，影响工期

项目采用 EPC 总承包的方式进行公开招标，招标范围明确涵盖勘察、设计、采购及施工全过程工程总承包。最后确定的 EPC 总承包单位不具备有相应的设计资质，名义上的 EPC 招标，实际上成了 PC 招标，EPC 总承包概念理解上有较大偏差。且在 EPC 招标过程文件中，并未提及将场地平整单独招标，以致在确定项目 EPC 总承包中标方后，还要进行场地平整招标，先后次序颠倒，影响了后期项目的建设进度。

(3) 地方建设环境估计不充分，以致影响项目工期

本项目的 EPC 总承包属于外来企业，对当地环境了解不够。输电线路设计中出现错误，经设计单位与施工单位现场查勘才发现问题，造成局部返工，不仅增加了施工费用，也影响了工期。

7.2 主要对策建议

7.2.1 建设项目实施的建议

(1) 建议在今后筹资建设项目时，应充分做好前期工作的研究对比工作，结合自身优势及发展定位，对项目建设的必要性和可行性进行充分论证，项目可行性研究既要有广度分析，更要有深度和针对性，在充分论证的基础上做出理性的、科学的决策。按照工程建设项目的基本工作流程办理好各项前期相关审批手续，为后续工程建设实施顺利推进提供基础保障。

(2) 建议根据项目基本建设程序，严格按照招标投标的相关法律法规组织招标投标工作，择优选择项目设计、施工、监理等单位，以保障建设工程质量及安全，控制建设成本，提高工程建设整体水平。尽可能协调处理好与地方政府及相关部门的关系，确保项目建设拥有一个稳定、和谐的社会环境。

（3）建议强化企业员工的专业技能，充分利用好现有生产生活条件及外部学习机会，提升自身能力，为项目生产运营提出更为合理有效的建议，降本增效，提升建设项目的整体效益。

（4）建议做到档案的及时、分类、准确归档，并加强项目档案的信息化管理，充分利用信息化技术，便捷高效的管理项目建设归档资料，为项目运营维护提供依据。

7.2.2 行业领域的建议

光伏发电相比于其他发电方式，有着很大的优势，但在南方地区建设光伏发电还存在一定的弊端。

（1）南方地区纬度比较低，光照按理应该较北方多，但南方地区在夏天的日照时间比较短，而北方的日照时间比较长，且南方地区的天气多阴雨，也大大减少了日照的时间。而光伏发电主要还是依赖于光照，光照的多少直接影响着光伏发电量。

（2）光伏发电用的太阳能组件主要为太阳能光伏板，太阳能光伏板的生产成本高，且使用寿命较短，实际产生的经济效益可能比太阳能光伏板的生产成本低，且在太阳能光伏板的生产过程中还会产生一定的污染物，容易造成环境污染，破坏生态。

（3）目前，太阳能光伏发电的投资成本仍较高，用地面积较大，太阳能光伏发电收入主要来源于国家补贴，依赖性太强。

建议对太阳能光伏发电行业因地施策，合理布局开发。

附　　录

附录1：中共中央、国务院关于深化投融资体制改革的意见

（中发〔2016〕18号）
2016年7月5日

党的十八大以来，党中央、国务院大力推进简政放权、放管结合、优化服务改革，投融资体制改革取得新的突破，投资项目审批范围大幅度缩减，投资管理工作重心逐步从事前审批转向过程服务和事中事后监管，企业投资自主权进一步落实，调动了社会资本积极性。同时也要看到，与政府职能转变和经济社会发展要求相比，投融资管理体制仍然存在一些问题，主要是：简政放权不协同、不到位，企业投资主体地位有待进一步确立；投资项目融资难融资贵问题较为突出，融资渠道需要进一步畅通；政府投资管理亟需创新，引导和带动作用有待进一步发挥；权力下放与配套制度建设不同步，事中事后监管和过程服务仍需加强；投资法制建设滞后，投资监管法治化水平亟待提高。为深化投融资体制改革，充分发挥投资对稳增长、调结构、惠民生的关键作用，现提出以下意见。

一、总体要求

全面贯彻落实党的十八大和十八届三中、四中、五中全会精神，以邓小平理论、"三个代表"重要思想、科学发展观为指导，深入学习贯彻习近平总书记系列重要讲话精神，按照"五位一体"总体布局和"四个全面"战略布局，牢固树立和贯彻落实创新、协调、绿色、开放、共享的新发展理念，着力推进结构性改革尤其是供给侧结构性改革，充分发挥市场在资源配置中的决定性作用和更好发挥政府作用。进一步转变政府职能，深入推进简政放权、放管结合、优化服务改革，建立完善企业自主决策、融资渠道畅通，职能转变到位、政府行为规范，宏观调控有效、法治保障健全的新型投融资体制。

——企业为主，政府引导。科学界定并严格控制政府投资范围，平等对待各类投资主体，确立企业投资主体地位，放宽放活社会投资，激发民间投资潜力和创新活力。充分发挥政府投资的引导作用和放大效应，完善政府和社会资本合作模式。

——放管结合，优化服务。将投资管理工作的立足点放到为企业投资活动做好服务上，在服务中实施管理，在管理中实现服务。更加注重事前政策引导、事中事后监管约束和过程服务，创新服务方式，简化服务流程，提高综合服务能力。

——创新机制，畅通渠道。打通投融资渠道，拓宽投资项目资金来源，充分挖掘社会资金潜力，让更多储蓄转化为有效投资，有效缓解投资项目融资难融资贵问题。

——统筹兼顾，协同推进。投融资体制改革要与供给侧结构性改革以及财税、金融、国有企业等领域改革有机衔接、整体推进，建立上下联动、横向协同工作机制，形成改革

合力。

二、改善企业投资管理，充分激发社会投资动力和活力

（一）确立企业投资主体地位。坚持企业投资核准范围最小化，原则上由企业依法依规自主决策投资行为。在一定领域、区域内先行试点企业投资项目承诺制，探索创新以政策性条件引导、企业信用承诺、监管有效约束为核心的管理模式。对极少数关系国家安全和生态安全、涉及全国重大生产力布局、战略性资源开发和重大公共利益等项目，政府从维护社会公共利益角度确需依法进行审查把关的，应将相关事项以清单方式列明，最大限度缩减核准事项。

（二）建立投资项目"三个清单"管理制度。及时修订并公布政府核准的投资项目目录，实行企业投资项目管理负面清单制度，除目录范围内的项目外，一律实行备案制，由企业按照有关规定向备案机关备案。建立企业投资项目管理权力清单制度，将各级政府部门行使的企业投资项目管理职权以清单形式明确下来，严格遵循职权法定原则，规范职权行使，优化管理流程。建立企业投资项目管理责任清单制度，厘清各级政府部门企业投资项目管理职权所对应的责任事项，明确责任主体，健全问责机制。建立健全"三个清单"动态管理机制，根据情况变化适时调整。清单应及时向社会公布，接受社会监督，做到依法、公开、透明。

（三）优化管理流程。实行备案制的投资项目，备案机关要通过投资项目在线审批监管平台或政务服务大厅，提供快捷备案服务，不得设置任何前置条件。实行核准制的投资项目，政府部门要依托投资项目在线审批监管平台或政务服务大厅实行并联核准。精简投资项目准入阶段的相关手续，只保留选址意见、用地（用海）预审以及重特大项目的环评审批作为前置条件；按照并联办理、联合评审的要求，相关部门要协同下放审批权限，探索建立多评合一、统一评审的新模式。加快推进中介服务市场化进程，打破行业、地区壁垒和部门垄断，切断中介服务机构与政府部门间的利益关联，建立公开透明的中介服务市场。进一步简化、整合投资项目报建手续，取消投资项目报建阶段技术审查类的相关审批手续，探索实行先建后验的管理模式。

（四）规范企业投资行为。各类企业要严格遵守城乡规划、土地管理、环境保护、安全生产等方面的法律法规，认真执行相关政策和标准规定，依法落实项目法人责任制、招标投标制、工程监理制和合同管理制，切实加强信用体系建设，自觉规范投资行为。对于以不正当手段取得核准或备案手续以及未按照核准内容进行建设的项目，核准、备案机关应当根据情节轻重依法给予警告、责令停止建设、责令停产等处罚；对于未依法办理其他相关手续擅自开工建设，以及建设过程中违反城乡规划、土地管理、环境保护、安全生产等方面的法律法规的项目，相关部门应依法予以处罚。相关责任人员涉嫌犯罪的，依法移送司法机关处理。各类投资中介服务机构要坚持诚信原则，加强自我约束，增强服务意识和社会责任意识，塑造诚信高效、社会信赖的行业形象。有关行业协会要加强行业自律，健全行业规范和标准，提高服务质量，不得变相审批。

三、完善政府投资体制，发挥好政府投资的引导和带动作用

（五）进一步明确政府投资范围。政府投资资金只投向市场不能有效配置资源的社会公益服务、公共基础设施、农业农村、生态环境保护和修复、重大科技进步、社会管理、国家安全等公共领域的项目，以非经营性项目为主，原则上不支持经营性项目。建立政府

投资范围定期评估调整机制,不断优化投资方向和结构,提高投资效率。

(六)优化政府投资安排方式。政府投资资金按项目安排,以直接投资方式为主。对确需支持的经营性项目,主要采取资本金注入方式投入,也可适当采取投资补助、贷款贴息等方式进行引导。安排政府投资资金应当在明确各方权益的基础上平等对待各类投资主体,不得设置歧视性条件。根据发展需要,依法发起设立基础设施建设基金、公共服务发展基金、住房保障发展基金、政府出资产业投资基金等各类基金,充分发挥政府资金的引导作用和放大效应。加快地方政府融资平台的市场化转型。

(七)规范政府投资管理。依据国民经济和社会发展规划及国家宏观调控总体要求,编制三年滚动政府投资计划,明确计划期内的重大项目,并与中期财政规划相衔接,统筹安排、规范使用各类政府投资资金。依据三年滚动政府投资计划及国家宏观调控政策,编制政府投资年度计划,合理安排政府投资。建立覆盖各地区各部门的政府投资项目库,未入库项目原则上不予安排政府投资。完善政府投资项目信息统一管理机制,建立贯通各地区各部门的项目信息平台,并尽快拓展至企业投资项目,实现项目信息共享。改进和规范政府投资项目审批制,采用直接投资和资本金注入方式的项目,对经济社会发展、社会公众利益有重大影响或者投资规模较大的,要在咨询机构评估、公众参与、专家评议、风险评估等科学论证基础上,严格审批项目建议书、可行性研究报告、初步设计。经国务院及有关部门批准的专项规划、区域规划中已经明确的项目,部分改扩建项目,以及建设内容单一、投资规模较小、技术方案简单的项目,可以简化相关文件内容和审批程序。

(八)加强政府投资事中事后监管。加强政府投资项目建设管理,严格投资概算、建设标准、建设工期等要求。严格按照项目建设进度下达投资计划,确保政府投资及时发挥效益。严格概算执行和造价控制,健全概算审批、调整等管理制度。进一步完善政府投资项目代建建设制度。在社会事业、基础设施等领域,推广应用建筑信息模型技术。鼓励有条件的政府投资项目通过市场化方式进行运营管理。完善政府投资监管机制,加强投资项目审计监督,强化重大项目稽察制度,完善竣工验收制度,建立后评价制度,健全政府投资责任追究制度。建立社会监督机制,推动政府投资信息公开,鼓励公众和媒体对政府投资进行监督。

(九)鼓励政府和社会资本合作。各地区各部门可以根据需要和财力状况,通过特许经营、政府购买服务等方式,在交通、环保、医疗、养老等领域采取单个项目、组合项目、连片开发等多种形式,扩大公共产品和服务供给。要合理把握价格、土地、金融等方面的政策支持力度,稳定项目预期收益。要发挥工程咨询、金融、财务、法律等方面专业机构作用,提高项目决策的科学性、项目管理的专业性和项目实施的有效性。

四、创新融资机制,畅通投资项目融资渠道

(十)大力发展直接融资。依托多层次资本市场体系,拓宽投资项目融资渠道,支持有真实经济活动支撑的资产证券化,盘活存量资产,优化金融资源配置,更好地服务投资兴业。结合国有企业改革和混合所有制机制创新,优化能源、交通等领域投资项目的直接融资。通过多种方式加大对种子期、初创期企业投资项目的金融支持力度,有针对性地为"双创"项目提供股权、债权以及信用贷款等融资综合服务。加大创新力度,丰富债券品种,进一步发展企业债券、公司债券、非金融企业债务融资工具、项目收益债等,支持重点领域投资项目通过债券市场筹措资金。开展金融机构以适当方式依法持有企业股权的试点。设立政府引导、市场化运作的产业（股权）投资基金，积极吸引社会资本参加，鼓励金融机构以及全国社会保障基金、保险资金等在依法合规、风险可控的前提下，经批准后通过认购基金份额等方式有效参与。加快建立规范的地方政府举债融资机制，支持省级政府依法依规发行政府债券，用于公共领域重点项目建设。

（十一）充分发挥政策性、开发性金融机构积极作用。在国家批准的业务范围内，政策性、开发性金融机构要加大对城镇棚户区改造、生态环保、城乡基础设施建设、科技创新等重大项目和工程的资金支持力度。根据宏观调控需要，支持政策性、开发性金融机构发行金融债券专项用于支持重点项目建设。发挥专项建设基金作用，通过资本金注入、股权投资等方式，支持看得准、有回报、不新增过剩产能、不形成重复建设、不产生挤出效应的重点领域项目。建立健全政银企社合作对接机制，搭建信息共享、资金对接平台，协调金融机构加大对重大工程的支持力度。

（十二）完善保险资金等机构资金对项目建设的投资机制。在风险可控的前提下，逐步放宽保险资金投资范围，创新资金运用方式。鼓励通过债权、股权、资产支持等多种方式，支持重大基础设施、重大民生工程、新型城镇化等领域的项目建设。加快推进全国社会保障基金、基本养老保险基金、企业年金等投资管理体系建设，建立和完善市场化投资运营机制。

（十三）加快构建更加开放的投融资体制。创新有利于深化对外合作的投融资机制，加强金融机构协调配合，用好各类资金，为国内企业走出去和重点合作项目提供更多投融资支持。在宏观和微观审慎管理框架下，稳步放宽境内企业和金融机构赴境外融资，做好风险规避。完善境外发债备案制，募集低成本外汇资金，更好地支持企业对外投资项目。加强与国际金融机构和各国政府、企业、金融机构之间的多层次投融资合作。

五、切实转变政府职能，提升综合服务管理水平

（十四）创新服务管理方式。探索建立并逐步推行投资项目审批首问负责制，投资主管部门或审批协调机构作为首家受理单位"一站式"受理、"全流程"服务，一家负责到底。充分运用互联网和大数据等技术，加快建设投资项目在线审批监管平台，联通各级政府部门，覆盖全国各类投资项目，实现一口受理、网上办理、规范透明、限时办结。加快建立投资项目统一代码制度，统一汇集审批、建设、监管等项目信息，实现信息共享，推动信息公开，提高透明度。各有关部门要制定项目审批工作规则和办事指南，及时公开受理情况、办理过程、审批结果，发布政策信息、投资信息、中介服务信息等，为企业投资决策提供参考和帮助。鼓励新闻媒体、公民、法人和其他组织依法对政府的服务管理行为进行监督。下移服务管理重心，加强业务指导和基层投资管理队伍建设，给予地方更多自主权，充分调动地方积极性。

（十五）加强规划政策引导。充分发挥发展规划、产业政策、行业标准等对投资活动的引导作用，并为监管提供依据。把发展规划作为引导投资方向，稳定投资运行，规范项目准入，优化项目布局，合理配置资金、土地（海域）、能源资源、人力资源等要素的重要手段。完善产业结构调整指导目录、外商投资产业指导目录等，为各类投资活动提供依据和指导。构建更加科学、更加完善、更具操作性的行业准入标准体系，加快制定修订能耗、水耗、用地、碳排放、污染物排放、安全生产等技术标准，实施能效和排污强度"领跑者"制度，鼓励各地区结合实际依法制定更加严格的地方标准。

（十六）健全监管约束机制。按照谁审批谁监管、谁主管谁监管的原则，明确监管责任，注重发挥投资主管部门综合监管职能、地方政府就近就便监管作用和行业管理部门专业优势，整合监管力量，共享监管信息，实现协同监管。依托投资项目在线审批监管平台，加强项目建设全过程监管，确保项目合法开工、建设过程合规有序。各有关部门要完善规章制度，制定监管工作指南和操作规程，促进监管工作标准具体化、公开化。要严格执法，依法纠正和查处违法违规投资建设行为。实施投融资领域相关主体信用承诺制度，建立异常信用记录和严重违法失信"黑名单"，纳入全国信用信息共享平台，强化并提升政府和投资者的契约意识和诚信意识，形成守信激励、失信惩戒的约束机制，促使相关主体切实强化责任，履行法定义务，确保投资建设市场安全高效运行。

六、强化保障措施，确保改革任务落实到位

（十七）加强分工协作。各地区各部门要充分认识深化投融资体制改革的重要性和紧迫性，加强组织领导，搞好分工协作，制定具体方案，明确任务分工、时间节点，定期督查、强化问责，确保各项改革措施稳步推进。国务院投资主管部门要切实履行好投资调控管理的综合协调、统筹推进职责。

（十八）加快立法工作。完善与投融资相关的法律法规，制定实施政府投资条例、企业投资项目核准和备案管理条例，加快推进社会信用、股权投资等方面的立法工作，依法保护各方权益，维护竞争公平有序、要素合理流动的投融资市场环境。

（十九）推进配套改革。加快推进铁路、石油、天然气、电力、电信、医疗、教育、城市公用事业等领域改革，规范并完善政府和社会资本合作、特许经营管理，鼓励社会资本参与。加快推进基础设施和公用事业等领域价格改革，完善市场决定价格机制。研究推动土地制度配套改革。加快推进金融体制改革和创新，健全金融市场运行机制。投融资体制改革与其他领域改革要协同推进，形成叠加效应，充分释放改革红利。

附录2：中华人民共和国建筑法

（1997年11月1日第八届全国人民代表大会常务委员会第28次会议通过。根据2011年4月22日第十一届全国人民代表大会常务委员会第20次会议《关于修改〈中华人民共和国建筑法〉的决定》第一次修正。根据2019年4月23日第十三届全国人民代表大会常务委员会第10次会议《关于修改〈中华人民共和国建筑法〉等八部法律的决定》第二次修正）

第一章 总 则

第一条 为了加强对建筑活动的监督管理，维护建筑市场秩序，保证建筑工程的质量和安全，促进建筑业健康发展，制定本法。

第二条 在中华人民共和国境内从事建筑活动，实施对建筑活动的监督管理，应当遵守本法。

本法所称建筑活动，是指各类房屋建筑及其附属设施的建造和与其配套的线路、管道、设备的安装活动。

第三条 建筑活动应当确保建筑工程质量和安全，符合国家的建筑工程安全标准。

第四条 国家扶持建筑业的发展，支持建筑科学技术研究，提高房屋建筑设计水平，鼓励节约能源和保护环境，提倡采用先进技术、先进设备、先进工艺、新型建筑材料和现代管理方式。

第五条 从事建筑活动应当遵守法律、法规，不得损害社会公共利益和他人的合法权益。

任何单位和个人都不得妨碍和阻挠依法进行的建筑活动。

第六条 国务院建设行政主管部门对全国的建筑活动实施统一监督管理。

第二章 建筑许可

第一节 建筑工程施工许可

第七条 建筑工程开工前，建设单位应当按照国家有关规定向工程所在地县级以上人民政府建设行政主管部门申请领取施工许可证；但是，国务院建设行政主管部门确定的限额以下的小型工程除外。

按照国务院规定的权限和程序批准开工报告的建筑工程，不再领取施工许可证。

第八条 申请领取施工许可证，应当具备下列条件：

（一）已经办理该建筑工程用地批准手续；

（二）依法应当办理建设工程许可证的，已经取得建设工程规划许可证；

（三）需要拆迁的，其拆迁进度符合施工要求；

（四）已经确定建筑施工企业；

（五）有满足施工需要的资金安排、施工图纸及技术资料；

（六）有保证工程质量和安全的具体措施。

建设行政主管部门应当自收到申请之日起七日内，对符合条件的申请颁发施工许可证。

第九条 建设单位应当自领取施工许可证之日起三个月内开工。因故不能按期开工的,应当向发证机关申请延期;延期以两次为限,每次不超过三个月。既不开工又不申请延期或者超过延期时限的,施工许可证自行废止。

第十条 在建的建筑工程因故中止施工的,建设单位应当自中止施工之日起一个月内,向发证机关报告,并按照规定做好建筑工程的维护管理工作。

建筑工程恢复施工时,应当向发证机关报告;中止施工满一年的工程恢复施工前,建设单位应当报发证机关核验施工许可证。

第十一条 按照国务院有关规定批准开工报告的建筑工程,因故不能按期开工或者中止施工的,应当及时向批准机关报告情况。因故不能按期开工超过六个月的,应当重新办理开工报告的批准手续。

第二节 从业资格

第十二条 从事建筑活动的建筑施工企业、勘察单位、设计单位和工程监理单位,应当具备下列条件:

(一)有符合国家规定的注册资本;
(二)有与其从事的建筑活动相适应的具有法定执业资格的专业技术人员;
(三)有从事相关建筑活动所应有的技术装备;
(四)法律、行政法规规定的其他条件。

第十三条 从事建筑活动的建筑施工企业、勘察单位、设计单位和工程监理单位,按照其拥有的注册资本、专业技术人员、技术装备和已完成的建筑工程业绩等资质条件,划分为不同的资质等级,经资质审查合格,取得相应等级的资质证书后,方可在其资质等级许可的范围内从事建筑活动。

第十四条 从事建筑活动的专业技术人员,应当依法取得相应的执业资格证书,并在执业资格证书许可的范围内从事建筑活动。

第三章 建筑工程发包与承包

第一节 一般规定

第十五条 建筑工程的发包单位与承包单位应当依法订立书面合同,明确双方的权利和义务。

发包单位和承包单位应当全面履行合同约定的义务。不按照合同约定履行义务的,依法承担违约责任。

第十六条 建筑工程发包与承包的招标投标活动,应当遵循公开、公正、平等竞争的原则,择优选择承包单位。

建筑工程的招标投标,本法没有规定的,适用有关招标投标法律的规定。

第十七条 发包单位及其工作人员在建筑工程发包中不得收受贿赂、回扣或者索取其他好处。

承包单位及其工作人员不得利用向发包单位及其工作人员行贿、提供回扣或者给予其他好处等不正当手段承揽工程。

第十八条 建筑工程造价应当按照国家有关规定,由发包单位与承包单位在合同中约定。公开招标发包的,其造价的约定,须遵守招标投标法律的规定。

发包单位应当按照合同的约定,及时拨付工程款项。

第二节 发包

第十九条 建筑工程依法实行招标发包,对不适于招标发包的可以直接发包。

第二十条 建筑工程实行公开招标的,发包单位应当依照法定程序和方式,发布招标公告,提供载有招标工程的主要技术要求、主要的合同条款、评标的标准和方法以及开标、评标、定标的程序等内容的招标文件。

开标应当在招标文件规定的时间、地点公开进行。开标后应当按照招标文件规定的评标标准和程序对标书进行评价、比较,在具备相应资质条件的投标者中,择优选定中标者。

第二十一条 建筑工程招标的开标、评标、定标由建设单位依法组织实施,并接受有关行政主管部门的监督。

第二十二条 建筑工程实行招标发包的,发包单位应当将建筑工程发包给依法中标的承包单位。建筑工程实行直接发包的,发包单位应当将建筑工程发包给具有相应资质条件的承包单位。

第二十三条 政府及其所属部门不得滥用行政权力,限定发包单位将招标发包的建筑工程发包给指定的承包单位。

第二十四条 提倡对建筑工程实行总承包,禁止将建筑工程肢解发包。

建筑工程的发包单位可以将建筑工程的勘察、设计、施工、设备采购一并发包给一个工程总承包单位,也可以将建筑工程勘察、设计、施工、设备采购的一项或者多项发包给一个工程总承包单位;但是,不得将应当由一个承包单位完成的建筑工程肢解成若干部分发包给几个承包单位。

第二十五条 按照合同约定,建筑材料、建筑构配件和设备由工程承包单位采购的,发包单位不得指定承包单位购入用于工程的建筑材料、建筑构配件和设备或者指定生产厂、供应商。

第三节 承包

第二十六条 承包建筑工程的单位应当持有依法取得的资质证书,并在其资质等级许可的业务范围内承揽工程。

禁止建筑施工企业超越本企业资质等级许可的业务范围或者以任何形式用其他建筑施工企业的名义承揽工程。禁止建筑施工企业以任何形式允许其他单位或者个人使用本企业的资质证书、营业执照,以本企业的名义承揽工程。

第二十七条 大型建筑工程或者结构复杂的建筑工程,可以由两个以上的承包单位联合共同承包。共同承包的各方对承包合同的履行承担连带责任。

两个以上不同资质等级的单位实行联合共同承包的,应当按照资质等级低的单位的业务许可范围承揽工程。

第二十八条 禁止承包单位将其承包的全部建筑工程转包给他人,禁止承包单位将其承包的全部建筑工程肢解以后以分包的名义分别转包给他人。

第二十九条 建筑工程总承包单位可以将承包工程中的部分工程发包给具有相应资质条件的分包单位;但是,除总承包合同中约定的分包外,必须经建设单位认可。施工总承包的，建筑工程主体结构的施工必须由总承包单位自行完成。

建筑工程总承包单位按照总承包合同的约定对建设单位负责；分包单位按照分包合同的约定对总承包单位负责。总承包单位和分包单位就分包工程对建设单位承担连带责任。

禁止总承包单位将工程分包给不具备相应资质条件的单位。禁止分包单位将其承包的工程再分包。

第四章 建筑工程监理

第三十条 国家推行建筑工程监理制度。

国务院可以规定实行强制监理的建筑工程的范围。

第三十一条 实行监理的建筑工程，由建设单位委托具有相应资质条件的工程监理单位监理。建设单位与其委托的工程监理单位应当订立书面委托监理合同。

第三十二条 建筑工程监理应当依照法律、行政法规及有关的技术标准、设计文件和建筑工程承包合同，对承包单位在施工质量、建设工期和建设资金使用等方面，代表建设单位实施监督。

工程监理人员认为工程施工不符合工程设计要求、施工技术标准和合同约定的，有权要求建筑施工企业改正。

工程监理人员发现工程设计不符合建筑工程质量标准或者合同约定的质量要求的，应当报告建设单位要求设计单位改正。

第三十三条 实施建筑工程监理前，建设单位应当将委托的工程监理单位、监理的内容及监理权限，书面通知被监理的建筑施工企业。

第三十四条 工程监理单位应当在其资质等级许可的监理范围内，承担工程监理业务。

工程监理单位应当根据建设单位的委托，客观、公正地执行监理任务。

工程监理单位与被监理工程的承包单位以及建筑材料、建筑构配件和设备供应单位不得有隶属关系或者其他利害关系。

工程监理单位不得转让工程监理业务。

第三十五条 工程监理单位不按照委托监理合同的约定履行监理义务，对应当监督检查的项目不检查或者不按照规定检查，给建设单位造成损失的，应当承担相应的赔偿责任。

工程监理单位与承包单位串通，为承包单位谋取非法利益，给建设单位造成损失的，应当与承包单位承担连带赔偿责任。

第五章 建筑安全生产管理

第三十六条 建筑工程安全生产管理必须坚持安全第一、预防为主的方针，建立健全安全生产的责任制度和群防群治制度。

第三十七条 建筑工程设计应当符合按照国家规定制定的建筑安全规程和技术规范，保证工程的安全性能。

第三十八条 建筑施工企业在编制施工组织设计时，应当根据建筑工程的特点制定相应的安全技术措施；对专业性较强的工程项目，应当编制专项安全施工组织设计，并采取安全技术措施。

　　第三十九条　建筑施工企业应当在施工现场采取维护安全、防范危险、预防火灾等措施；有条件的，应当对施工现场实行封闭管理。

　　施工现场对毗邻的建筑物、构筑物和特殊作业环境可能造成损害的，建筑施工企业应当采取安全防护措施。

　　第四十条　建设单位应当向建筑施工企业提供与施工现场相关的地下管线资料，建筑施工企业应当采取措施加以保护。

　　第四十一条　建筑施工企业应当遵守有关环境保护和安全生产的法律、法规的规定，采取控制和处理施工现场的各种粉尘、废气、废水、固体废物以及噪声、振动对环境的污染和危害的措施。

　　第四十二条　有下列情形之一的，建设单位应当按照国家有关规定办理申请批准手续：

　　（一）需要临时占用规划批准范围以外场地的；

　　（二）可能损坏道路、管线、电力、邮电通信等公共设施的；

　　（三）需要临时停水、停电、中断道路交通的；

　　（四）需要进行爆破作业的；

　　（五）法律、法规规定需要办理报批手续的其他情形。

　　第四十三条　建设行政主管部门负责建筑安全生产的管理，并依法接受劳动行政主管部门对建筑安全生产的指导和监督。

　　第四十四条　建筑施工企业必须依法加强对建筑安全生产的管理，执行安全生产责任制度，采取有效措施，防止伤亡和其他安全生产事故的发生。

　　建筑施工企业的法定代表人对本企业的安全生产负责。

　　第四十五条　施工现场安全由建筑施工企业负责。实行施工总承包的，由总承包单位负责。分包单位向总承包单位负责，服从总承包单位对施工现场的安全生产管理。

　　第四十六条　建筑施工企业应当建立健全劳动安全生产教育培训制度，加强对职工安全生产的教育培训；未经安全生产教育培训的人员，不得上岗作业。

　　第四十七条　建筑施工企业和作业人员在施工过程中，应当遵守有关安全生产的法律、法规和建筑行业安全规章、规程，不得违章指挥或者违章作业。作业人员有权对影响人身健康的作业程序和作业条件提出改进意见，有权获得安全生产所需的防护用品。作业人员对危及生命安全和人身健康的行为有权提出批评、检举和控告。

　　第四十八条　建筑施工企业应当依法为职工参加工伤保险缴纳工伤保险费。鼓励企业为从事危险作业的职工办理意外伤害保险，支付保险费。

　　第四十九条　涉及建筑主体和承重结构变动的装修工程，建设单位应当在施工前委托原设计单位或者具有相应资质条件的设计单位提出设计方案；没有设计方案的，不得施工。

　　第五十条　房屋拆除应当由具备保证安全条件的建筑施工单位承担，由建筑施工单位负责人对安全负责。

　　第五十一条　施工中发生事故时，建筑施工企业应当采取紧急措施减少人员伤亡和事故损失，并按照国家有关规定及时向有关部门报告。

第六章　建筑工程质量管理

第五十二条　建筑工程勘察、设计、施工的质量必须符合国家有关建筑工程安全标准的要求，具体管理办法由国务院规定。

有关建筑工程安全的国家标准不能适应确保建筑安全的要求时，应当及时修订。

第五十三条　国家对从事建筑活动的单位推行质量体系认证制度。从事建筑活动的单位根据自愿原则可以向国务院产品质量监督管理部门或者国务院产品质量监督管理部门授权的部门认可的认证机构申请质量体系认证。经认证合格的，由认证机构颁发质量体系认证证书。

第五十四条　建设单位不得以任何理由，要求建筑设计单位或者建筑施工企业在工程设计或者施工作业中，违反法律、行政法规和建筑工程质量、安全标准，降低工程质量。

建筑设计单位和建筑施工企业对建设单位违反前款规定提出的降低工程质量的要求，应当予以拒绝。

第五十五条　建筑工程实行总承包的，工程质量由工程总承包单位负责，总承包单位将建筑工程分包给其他单位的，应当对分包工程的质量与分包单位承担连带责任。分包单位应当接受总承包单位的质量管理。

第五十六条　建筑工程的勘察、设计单位必须对其勘察、设计的质量负责。勘察、设计文件应当符合有关法律、行政法规的规定和建筑工程质量、安全标准、建筑工程勘察、设计技术规范以及合同的约定。设计文件选用的建筑材料、建筑构配件和设备，应当注明其规格、型号、性能等技术指标，其质量要求必须符合国家规定的标准。

第五十七条　建筑设计单位对设计文件选用的建筑材料、建筑构配件和设备，不得指定生产厂、供应商。

第五十八条　建筑施工企业对工程的施工质量负责。

建筑施工企业必须按照工程设计图纸和施工技术标准施工，不得偷工减料。工程设计的修改由原设计单位负责，建筑施工企业不得擅自修改工程设计。

第五十九条　建筑施工企业必须按照工程设计要求、施工技术标准和合同的约定，对建筑材料、建筑构配件和设备进行检验，不合格的不得使用。

第六十条　建筑物在合理使用寿命内，必须确保地基基础工程和主体结构的质量。

建筑工程竣工时，屋顶、墙面不得留有渗漏、开裂等质量缺陷；对已发现的质量缺陷，建筑施工企业应当修复。

第六十一条　交付竣工验收的建筑工程，必须符合规定的建筑工程质量标准，有完整的工程技术经济资料和经签署的工程保修书，并具备国家规定的其他竣工条件。

建筑工程竣工经验收合格后，方可交付使用；未经验收或者验收不合格的，不得交付使用。

第六十二条　建筑工程实行质量保修制度。

建筑工程的保修范围应当包括地基基础工程、主体结构工程、屋面防水工程和其他土建工程，以及电气管线、上下水管线的安装工程，供热、供冷系统工程等项目；保修的期限应当按照保证建筑物合理寿命年限内正常使用，维护使用者合法权益的原则确定。具体的保修范围和最低保修期限由国务院规定。

第六十三条 任何单位和个人对建筑工程的质量事故、质量缺陷都有权向建设行政主管部门或者其他有关部门进行检举、控告、投诉。

第七章 法律责任

第六十四条 违反本法规定，未取得施工许可证或者开工报告未经批准擅自施工的，责令改正，对不符合开工条件的责令停止施工，可以处以罚款。

第六十五条 发包单位将工程发包给不具有相应资质条件的承包单位的，或者违反本法规定将建筑工程肢解发包的，责令改正，处以罚款。

超越本单位资质等级承揽工程的，责令停止违法行为，处以罚款，可以责令停业整顿，降低资质等级；情节严重的，吊销资质证书；有违法所得的，予以没收。

未取得资质证书承揽工程的，予以取缔，并处罚款；有违法所得的，予以没收。

以欺骗手段取得资质证书的，吊销资质证书，处以罚款；构成犯罪的，依法追究刑事责任。

第六十六条 建筑施工企业转让、出借资质证书或者以其他方式允许他人以本企业的名义承揽工程的，责令改正，没收违法所得，并处罚款，可以责令停业整顿，降低资质等级；情节严重的，吊销资质证书。对因该项承揽工程不符合规定的质量标准造成的损失，建筑施工企业与使用本企业名义的单位或者个人承担连带赔偿责任。

第六十七条 承包单位将承包的工程转包的，或者违反本法规定进行分包的，责令改正，没收违法所得，并处罚款，可以责令停业整顿，降低资质等级；情节严重的，吊销资质证书。

承包单位有前款规定的违法行为的，对因转包工程或者违法分包的工程不符合规定的质量标准造成的损失，与接受转包或者分包的单位承担连带赔偿责任。

第六十八条 在工程发包与承包中索贿、受贿、行贿，构成犯罪的，依法追究刑事责任；不构成犯罪的，分别处以罚款，没收贿赂的财物，对直接负责的主管人员和其他直接责任人员给予处分。

对在工程承包中行贿的承包单位，除依照前款规定处罚外，可以责令停业整顿，降低资质等级或者吊销资质证书。

第六十九条 工程监理单位与建设单位或者建筑施工企业串通，弄虚作假、降低工程质量的，责令改正，处以罚款，降低资质等级或者吊销资质证书；有违法所得的，予以没收；造成损失的，承担连带赔偿责任；构成犯罪的，依法追究刑事责任。

工程监理单位转让监理业务的，责令改正，没收违法所得，可以责令停业整顿，降低资质等级；情节严重的，吊销资质证书。

第七十条 违反本法规定，涉及建筑主体或者承重结构变动的装修工程擅自施工的，责令改正，处以罚款；造成损失的，承担赔偿责任；构成犯罪的，依法追究刑事责任。

第七十一条 建筑施工企业违反本法规定，对建筑安全事故隐患不采取措施予以消除的，责令改正，可以处以罚款；情节严重的，责令停业整顿，降低资质等级或者吊销资质证书；构成犯罪的，依法追究刑事责任。

建筑施工企业的管理人员违章指挥、强令职工冒险作业，因而发生重大伤亡事故或者造成其他严重后果的，依法追究刑事责任。

第七十二条　建设单位违反本法规定,要求建筑设计单位或者建筑施工企业违反建筑工程质量、安全标准,降低工程质量的,责令改正,可以处以罚款;构成犯罪的,依法追究刑事责任。

第七十三条　建筑设计单位不按照建筑工程质量、安全标准进行设计的,责令改正,处以罚款;造成工程质量事故的,责令停业整顿,降低资质等级或者吊销资质证书,没收违法所得,并处罚款;造成损失的,承担赔偿责任;构成犯罪的,依法追究刑事责任。

第七十四条　建筑施工企业在施工中偷工减料的,使用不合格的建筑材料、建筑构配件和设备的,或者有其他不按照工程设计图纸或者施工技术标准施工的行为的,责令改正,处以罚款;情节严重的,责令停业整顿,降低资质等级或者吊销资质证书;造成建筑工程质量不符合规定的质量标准的,负责返工、修理,并赔偿因此造成的损失;构成犯罪的,依法追究刑事责任。

第七十五条　建筑施工企业违反本法规定,不履行保修义务或者拖延履行保修义务的,责令改正,可以处以罚款,并对在保修期内因屋顶、墙面渗漏、开裂等质量缺陷造成的损失,承担赔偿责任。

第七十六条　本法规定的责令停业整顿、降低资质等级和吊销资质证书的行政处罚,由颁发资质证书的机关决定;其他行政处罚,由建设行政主管部门或者有关部门依照法律和国务院规定的职权范围决定。

依照本法规定被吊销资质证书的,由工商行政管理部门吊销其营业执照。

第七十七条　违反本法规定,对不具备相应资质等级条件的单位颁发该等级资质证书的,由其上级机关责令收回所发的资质证书,对直接负责的主管人员和其他直接责任人员给予行政处分;构成犯罪的,依法追究刑事责任。

第七十八条　政府及其所属部门的工作人员违反本法规定,限定发包单位将招标发包的工程发包给指定的承包单位的,由上级机关责令改正;构成犯罪的,依法追究刑事责任。

第七十九条　负责颁发建筑工程施工许可证的部门及其工作人员对不符合施工条件的建筑工程颁发施工许可证的,负责工程质量监督检查或者竣工验收的部门及其工作人员对不合格的建筑工程出具质量合格文件或者按合格工程验收的,由上级机关责令改正,对责任人员给予行政处分;构成犯罪的,依法追究刑事责任;造成损失的,由该部门承担相应的赔偿责任。

第八十条　在建筑物的合理使用寿命内,因建筑工程质量不合格受到损害的,有权向责任者要求赔偿。

第八章　附　　则

第八十一条　本法关于施工许可、建筑施工企业资质审查和建筑工程发包、承包、禁止转包,以及建筑工程监理、建筑工程安全和质量管理的规定,适用于其他专业建筑工程的建筑活动,具体办法由国务院规定。

第八十二条　建设行政主管部门和其他有关部门在对建筑活动实施监督管理中,除按照国务院有关规定收取费用外,不得收取其他费用。

第八十三条 省、自治区、直辖市人民政府确定的小型房屋建筑工程的建筑活动，参照本法执行。

依法核定作为文物保护的纪念建筑物和古建筑等的修缮，依照文物保护的有关法律规定执行。

抢险救灾及其他临时性房屋建筑和农民自建低层住宅的建筑活动，不适用本法。

第八十四条 军用房屋建筑工程建筑活动的具体管理办法，由国务院、中央军事委员会依据本法制定。

第八十五条 本法自 1998 年 3 月 1 日起施行。

附录3：中华人民共和国招标投标法

（1999年8月30日第九届全国人民代表大会常务委员会第十一次会议通过。根据2017年12月27日第十二届全国人民代表大会常务委员会第三十一次会议《关于修改〈中华人民共和国招标投标法〉、〈中华人民共和国计量法〉的决定》修正）

第一章 总 则

第一条 为了规范招标投标活动，保护国家利益、社会公共利益和招标投标活动当事人的合法权益，提高经济效益，保证项目质量，制定本法。

第二条 在中华人民共和国境内进行招标投标活动，适用本法。

第三条 在中华人民共和国境内进行下列工程建设项目包括项目的勘察、设计、施工、监理以及与工程建设有关的重要设备、材料等的采购，必须进行招标：

（一）大型基础设施、公用事业等关系社会公共利益、公众安全的项目；

（二）全部或者部分使用国有资金投资或者国家融资的项目；

（三）使用国际组织或者外国政府贷款、援助资金的项目。

前款所列项目的具体范围和规模标准，由国务院发展计划部门会同国务院有关部门制订，报国务院批准。

法律或者国务院对必须进行招标的其他项目的范围有规定的，依照其规定。

第四条 任何单位和个人不得将依法必须进行招标的项目化整为零或者以其他任何方式规避招标。

第五条 招标投标活动应当遵循公开、公平、公正和诚实信用的原则。

第六条 依法必须进行招标的项目，其招标投标活动不受地区或者部门的限制。任何单位和个人不得违法限制或者排斥本地区、本系统以外的法人或者其他组织参加投标，不得以任何方式非法干涉招标投标活动。

第七条 招标投标活动及其当事人应当接受依法实施的监督。

有关行政监督部门依法对招标投标活动实施监督，依法查处招标投标活动中的违法行为。

对招标投标活动的行政监督及有关部门的具体职权划分，由国务院规定。

第二章 招 标

第八条 招标人是依照本法规定提出招标项目、进行招标的法人或者其他组织。

第九条 招标项目按照国家有关规定需要履行项目审批手续的，应当先履行审批手续，取得批准。

招标人应当有进行招标项目的相应资金或者资金来源已经落实，并应当在招标文件中如实载明。

第十条 招标分为公开招标和邀请招标。

公开招标，是指招标人以招标公告的方式邀请不特定的法人或者其他组织投标。

邀请招标，是指招标人以投标邀请书的方式邀请特定的法人或者其他组织投标。

第十一条　国务院发展计划部门确定的国家重点项目和省、自治区、直辖市人民政府确定的地方重点项目不适宜公开招标的,经国务院发展计划部门或者省、自治区、直辖市人民政府批准,可以进行邀请招标。

第十二条　招标人有权自行选择招标代理机构,委托其办理招标事宜。任何单位和个人不得以任何方式为招标人指定招标代理机构。

招标人具有编制招标文件和组织评标能力的,可以自行办理招标事宜。任何单位和个人不得强制其委托招标代理机构办理招标事宜。

依法必须进行招标的项目,招标人自行办理招标事宜的,应当向有关行政监督部门备案。

第十三条　招标代理机构是依法设立、从事招标代理业务并提供相关服务的社会中介组织。

招标代理机构应当具备下列条件：

（一）有从事招标代理业务的营业场所和相应资金；

（二）有能够编制招标文件和组织评标的相应专业力量。

第十四条　招标代理机构与行政机关和其他国家机关不得存在隶属关系或者其他利益关系。

第十五条　招标代理机构应当在招标人委托的范围内办理招标事宜,并遵守本法关于招标人的规定。

第十六条　招标人采用公开招标方式的,应当发布招标公告。依法必须进行招标的项目的招标公告,应当通过国家指定的报刊、信息网络或者其他媒介发布。

招标公告应当载明招标人的名称和地址、招标项目的性质、数量、实施地点和时间以及获取招标文件的办法等事项。

第十七条　招标人采用邀请招标方式的,应当向三个以上具备承担招标项目的能力、资信良好的特定的法人或者其他组织发出投标邀请书。

投标邀请书应当载明本法第十六条第二款规定的事项。

第十八条　招标人可以根据招标项目本身的要求,在招标公告或者投标邀请书中,要求潜在投标人提供有关资质证明文件和业绩情况,并对潜在投标人进行资格审查；国家对投标人的资格条件有规定的,依照其规定。

招标人不得以不合理的条件限制或者排斥潜在投标人,不得对潜在投标人实行歧视待遇。

第十九条　招标人应当根据招标项目的特点和需要编制招标文件。招标文件应当包括招标项目的技术要求、对投标人资格审查的标准、投标报价要求和评标标准等所有实质性要求和条件以及拟签订合同的主要条款。

国家对招标项目的技术、标准有规定的,招标人应当按照其规定在招标文件中提出相应要求。

招标项目需要划分标段、确定工期的,招标人应当合理划分标段、确定工期,并在招标文件中载明。

第二十条　招标文件不得要求或者标明特定的生产供应者以及含有倾向或者排斥潜在投标人的其他内容。

第二十一条 招标人根据招标项目的具体情况,可以组织潜在投标人踏勘项目现场。

第二十二条 招标人不得向他人透露已获取招标文件的潜在投标人的名称、数量以及可能影响公平竞争的有关招标投标的其他情况。

招标人设有标底的,标底必须保密。

第二十三条 招标人对已发出的招标文件进行必要的澄清或者修改的,应当在招标文件要求提交投标文件截止时间至少十五日前,以书面形式通知所有招标文件收受人。该澄清或者修改的内容为招标文件的组成部分。

第二十四条 招标人应当确定投标人编制投标文件所需要的合理时间;但是,依法必须进行招标的项目,自招标文件开始发出之日起至投标人提交投标文件截止之日止,最短不得少于二十日。

第三章 投 标

第二十五条 投标人是响应招标、参加投标竞争的法人或者其他组织。

依法招标的科研项目允许个人参加投标的,投标的个人适用本法有关投标人的规定。

第二十六条 投标人应当具备承担招标项目的能力;国家有关规定对投标人资格条件或者招标文件对投标人资格条件有规定的,投标人应当具备规定的资格条件。

第二十七条 投标人应当按照招标文件的要求编制投标文件。投标文件应当对招标文件提出的实质性要求和条件作出响应。

招标项目属于建设施工的,投标文件的内容应当包括拟派出的项目负责人与主要技术人员的简历、业绩和拟用于完成招标项目的机械设备等。

第二十八条 投标人应当在招标文件要求提交投标文件的截止时间前,将投标文件送达投标地点。招标人收到投标文件后,应当签收保存,不得开启。投标人少于三个的,招标人应当依照本法重新招标。

在招标文件要求提交投标文件的截止时间后送达的投标文件,招标人应当拒收。

第二十九条 投标人在招标文件要求提交投标文件的截止时间前,可以补充、修改或者撤回已提交的投标文件,并书面通知招标人。补充、修改的内容为投标文件的组成部分。

第三十条 投标人根据招标文件载明的项目实际情况,拟在中标后将中标项目的部分非主体、非关键性工作进行分包的,应当在投标文件中载明。

第三十一条 两个以上法人或者其他组织可以组成一个联合体,以一个投标人的身份共同投标。

联合体各方均应当具备承担招标项目的相应能力;国家有关规定或者招标文件对投标人资格条件有规定的,联合体各方均应当具备规定的相应资格条件。由同一专业的单位组成的联合体,按照资质等级较低的单位确定资质等级。

联合体各方应当签订共同投标协议,明确约定各方拟承担的工作和责任,并将共同投标协议连同投标文件一并提交招标人。联合体中标的,联合体各方应当共同与招标人签订合同,就中标项目向招标人承担连带责任。

招标人不得强制投标人组成联合体共同投标,不得限制投标人之间的竞争。

第三十二条 投标人不得相互串通投标报价，不得排挤其他投标人的公平竞争，损害招标人或者其他投标人的合法权益。

投标人不得与招标人串通投标，损害国家利益、社会公共利益或者他人的合法权益。

禁止投标人以向招标人或者评标委员会成员行贿的手段谋取中标。

第三十三条 投标人不得以低于成本的报价竞标，也不得以他人名义投标或者以其他方式弄虚作假，骗取中标。

第四章 开标、评标和中标

第三十四条 开标应当在招标文件确定的提交投标文件截止时间的同一时间公开进行；开标地点应当为招标文件中预先确定的地点。

第三十五条 开标由招标人主持，邀请所有投标人参加。

第三十六条 开标时，由投标人或者其推选的代表检查投标文件的密封情况，也可以由招标人委托的公证机构检查并公证；经确认无误后，由工作人员当众拆封，宣读投标人名称、投标价格和投标文件的其他主要内容。

招标人在招标文件要求提交投标文件的截止时间前收到的所有投标文件，开标时都应当当众予以拆封、宣读。

开标过程应当记录，并存档备查。

第三十七条 评标由招标人依法组建的评标委员会负责。

依法必须进行招标的项目，其评标委员会由招标人的代表和有关技术、经济等方面的专家组成，成员人数为五人以上单数，其中技术、经济等方面的专家不得少于成员总数的三分之二。

前款专家应当从事相关领域工作满八年并具有高级职称或者具有同等专业水平，由招标人从国务院有关部门或者省、自治区、直辖市人民政府有关部门提供的专家名册或者招标代理机构的专家库内的相关专业的专家名单中确定；一般招标项目可以采取随机抽取方式，特殊招标项目可以由招标人直接确定。

与投标人有利害关系的人不得进入相关项目的评标委员会；已经进入的应当更换。

评标委员会成员的名单在中标结果确定前应当保密。

第三十八条 招标人应当采取必要的措施，保证评标在严格保密的情况下进行。

任何单位和个人不得非法干预、影响评标的过程和结果。

第三十九条 评标委员会可以要求投标人对投标文件中含义不明确的内容作必要的澄清或者说明，但是澄清或者说明不得超出投标文件的范围或者改变投标文件的实质性内容。

第四十条 评标委员会应当按照招标文件确定的评标标准和方法，对投标文件进行评审和比较；设有标底的，应当参考标底。评标委员会完成评标后，应当向招标人提出书面评标报告，并推荐合格的中标候选人。

招标人根据评标委员会提出的书面评标报告和推荐的中标候选人确定中标人。招标人也可以授权评标委员会直接确定中标人。

国务院对特定招标项目的评标有特别规定的，从其规定。

第四十一条 中标人的投标应当符合下列条件之一：

（一）能够最大限度地满足招标文件中规定的各项综合评价标准；

（二）能够满足招标文件的实质性要求，并且经评审的投标价格最低；但是投标价格低于成本的除外。

第四十二条 评标委员会经评审，认为所有投标都不符合招标文件要求的，可以否决所有投标。

依法必须进行招标的项目的所有投标被否决的，招标人应当依照本法重新招标。

第四十三条 在确定中标人前，招标人不得与投标人就投标价格、投标方案等实质性内容进行谈判。

第四十四条 评标委员会成员应当客观、公正地履行职务，遵守职业道德，对所提出的评审意见承担个人责任。

评标委员会成员不得私下接触投标人，不得收受投标人的财物或者其他好处。

评标委员会成员和参与评标的有关工作人员不得透露对投标文件的评审和比较、中标候选人的推荐情况以及与评标有关的其他情况。

第四十五条 中标人确定后，招标人应当向中标人发出中标通知书，并同时将中标结果通知所有未中标的投标人。

中标通知书对招标人和中标人具有法律效力。中标通知书发出后，招标人改变中标结果的，或者中标人放弃中标项目的，应当依法承担法律责任。

第四十六条 招标人和中标人应当自中标通知书发出之日起三十日内，按照招标文件和中标人的投标文件订立书面合同。招标人和中标人不得再行订立背离合同实质性内容的其他协议。

招标文件要求中标人提交履约保证金的，中标人应当提交。

第四十七条 依法必须进行招标的项目，招标人应当自确定中标人之日起十五日内，向有关行政监督部门提交招标投标情况的书面报告。

第四十八条 中标人应当按照合同约定履行义务，完成中标项目。中标人不得向他人转让中标项目，也不得将中标项目肢解后分别向他人转让。

中标人按照合同约定或者经招标人同意，可以将中标项目的部分非主体、非关键性工作分包给他人完成。接受分包的人应当具备相应的资格条件，并不得再次分包。

中标人应当就分包项目向招标人负责，接受分包的人就分包项目承担连带责任。

第五章 法律责任

第四十九条 违反本法规定，必须进行招标的项目而不招标的，将必须进行招标的项目化整为零或者以其他任何方式规避招标的，责令限期改正，可以处项目合同金额千分之五以上千分之十以下的罚款；对全部或者部分使用国有资金的项目，可以暂停项目执行或者暂停资金拨付；对单位直接负责的主管人员和其他直接责任人员依法给予处分。

第五十条 招标代理机构违反本法规定，泄露应当保密的与招标投标活动有关的情况和资料的，或者与招标人、投标人串通损害国家利益、社会公共利益或者他人合法权益的，处五万元以上二十五万元以下的罚款，对单位直接负责的主管人员和其他直接责任人员处单位罚款数额百分之五以上百分之十以下的罚款；有违法所得的，并处没收违法所得；情节严重的，禁止其一年至二年内代理依法必须进行招标的项目并予以公告，直至由工商行政管理机关吊销营业执照；构成犯罪的，依法追究刑事责任。给他人造成损失的，依法承担赔偿责任。

前款所列行为影响中标结果的，中标无效。

第五十一条 招标人以不合理的条件限制或者排斥潜在投标人的，对潜在投标人实行歧视待遇的，强制要求投标人组成联合体共同投标的，或者限制投标人之间竞争的，责令改正，可以处一万元以上五万元以下的罚款。

第五十二条 依法必须进行招标的项目的招标人向他人透露已获取招标文件的潜在投标人的名称、数量或者可能影响公平竞争的有关招标投标的其他情况的，或者泄露标底的，给予警告，可以并处一万元以上十万元以下的罚款；对单位直接负责的主管人员和其他直接责任人员依法给予处分；构成犯罪的，依法追究刑事责任。

前款所列行为影响中标结果的，中标无效。

第五十三条 投标人相互串通投标或者与招标人串通投标的，投标人以向招标人或者评标委员会成员行贿的手段谋取中标的，中标无效，处中标项目金额千分之五以上千分之十以下的罚款，对单位直接负责的主管人员和其他直接责任人员处单位罚款数额百分之五以上百分之十以下的罚款；有违法所得的，并处没收违法所得；情节严重的，取消其一年至二年内参加依法必须进行招标的项目的投标资格并予以公告，直至由工商行政管理机关吊销营业执照；构成犯罪的，依法追究刑事责任。给他人造成损失的，依法承担赔偿责任。

第五十四条 投标人以他人名义投标或者以其他方式弄虚作假，骗取中标的，中标无效，给招标人造成损失的，依法承担赔偿责任；构成犯罪的，依法追究刑事责任。

依法必须进行招标的项目的投标人有前款所列行为尚未构成犯罪的，处中标项目金额千分之五以上千分之十以下的罚款，对单位直接负责的主管人员和其他直接责任人员处单位罚款数额百分之五以上百分之十以下的罚款；有违法所得的，并处没收违法所得；情节严重的，取消其一年至三年内参加依法必须进行招标的项目的投标资格并予以公告，直至由工商行政管理机关吊销营业执照。

第五十五条 依法必须进行招标的项目，招标人违反本法规定，与投标人就投标价格、投标方案等实质性内容进行谈判的，给予警告，对单位直接负责的主管人员和其他直接责任人员依法给予处分。

前款所列行为影响中标结果的，中标无效。

第五十六条 评标委员会成员收受投标人的财物或者其他好处的，评标委员会成员或者参加评标的有关工作人员向他人透露对投标文件的评审和比较、中标候选人的推荐以及与评标有关的其他情况的，给予警告，没收收受的财物，可以并处三千元以上五万元以下的罚款，对有所列违法行为的评标委员会成员取消担任评标委员会成员的资格，不得再参加任何依法必须进行招标的项目的评标；构成犯罪的，依法追究刑事责任。

第五十七条 招标人在评标委员会依法推荐的中标候选人以外确定中标人的，依法必须进行招标的项目在所有投标被评标委员会否决后自行确定中标人的，中标无效。责令改正，可以处中标项目金额千分之五以上千分之十以下的罚款；对单位直接负责的主管人员和其他直接责任人员依法给予处分。

第五十八条 中标人将中标项目转让给他人的，将中标项目肢解后分别转让给他人的，违反本法规定将中标项目的部分主体、关键性工作分包给他人的，或者分包人再次分包的，转让、分包无效，处转让、分包项目金额千分之五以上千分之十以下的罚款；有违法所得的，并处没收违法所得；可以责令停业整顿；情节严重的，由工商行政管理机关吊销营业执照。

第五十九条 招标人与中标人不按照招标文件和中标人的投标文件订立合同的，或者招标人、中标人订立背离合同实质性内容的协议的，责令改正；可以处中标项目金额千分之五以上千分之十以下的罚款。

第六十条 中标人不履行与招标人订立的合同的，履约保证金不予退还，给招标人造成的损失超过履约保证金数额的，还应当对超过部分予以赔偿；没有提交履约保证金的，应当对招标人的损失承担赔偿责任。

中标人不按照与招标人订立的合同履行义务，情节严重的，取消其二年至五年内参加依法必须进行招标的项目的投标资格并予以公告，直至由工商行政管理机关吊销营业执照。

因不可抗力不能履行合同的，不适用前两款规定。

第六十一条 本章规定的行政处罚，由国务院规定的有关行政监督部门决定。本法已对实施行政处罚的机关作出规定的除外。

第六十二条 任何单位违反本法规定，限制或者排斥本地区、本系统以外的法人或者其他组织参加投标的，为招标人指定招标代理机构的，强制招标人委托招标代理机构办理招标事宜的，或者以其他方式干涉招标投标活动的，责令改正；对单位直接负责的主管人员和其他直接责任人员依法给予警告、记过、记大过的处分，情节较重的，依法给予降级、撤职、开除的处分。

个人利用职权进行前款违法行为的，依照前款规定追究责任。

第六十三条 对招标投标活动依法负有行政监督职责的国家机关工作人员徇私舞弊、滥用职权或者玩忽职守，构成犯罪的，依法追究刑事责任；不构成犯罪的，依法给予行政处分。

第六十四条 依法必须进行招标的项目违反本法规定，中标无效的，应当依照本法规定的中标条件从其余投标人中重新确定中标人或者依照本法重新进行招标。

第六章 附 则

第六十五条 投标人和其他利害关系人认为招标投标活动不符合本法有关规定的，有权向招标人提出异议或者依法向有关行政监督部门投诉。

第六十六条 涉及国家安全、国家秘密、抢险救灾或者属于利用扶贫资金实行以工代赈、需要使用农民工等特殊情况，不适宜进行招标的项目，按照国家有关规定可以不进行招标。

第六十七条 使用国际组织或者外国政府贷款、援助资金的项目进行招标，贷款方、资金提供方对招标投标的具体条件和程序有不同规定的，可以适用其规定，但违背中华人民共和国的社会公共利益的除外。

第六十八条 本法自 2000 年 1 月 1 日起施行。

附录4：政府投资条例

（2019年4月14日中华人民共和国国务院令第712号公布，自2019年7月1日起施行。）

第一章　总　则

第一条　为了充分发挥政府投资作用，提高政府投资效益，规范政府投资行为，激发社会投资活力，制定本条例。

第二条　本条例所称政府投资，是指在中国境内使用预算安排的资金进行固定资产投资建设活动，包括新建、扩建、改建、技术改造等。

第三条　政府投资资金应当投向市场不能有效配置资源的社会公益服务、公共基础设施、农业农村、生态环境保护、重大科技进步、社会管理、国家安全等公共领域的项目，以非经营性项目为主。

国家完善有关政策措施，发挥政府投资资金的引导和带动作用，鼓励社会资金投向前款规定的领域。

国家建立政府投资范围定期评估调整机制，不断优化政府投资方向和结构。

第四条　政府投资应当遵循科学决策、规范管理、注重绩效、公开透明的原则。

第五条　政府投资应当与经济社会发展水平和财政收支状况相适应。

国家加强对政府投资资金的预算约束。政府及其有关部门不得违法违规举借债务筹措政府投资资金。

第六条　政府投资资金按项目安排，以直接投资方式为主；对确需支持的经营性项目，主要采取资本金注入方式，也可以适当采取投资补助、贷款贴息等方式。

安排政府投资资金，应当符合推进中央与地方财政事权和支出责任划分改革的有关要求，并平等对待各类投资主体，不得设置歧视性条件。

国家通过建立项目库等方式，加强对使用政府投资资金项目的储备。

第七条　国务院投资主管部门依照本条例和国务院的规定，履行政府投资综合管理职责。国务院其他有关部门依照本条例和国务院规定的职责分工，履行相应的政府投资管理职责。

县级以上地方人民政府投资主管部门和其他有关部门依照本条例和本级人民政府规定的职责分工，履行相应的政府投资管理职责。

第二章　政府投资决策

第八条　县级以上人民政府应当根据国民经济和社会发展规划、中期财政规划和国家宏观调控政策，结合财政收支状况，统筹安排使用政府投资资金的项目，规范使用各类政府投资资金。

第九条　政府采取直接投资方式、资本金注入方式投资的项目（以下统称政府投资项目），项目单位应当编制项目建议书、可行性研究报告、初步设计，按照政府投资管理权限和规定的程序，报投资主管部门或者其他有关部门审批。

项目单位应当加强政府投资项目的前期工作，保证前期工作的深度达到规定的要求，并对项目建议书、可行性研究报告、初步设计以及依法应当附具的其他文件的真实性负责。

第十条 除涉及国家秘密的项目外，投资主管部门和其他有关部门应当通过投资项目在线审批监管平台（以下简称在线平台），使用在线平台生成的项目代码办理政府投资项目审批手续。

投资主管部门和其他有关部门应当通过在线平台列明与政府投资有关的规划、产业政策等，公开政府投资项目审批的办理流程、办理时限等，并为项目单位提供相关咨询服务。

第十一条 投资主管部门或者其他有关部门应当根据国民经济和社会发展规划、相关领域专项规划、产业政策等，从下列方面对政府投资项目进行审查，作出是否批准的决定：

（一）项目建议书提出的项目建设的必要性；

（二）可行性研究报告分析的项目的技术经济可行性、社会效益以及项目资金等主要建设条件的落实情况；

（三）初步设计及其提出的投资概算是否符合可行性研究报告批复以及国家有关标准和规范的要求；

（四）依照法律、行政法规和国家有关规定应当审查的其他事项。

投资主管部门或者其他有关部门对政府投资项目不予批准的，应当书面通知项目单位并说明理由。

对经济社会发展、社会公众利益有重大影响或者投资规模较大的政府投资项目，投资主管部门或者其他有关部门应当在中介服务机构评估、公众参与、专家评议、风险评估的基础上作出是否批准的决定。

第十二条 经投资主管部门或者其他有关部门核定的投资概算是控制政府投资项目总投资的依据。

初步设计提出的投资概算超过经批准的可行性研究报告提出的投资估算10％的，项目单位应当向投资主管部门或者其他有关部门报告，投资主管部门或者其他有关部门可以要求项目单位重新报送可行性研究报告。

第十三条 对下列政府投资项目，可以按照国家有关规定简化需要报批的文件和审批程序：

（一）相关规划中已经明确的项目；

（二）部分扩建、改建项目；

（三）建设内容单一、投资规模较小、技术方案简单的项目；

（四）为应对自然灾害、事故灾难、公共卫生事件、社会安全事件等突发事件需要紧急建设的项目。

前款第三项所列项目的具体范围，由国务院投资主管部门会同国务院其他有关部门规定。

第十四条 采取投资补助、贷款贴息等方式安排政府投资资金的，项目单位应当按照国家有关规定办理手续。

第三章　政府投资年度计划

第十五条　国务院投资主管部门对其负责安排的政府投资编制政府投资年度计划，国务院其他有关部门对其负责安排的本行业、本领域的政府投资编制政府投资年度计划。

县级以上地方人民政府有关部门按照本级人民政府的规定，编制政府投资年度计划。

第十六条　政府投资年度计划应当明确项目名称、建设内容及规模、建设工期、项目总投资、年度投资额及资金来源等事项。

第十七条　列入政府投资年度计划的项目应当符合下列条件：

（一）采取直接投资方式、资本金注入方式的，可行性研究报告已经批准或者投资概算已经核定；

（二）采取投资补助、贷款贴息等方式的，已经按照国家有关规定办理手续；

（三）县级以上人民政府有关部门规定的其他条件。

第十八条　政府投资年度计划应当和本级预算相衔接。

第十九条　财政部门应当根据经批准的预算，按照法律、行政法规和国库管理的有关规定，及时、足额办理政府投资资金拨付。

第四章　政府投资项目实施

第二十条　政府投资项目开工建设，应当符合本条例和有关法律、行政法规规定的建设条件；不符合规定的建设条件的，不得开工建设。

国务院规定应当审批开工报告的重大政府投资项目，按照规定办理开工报告审批手续后方可开工建设。

第二十一条　政府投资项目应当按照投资主管部门或者其他有关部门批准的建设地点、建设规模和建设内容实施；拟变更建设地点或者拟对建设规模、建设内容等作较大变更的，应当按照规定的程序报原审批部门审批。

第二十二条　政府投资项目所需资金应当按照国家有关规定确保落实到位。

政府投资项目不得由施工单位垫资建设。

第二十三条　政府投资项目建设投资原则上不得超过经核定的投资概算。

因国家政策调整、价格上涨、地质条件发生重大变化等原因确需增加投资概算的，项目单位应当提出调整方案及资金来源，按照规定的程序报原初步设计审批部门或者投资概算核定部门核定；涉及预算调整或者调剂的，依照有关预算的法律、行政法规和国家有关规定办理。

第二十四条　政府投资项目应当按照国家有关规定合理确定并严格执行建设工期，任何单位和个人不得非法干预。

第二十五条　政府投资项目建成后，应当按照国家有关规定进行竣工验收，并在竣工验收合格后及时办理竣工财务决算。

政府投资项目结余的财政资金，应当按照国家有关规定缴回国库。

第二十六条　投资主管部门或者其他有关部门应当按照国家有关规定选择有代表性的已建成政府投资项目，委托中介服务机构对所选项目进行后评价。后评价应当根据项目建成后的实际效果，对项目审批和实施进行全面评价并提出明确意见。

第五章 监 督 管 理

第二十七条 投资主管部门和依法对政府投资项目负有监督管理职责的其他部门应当采取在线监测、现场核查等方式，加强对政府投资项目实施情况的监督检查。

项目单位应当通过在线平台如实报送政府投资项目开工建设、建设进度、竣工的基本信息。

第二十八条 投资主管部门和依法对政府投资项目负有监督管理职责的其他部门应当建立政府投资项目信息共享机制，通过在线平台实现信息共享。

第二十九条 项目单位应当按照国家有关规定加强政府投资项目档案管理，将项目审批和实施过程中的有关文件、资料存档备查。

第三十条 政府投资年度计划、政府投资项目审批和实施以及监督检查的信息应当依法公开。

第三十一条 政府投资项目的绩效管理、建设工程质量管理、安全生产管理等事项，依照有关法律、行政法规和国家有关规定执行。

第六章 法 律 责 任

第三十二条 有下列情形之一的，责令改正，对负有责任的领导人员和直接责任人员依法给予处分：

（一）超越审批权限审批政府投资项目；

（二）对不符合规定的政府投资项目予以批准；

（三）未按照规定核定或者调整政府投资项目的投资概算；

（四）为不符合规定的项目安排投资补助、贷款贴息等政府投资资金；

（五）履行政府投资管理职责中其他玩忽职守、滥用职权、徇私舞弊的情形。

第三十三条 有下列情形之一的，依照有关预算的法律、行政法规和国家有关规定追究法律责任：

（一）政府及其有关部门违法违规举借债务筹措政府投资资金；

（二）未按照规定及时、足额办理政府投资资金拨付；

（三）转移、侵占、挪用政府投资资金。

第三十四条 项目单位有下列情形之一的，责令改正，根据具体情况，暂停、停止拨付资金或者收回已拨付的资金，暂停或者停止建设活动，对负有责任的领导人员和直接责任人员依法给予处分：

（一）未经批准或者不符合规定的建设条件开工建设政府投资项目；

（二）弄虚作假骗取政府投资项目审批或者投资补助、贷款贴息等政府投资资金；

（三）未经批准变更政府投资项目的建设地点或者对建设规模、建设内容等作较大变更；

（四）擅自增加投资概算；

（五）要求施工单位对政府投资项目垫资建设；

（六）无正当理由不实施或者不按照建设工期实施已批准的政府投资项目。

第三十五条 项目单位未按照规定将政府投资项目审批和实施过程中的有关文件、资料存档备查，或者转移、隐匿、篡改、毁弃项目有关文件、资料的，责令改正，对负有责任的领导人员和直接责任人员依法给予处分。

第三十六条 违反本条例规定，构成犯罪的，依法追究刑事责任。

第七章 附　则

第三十七条 国防科技工业领域政府投资的管理办法，由国务院国防科技工业管理部门根据本条例规定的原则另行制定。

第三十八条 中国人民解放军和中国人民武装警察部队的固定资产投资管理，按照中央军事委员会的规定执行。

第三十九条 本条例自 2019 年 7 月 1 日起施行。

附录5：国务院办公厅关于促进建筑业持续健康发展的意见

国办发〔2017〕19号
(2017年2月21日)

各省、自治区、直辖市人民政府，国务院各部委、各直属机构：

建筑业是国民经济的支柱产业。改革开放以来，我国建筑业快速发展，建造能力不断增强，产业规模不断扩大，吸纳了大量农村转移劳动力，带动了大量关联产业，对经济社会发展、城乡建设和民生改善作出了重要贡献。但也要看到，建筑业仍然大而不强，监管体制机制不健全、工程建设组织方式落后、建筑设计水平有待提高、质量安全事故时有发生、市场违法违规行为较多、企业核心竞争力不强、工人技能素质偏低等问题较为突出。为贯彻落实《中共中央国务院关于进一步加强城市规划建设管理工作的若干意见》，进一步深化建筑业"放管服"改革，加快产业升级，促进建筑业持续健康发展，为新型城镇化提供支撑，经国务院同意，现提出以下意见：

一、总体要求

全面贯彻党的十八大和十八届二中、三中、四中、五中、六中全会以及中央经济工作会议、中央城镇化工作会议、中央城市工作会议精神，深入贯彻习近平总书记系列重要讲话精神和治国理政新理念新思想新战略，认真落实党中央、国务院决策部署，统筹推进"五位一体"总体布局和协调推进"四个全面"战略布局，牢固树立和贯彻落实创新、协调、绿色、开放、共享的发展理念，坚持以推进供给侧结构性改革为主线，按照适用、经济、安全、绿色、美观的要求，深化建筑业"放管服"改革，完善监管体制机制，优化市场环境，提升工程质量安全水平，强化队伍建设，增强企业核心竞争力，促进建筑业持续健康发展，打造"中国建造"品牌。

二、深化建筑业简政放权改革

（一）优化资质资格管理。进一步简化工程建设企业资质类别和等级设置，减少不必要的资质认定。选择部分地区开展试点，对信用良好、具有相关专业技术能力、能够提供足额担保的企业，在其资质类别内放宽承揽业务范围限制，同时，加快完善信用体系、工程担保及个人执业资格等相关配套制度，加强事中事后监管。强化个人执业资格管理，明晰注册执业人员的权利、义务和责任，加大执业责任追究力度。有序发展个人执业事务所，推动建立个人执业保险制度。大力推行"互联网＋政务服务"，实行"一站式"网上审批，进一步提高建筑领域行政审批效率。

（二）完善招标投标制度。加快修订《工程建设项目招标范围和规模标准规定》，缩小并严格界定必须进行招标的工程建设项目范围，放宽有关规模标准，防止工程建设项目实行招标"一刀切"。在民间投资的房屋建筑工程中，探索由建设单位自主决定发包方式。将依法必须招标的工程建设项目纳入统一的公共资源交易平台，遵循公平、公正、公开和诚信的原则，规范招标投标行为。进一步简化招标投标程序，尽快实现招标投标交易全过程电子化，推行网上异地评标。对依法通过竞争性谈判或单一来源方式确定供应商的政府采购工程建设项目，符合相应条件的应当颁发施工许可证。

三、完善工程建设组织模式

（三）加快推行工程总承包。装配式建筑原则上应采用工程总承包模式。政府投资工程应完善建设管理模式，带头推行工程总承包。加快完善工程总承包相关的招标投标、施工许可、竣工验收等制度规定。按照总承包负总责的原则，落实工程总承包单位在工程质量安全、进度控制、成本管理等方面的责任。除以暂估价形式包括在工程总承包范围内且依法必须进行招标的项目外，工程总承包单位可以直接发包总承包合同中涵盖的其他专业业务。

（四）培育全过程工程咨询。鼓励投资咨询、勘察、设计、监理、招标代理、造价等企业采取联合经营、并购重组等方式发展全过程工程咨询，培育一批具有国际水平的全过程工程咨询企业。制定全过程工程咨询服务技术标准和合同范本。政府投资工程应带头推行全过程工程咨询，鼓励非政府投资工程委托全过程工程咨询服务。在民用建筑项目中，充分发挥建筑师的主导作用，鼓励提供全过程工程咨询服务。

四、加强工程质量安全管理

（五）严格落实工程质量责任。全面落实各方主体的工程质量责任，特别要强化建设单位的首要责任和勘察、设计、施工单位的主体责任。严格执行工程质量终身责任制，在建筑物明显部位设置永久性标牌，公示质量责任主体和主要责任人。对违反有关规定、造成工程质量事故的，依法给予责任单位停业整顿、降低资质等级、吊销资质证书等行政处罚并通过国家企业信用信息公示系统予以公示，给予注册执业人员暂停执业、吊销资格证书、一定时间直至终身不得进入行业等处罚。对发生工程质量事故造成损失的，要依法追究经济赔偿责任，情节严重的要追究有关单位和人员的法律责任。参与房地产开发的建筑业企业应依法合规经营，提高住宅品质。

（六）加强安全生产管理。全面落实安全生产责任，加强施工现场安全防护，特别要强化对深基坑、高支模、起重机械等危险性较大的分部分项工程的管理，以及对不良地质地区重大工程项目的风险评估或论证。推进信息技术与安全生产深度融合，加快建设建筑施工安全监管信息系统，通过信息化手段加强安全生产管理。建立健全全覆盖、多层次、经常性的安全生产培训制度，提升从业人员安全素质以及各方主体的本质安全水平。

（七）全面提高监管水平。完善工程质量安全法律法规和管理制度，健全企业负责、政府监管、社会监督的工程质量安全保障体系。强化政府对工程质量的监管，明确监管范围，落实监管责任，加大抽查抽测力度，重点加强对涉及公共安全的工程地基基础、主体结构等部位和竣工验收等环节的监督检查。加强工程质量监督队伍建设，监督机构履行职能所需经费由同级财政预算全额保障。政府可采取购买服务的方式，委托具备条件的社会力量进行工程质量监督检查。推进工程质量安全标准化管理，督促各方主体健全质量安全管控机制。强化对工程监理的监管，选择部分地区开展监理单位向政府报告质量监理情况的试点。加强工程质量检测机构管理，严厉打击出具虚假报告等行为。推动发展工程质量保险。

五、优化建筑市场环境

（八）建立统一开放市场。打破区域市场准入壁垒，取消各地区、各行业在法律、行政法规和国务院规定外对建筑业企业设置的不合理准入条件；严禁擅自设立或变相设立审批、备案事项，为建筑业企业提供公平市场环境。完善全国建筑市场监管公共服务平台，加快实现与全国信用信息共享平台和国家企业信用信息公示系统的数据共享交换。建立建筑市场主体黑名单制度,依法依规全面公开企业和个人信用记录,接受社会监督。

(九)加强承包履约管理。引导承包企业以银行保函或担保公司保函的形式,向建设单位提供履约担保。对采用常规通用技术标准的政府投资工程,在原则上实行最低价中标的同时,有效发挥履约担保的作用,防止恶意低价中标,确保工程投资不超预算。严厉查处转包和违法分包等行为。完善工程量清单计价体系和工程造价信息发布机制,形成统一的工程造价计价规则,合理确定和有效控制工程造价。

(十)规范工程价款结算。审计机关应依法加强对以政府投资为主的公共工程建设项目的审计监督,建设单位不得将未完成审计作为延期工程结算、拖欠工程款的理由。未完成竣工结算的项目,有关部门不予办理产权登记。对长期拖欠工程款的单位不得批准新项目开工。严格执行工程预付款制度,及时按合同约定足额向承包单位支付预付款。通过工程款支付担保等经济、法律手段约束建设单位履约行为,预防拖欠工程款。

六、提高从业人员素质

(十一)加快培养建筑人才。积极培育既有国际视野又有民族自信的建筑师队伍。加快培养熟悉国际规则的建筑业高级管理人才。大力推进校企合作,培养建筑业专业人才。加强工程现场管理人员和建筑工人的教育培训。健全建筑业职业技能标准体系,全面实施建筑业技术工人职业技能鉴定制度。发展一批建筑工人技能鉴定机构,开展建筑工人技能评价工作。通过制定施工现场技能工人基本配备标准、发布各个技能等级和工种的人工成本信息等方式,引导企业将工资分配向关键技术技能岗位倾斜。大力弘扬工匠精神,培养高素质建筑工人,到2020年建筑业中级工技能水平以上的建筑工人数量达到300万人,2025年达到1000万人。

(十二)改革建筑用工制度。推动建筑业劳务企业转型,大力发展木工、电工、砌筑、钢筋制作等以作业为主的专业企业。以专业企业为建筑工人的主要载体,逐步实现建筑工人公司化、专业化管理。鼓励现有专业企业进一步做专做精,增强竞争力,推动形成一批以作业为主的建筑业专业企业。促进建筑业农民工向技术工人转型,着力稳定和扩大建筑业农民工就业创业。建立全国建筑工人管理服务信息平台,开展建筑工人实名制管理,记录建筑工人的身份信息、培训情况、职业技能、从业记录等信息,逐步实现全覆盖。

(十三)保护工人合法权益。全面落实劳动合同制度,加大监察力度,督促施工单位与招用的建筑工人依法签订劳动合同,到2020年基本实现劳动合同全覆盖。健全工资支付保障制度,按照谁用工谁负责和总承包负总责的原则,落实企业工资支付责任,依法按月足额发放工人工资。将存在拖欠工资行为的企业列入黑名单,对其采取限制市场准入等惩戒措施,情节严重的降低资质等级。建立健全与建筑业相适应的社会保险参保缴费方式,大力推进建筑施工单位参加工伤保险。施工单位应履行社会责任,不断改善建筑工人的工作环境,提升职业健康水平,促进建筑工人稳定就业。

七、推进建筑产业现代化

(十四)推广智能和装配式建筑。坚持标准化设计、工厂化生产、装配化施工、一体化装修、信息化管理、智能化应用,推动建造方式创新,大力发展装配式混凝土和钢结构建筑,在具备条件的地方倡导发展现代木结构建筑,不断提高装配式建筑在新建建筑中的比例。力争用10年左右的时间,使装配式建筑占新建建筑面积的比例达到30%。在新建建筑和既有建筑改造中推广普及智能化应用，完善智能化系统运行维护机制，实现建筑舒适安全、节能高效。

（十五）提升建筑设计水平。建筑设计应体现地域特征、民族特点和时代风貌，突出建筑使用功能及节能、节水、节地、节材和环保等要求，提供功能适用、经济合理、安全可靠、技术先进、环境协调的建筑设计产品。健全适应建筑设计特点的招标投标制度，推行设计团队招标、设计方案招标等方式。促进国内外建筑设计企业公平竞争，培育有国际竞争力的建筑设计队伍。倡导开展建筑评论，促进建筑设计理念的融合和升华。

（十六）加强技术研发应用。加快先进建造设备、智能设备的研发、制造和推广应用，提升各类施工机具的性能和效率，提高机械化施工程度。限制和淘汰落后、危险工艺工法，保障生产施工安全。积极支持建筑业科研工作，大幅提高技术创新对产业发展的贡献率。加快推进建筑信息模型（BIM）技术在规划、勘察、设计、施工和运营维护全过程的集成应用，实现工程建设项目全生命周期数据共享和信息化管理，为项目方案优化和科学决策提供依据，促进建筑业提质增效。

（十七）完善工程建设标准。整合精简强制性标准，适度提高安全、质量、性能、健康、节能等强制性指标要求，逐步提高标准水平。积极培育团体标准，鼓励具备相应能力的行业协会、产业联盟等主体共同制定满足市场和创新需要的标准，建立强制性标准与团体标准相结合的标准供给体制，增加标准有效供给。及时开展标准复审，加快标准修订，提高标准的时效性。加强科技研发与标准制定的信息沟通，建立全国工程建设标准专家委员会，为工程建设标准化工作提供技术支撑，提高标准的质量和水平。

八、加快建筑业企业"走出去"

（十八）加强中外标准衔接。积极开展中外标准对比研究，适应国际通行的标准内容结构、要素指标和相关术语，缩小中国标准与国外先进标准的技术差距。加大中国标准外文版翻译和宣传推广力度，以"一带一路"战略为引领，优先在对外投资、技术输出和援建工程项目中推广应用。积极参加国际标准认证、交流等活动，开展工程技术标准的双边合作。到2025年，实现工程建设国家标准全部有外文版。

（十九）提高对外承包能力。统筹协调建筑业"走出去"，充分发挥我国建筑业企业在高铁、公路、电力、港口、机场、油气长输管道、高层建筑等工程建设方面的比较优势，有目标、有重点、有组织地对外承包工程，参与"一带一路"建设。建筑业企业要加大对国际标准的研究力度，积极适应国际标准，加强对外承包工程质量、履约等方面管理，在援外住房等民生项目中发挥积极作用。鼓励大企业带动中小企业、沿海沿边地区企业合作"出海"，积极有序开拓国际市场，避免恶性竞争。引导对外承包工程企业向项目融资、设计咨询、后续运营维护管理等高附加值的领域有序拓展。推动企业提高属地化经营水平，实现与所在国家和地区互利共赢。

（二十）加大政策扶持力度。加强建筑业"走出去"相关主管部门间的沟通协调和信息共享。到2025年，与大部分"一带一路"沿线国家和地区签订双边工程建设合作备忘录，同时争取在双边自贸协定中纳入相关内容，推进建设领域执业资格国际互认。综合发挥各类金融工具的作用，重点支持对外经济合作中建筑领域的重大战略项目。借鉴国际通行的项目融资模式，按照风险可控、商业可持续原则，加大对建筑业"走出去"的金融支持力度。

各地区、各部门要高度重视深化建筑业改革工作，健全工作机制，明确任务分工，及时研究解决建筑业改革发展中的重大问题，完善相关政策，确保按期完成各项改革任务。加快推动修订建筑法、招标投标法等法律，完善相关法律法规。充分发挥协会商会熟悉行业、贴近企业的优势，及时反映企业诉求，反馈政策落实情况，发挥好规范行业秩序、建立从业人员行为准则、促进企业诚信经营等方面的自律作用。

附录6：国家发展改革委 住房城乡建设部 关于推进全过程工程咨询服务发展的指导意见

发改投资规〔2019〕515号

（2019年3月15日）

各省、自治区、直辖市及计划单列市、新疆生产建设兵团发展改革委，各省、自治区住房和城乡建设厅、直辖市住房和城乡建设（管）委、北京市规划和自然资源委、新疆生产建设兵团住房和城乡建设局：

为深化投融资体制改革，提升固定资产投资决策科学化水平，进一步完善工程建设组织模式，提高投资效益、工程建设质量和运营效率，根据中央城市工作会议精神及《中共中央 国务院关于深化投融资体制改革的意见》（中发〔2016〕18号）、《国务院办公厅关于促进建筑业持续健康发展的意见》（国办发〔2017〕19号）等要求，现就在房屋建筑和市政基础设施领域推进全过程工程咨询服务发展提出如下意见。

一、充分认识推进全过程工程咨询服务发展的意义

改革开放以来，我国工程咨询服务市场化快速发展，形成了投资咨询、招标代理、勘察、设计、监理、造价、项目管理等专业化的咨询服务业态，部分专业咨询服务建立了执业准入制度，促进了我国工程咨询服务专业化水平提升。随着我国固定资产投资项目建设水平逐步提高，为更好地实现投资建设意图，投资者或建设单位在固定资产投资项目决策、工程建设、项目运营过程中，对综合性、跨阶段、一体化的咨询服务需求日益增强。这种需求与现行制度造成的单项服务供给模式之间的矛盾日益突出。

为深入贯彻习近平新时代中国特色社会主义思想和党的十九大精神，深化工程领域咨询服务供给侧结构性改革，破解工程咨询市场供需矛盾，必须完善政策措施，创新咨询服务组织实施方式，大力发展以市场需求为导向、满足委托方多样化需求的全过程工程咨询服务模式。特别是要遵循项目周期规律和建设程序的客观要求，在项目决策和建设实施两个阶段，着力破除制度性障碍，重点培育发展投资决策综合性咨询和工程建设全过程咨询，为固定资产投资及工程建设活动提供高质量智力技术服务，全面提升投资效益、工程建设质量和运营效率，推动高质量发展。

二、以投资决策综合性咨询促进投资决策科学化

（一）大力提升投资决策综合性咨询水平。投资决策环节在项目建设程序中具有统领作用，对项目顺利实施、有效控制和高效利用投资至关重要。鼓励投资者在投资决策环节委托工程咨询单位提供综合性咨询服务，统筹考虑影响项目可行性的各种因素，增强决策论证的协调性。综合性工程咨询单位接受投资者委托，就投资项目的市场、技术、经济、生态环境、能源、资源、安全等影响可行性的要素，结合国家、地区、行业发展规划及相关重大专项建设规划、产业政策、技术标准及相关审批要求进行分析研究和论证，为投资者提供决策依据和建议。

（二）规范投资决策综合性咨询服务方式。投资决策综合性咨询服务可由工程咨询单位采取市场合作、委托专业服务等方式牵头提供，或由其会同具备相应资格的服务机构联合提供。牵头提供投资决策综合性咨询服务的机构，根据与委托方合同约定对服务成果承担总体责任；联合提供投资决策综合性咨询服务的，各合作方承担相应责任。鼓励纳入有关行业自律管理体系的工程咨询单位发挥投资机会研究、项目可行性研究等特长，开展综合性咨询服务。投资决策综合性咨询应当充分发挥咨询工程师（投资）的作用，鼓励其作为综合性咨询项目负责人，提高统筹服务水平。

（三）充分发挥投资决策综合性咨询在促进投资高质量发展和投资审批制度改革中的支撑作用。落实项目单位投资决策自主权和主体责任，鼓励项目单位加强可行性研究，对国家法律法规和产业政策、行政审批中要求的专项评价评估等一并纳入可行性研究统筹论证，提高决策科学化，促进投资高质量发展。单独开展的各专项评价评估结论应当与可行性研究报告相关内容保持一致，各审批部门应当加强审查要求和标准的协调，避免对相同事项的管理要求相冲突。鼓励项目单位采用投资决策综合性咨询，减少分散专项评价评估，避免可行性研究论证碎片化。各地要建立并联审批、联合审批机制，提高审批效率，并通过通用综合性咨询成果、审查一套综合性申报材料，提高并联审批、联合审批的操作性。

（四）政府投资项目要优先开展综合性咨询。为增强政府投资决策科学性，提高政府投资效益，政府投资项目要优先采取综合性咨询服务方式。政府投资项目要围绕可行性研究报告，充分论证建设内容、建设规模，并按照相关法律法规、技术标准要求，深入分析影响投资决策的各项因素，将其影响分析形成专门篇章纳入可行性研究报告；可行性研究报告包括其他专项审批要求的论证评价内容的，有关审批部门可以将可行性研究报告作为申报材料进行审查。

三、以全过程咨询推动完善工程建设组织模式

（一）以工程建设环节为重点推进全过程咨询。在房屋建筑、市政基础设施等工程建设中，鼓励建设单位委托咨询单位提供招标代理、勘察、设计、监理、造价、项目管理等全过程咨询服务，满足建设单位一体化服务需求，增强工程建设过程的协同性。全过程咨询单位应当以工程质量和安全为前提，帮助建设单位提高建设效率、节约建设资金。

（二）探索工程建设全过程咨询服务实施方式。工程建设全过程咨询服务应当由一家具有综合能力的咨询单位实施，也可由多家具有招标代理、勘察、设计、监理、造价、项目管理等不同能力的咨询单位联合实施。由多家咨询单位联合实施的，应当明确牵头单位及各单位的权利、义务和责任。要充分发挥政府投资项目和国有企业投资项目的示范引领作用，引导一批有影响力、有示范作用的政府投资项目和国有企业投资项目带头推行工程建设全过程咨询。鼓励民间投资项目的建设单位根据项目规模和特点，本着信誉可靠、综合能力和效率优先的原则，依法选择优秀团队实施工程建设全过程咨询。

（三）促进工程建设全过程咨询服务发展。全过程咨询单位提供勘察、设计、监理或造价咨询服务时，应当具有与工程规模及委托内容相适应的资质条件。全过程咨询服务单位应当自行完成自有资质证书许可范围内的业务，在保证整个工程项目完整性的前提下，按照合同约定或经建设单位同意，可将自有资质证书许可范围外的咨询业务依法依规择优委托给具有相应资质或能力的单位，全过程咨询服务单位应对被委托单位的委托业务负总责。建设单位选择具有相应工程勘察、设计、监理或造价咨询资质的单位开展全过程咨询服务的，除法律法规另有规定外，可不再另行委托勘察、设计、监理或造价咨询单位。

（四）明确工程建设全过程咨询服务人员要求。工程建设全过程咨询项目负责人应当取得工程建设类注册执业资格且具有工程类、工程经济类高级职称，并具有类似工程经验。对于工程建设全过程咨询服务中承担工程勘察、设计、监理或造价咨询业务的负责人，应具有法律法规规定的相应执业资格。全过程咨询服务单位应根据项目管理需要配备具有相应执业能力的专业技术人员和管理人员。设计单位在民用建筑中实施全过程咨询的，要充分发挥建筑师的主导作用。

四、鼓励多种形式的全过程工程咨询服务市场化发展

（一）鼓励多种形式全过程工程咨询服务模式。除投资决策综合性咨询和工程建设全过程咨询外，咨询单位可根据市场需求，从投资决策、工程建设、运营等项目全生命周期角度，开展跨阶段咨询服务组合或同一阶段内不同类型咨询服务组合。鼓励和支持咨询单位创新全过程工程咨询服务模式，为投资者或建设单位提供多样化的服务。同一项目的全过程工程咨询单位与工程总承包、施工、材料设备供应单位之间不得有利害关系。

（二）创新咨询单位和人员管理方式。要逐步减少投资决策环节和工程建设领域对从业单位和人员实施的资质资格许可事项，精简和取消强制性中介服务事项，打破行业壁垒和部门垄断，放开市场准入，加快咨询服务市场化进程。将政府管理重心从事前的资质资格证书核发转向事中事后监管，建立以政府监管、信用约束、行业自律为主要内容的管理体系，强化单位和人员从业行为监管。

（三）引导全过程工程咨询服务健康发展。全过程工程咨询单位应当在技术、经济、管理、法律等方面具有丰富经验，具有与全过程工程咨询业务相适应的服务能力，同时具有良好的信誉。全过程工程咨询单位应当建立与其咨询业务相适应的专业部门及组织机构，配备结构合理的专业咨询人员，提升核心竞争力，培育综合性多元化服务及系统性问题一站式整合服务能力。鼓励投资咨询、招标代理、勘察、设计、监理、造价、项目管理等企业，采取联合经营、并购重组等方式发展全过程工程咨询。

五、优化全过程工程咨询服务市场环境

（一）建立全过程工程咨询服务技术标准和合同体系。研究建立投资决策综合性咨询和工程建设全过程咨询服务技术标准体系，促进全过程工程咨询服务科学化、标准化和规范化；以服务合同管理为重点，加快构建适合我国投资决策和工程建设咨询服务的招标文件及合同示范文本，科学制定合同条款，促进合同双方履约。全过程工程咨询单位要切实履行合同约定的各项义务、承担相应责任，并对咨询成果的真实性、有效性和科学性负责。

（二）完善全过程工程咨询服务酬金计取方式。全过程工程咨询服务酬金可在项目投资中列支，也可根据所包含的具体服务事项，通过项目投资中列支的投资咨询、招标代理、勘察、设计、监理、造价、项目管理等费用进行支付。全过程工程咨询服务酬金在项目投资中列支的，所对应的单项咨询服务费用不再列支。投资者或建设单位应当根据工程项目的规模和复杂程度，咨询服务的范围、内容和期限等与咨询单位确定服务酬金。全过程工程咨询服务酬金可按各专项服务酬金叠加后再增加相应统筹管理费用计取，也可按人工成本加酬金方式计取。全过程工程咨询单位应努力提升服务能力和水平，通过为所咨询的工程建设或运行增值来体现其自身市场价值，禁止恶意低价竞争行为。鼓励投资者或建设单位根据咨询服务节约的投资额对咨询单位予以奖励。

（三）建立全过程工程咨询服务管理体系。咨询单位要建立自身的服务技术标准、管

理标准，不断完善质量管理体系、职业健康安全和环境管理体系，通过积累咨询服务实践经验，建立具有自身特色的全过程工程咨询服务管理体系及标准。大力开发和利用建筑信息模型（BIM）、大数据、物联网等现代信息技术和资源，努力提高信息化管理与应用水平，为开展全过程工程咨询业务提供保障。

（四）加强咨询人才队伍建设和国际交流。咨询单位要高度重视全过程工程咨询项目负责人及相关专业人才的培养，加强技术、经济、管理及法律等方面的理论知识培训，培养一批符合全过程工程咨询服务需求的综合型人才，为开展全过程工程咨询业务提供人才支撑。鼓励咨询单位与国际著名的工程顾问公司开展多种形式的合作，提高业务水平，提升咨询单位的国际竞争力。

六、强化保障措施

（一）加强组织领导。国务院投资主管部门负责指导投资决策综合性咨询，国务院住房和城乡建设主管部门负责指导工程建设全过程咨询。各级投资主管部门、住房和城乡建设主管部门要高度重视全过程工程咨询服务的推进和发展，创新投资决策机制和工程建设管理机制，完善相关配套政策，加强对全过程工程咨询服务活动的引导和支持，加强与财政、税务、审计等有关部门的沟通协调，切实解决制约全过程工程咨询实施中的实际问题。

（二）推动示范引领。各级政府主管部门要引导和鼓励工程决策和建设采用全过程工程咨询模式，通过示范项目的引领作用，逐步培育一批全过程工程咨询骨干企业，提高全过程工程咨询的供给质量和能力；鼓励各地区和企业积极探索和开展全过程工程咨询，及时总结和推广经验，扩大全过程工程咨询的影响力。

（三）加强政府监管和行业自律。有关部门要根据职责分工，建立全过程工程咨询监管制度，创新全过程监管方式，实施综合监管、联动监管，加大对违法违规咨询单位和从业人员的处罚力度，建立信用档案和公开不良行为信息，推动咨询单位切实提高服务质量和效率。有关行业协会应当充分发挥专业优势，协助政府开展相关政策和标准体系研究，引导咨询单位提升全过程工程咨询服务能力；加强行业诚信自律体系建设，规范咨询单位和从业人员的市场行为，引导市场合理竞争。

附录 7：国家发展改革委《关于进一步放开建设项目专业服务价格的通知》

发改价格〔2015〕299 号
(2015 年 2 月 11 日)

国务院有关部门、直属机构，各省、自治区、直辖市发展改革委、物价局：

为贯彻落实党的十八届三中全会精神，按照国务院部署，充分发挥市场在资源配置中的决定性作用，决定进一步放开建设项目专业服务价格。现将有关事项通知如下：

一、在已放开非政府投资及非政府委托的建设项目专业服务价格的基础上，全面放开以下实行政府指导价管理的建设项目专业服务价格，实行市场调节价。

（一）建设项目前期工作咨询费，指工程咨询机构接受委托，提供建设项目专题研究、编制和评估项目建议书或者可行性研究报告，以及其他与建设项目前期工作有关的咨询等服务收取的费用。

（二）工程勘察设计费，包括工程勘察收费和工程设计收费。工程勘察收费，指工程勘察机构接受委托，提供收集已有资料、现场踏勘、制定勘察纲要，进行测绘、勘探、取样、试验、测试、检测、监测等勘察作业，以及编制工程勘察文件和岩土工程设计文件等服务收取的费用；工程设计收费，指工程设计机构接受委托，提供编制建设项目初步设计文件、施工图设计文件、非标准设备设计文件、施工图预算文件、竣工图文件等服务收取的费用。

（三）招标代理费，指招标代理机构接受委托，提供代理工程、货物、服务招标，编制招标文件、审查投标人资格，组织投标人踏勘现场并答疑，组织开标、评标、定标，以及提供招标前期咨询、协调合同的签订等服务收取的费用。

（四）工程监理费，指工程监理机构接受委托，提供建设工程施工阶段的质量、进度、费用控制管理和安全生产监督管理、合同、信息等方面协调管理等服务收取的费用。

（五）环境影响咨询费，指环境影响咨询机构接受委托，提供编制环境影响报告书、环境影响报告表和对环境影响报告书、环境影响报告表进行技术评估等服务收取的费用。

二、上述 5 项服务价格实行市场调节价后，经营者应严格遵守《价格法》、《关于商品和服务实行明码标价的规定》等法律法规规定，告知委托人有关服务项目、服务内容、服务质量，以及服务价格等，并在相关服务合同中约定。经营者提供的服务，应当符合国家和行业有关标准规范，满足合同约定的服务内容和质量等要求。不得违反标准规范规定或合同约定，通过降低服务质量、减少服务内容等手段进行恶性竞争，扰乱正常市场秩序。

三、各有关行业主管部门要加强对本行业相关经营主体服务行为监管。要建立健全服务标准规范，进一步完善行业准入和退出机制，为市场主体创造公开、公平的市场竞争环境，引导行业健康发展；要制定市场主体和从业人员信用评价标准，推进工程建设服务市场信用体系建设，加大对有重大失信行为的企业及负有责任的从业人员的惩戒力度。充分发挥行业协会服务企业和行业自律作用，加强对本行业经营者的培训和指导。

四、政府有关部门对建设项目实施审批、核准或备案管理，需委托专业服务机构等中介提供评估评审等服务的，有关评估评审费用等由委托评估评审的项目审批、核准或备案机关承担，评估评审机构不得向项目单位收取费用。

五、各级价格主管部门要加强对建设项目服务市场价格行为监管，依法查处各种截留定价权，利用行政权力指定服务、转嫁成本，以及串通涨价、价格欺诈等行为，维护正常的市场秩序，保障市场主体合法权益。

六、本通知自 2015 年 3 月 1 日起执行。此前与本通知不符的有关规定，同时废止。

后　　记

　　经公司有关人员的共同努力，《全过程工程咨询服务指南》一书得以脱稿。

　　自 2017 年 2 月《国务院办公厅关于促进建筑业持续健康发展的意见》提出"全过程工程咨询"这一概念以来，全过程工程咨询试点工作全面启动，通过试点探索，积累了不少经验，推动了全过程工程咨询服务相关政策措施的出台。随着工程咨询领域供给侧结构性改革的不断深入，以促进工程建设高质量发展为目标的研究成果不断涌现，开展全过程工程咨询服务已成为不少工程咨询、勘察设计、投标代理、造价咨询、工程监理、项目管理等单位的发展方向之一。

　　本公司在多年的工程咨询、招标代理、造价咨询以及项目管理等实践中，积累了一些开展全过程工程咨询服务的经验，聚集了不少相关专业的高、中级人才，有的自始至终参加过获得"鲁班奖"的省重点工程的项目管理，有的主持和参与了多项重大工程的投资咨询、勘察设计等任务，有的担任过甲级监理企业的总监理工程师，有的长期从事招标代理或工程造价咨询工作……大家认为，开展全过程工程咨询服务方面的研究，有利于进一步开拓公司发展前景，充分发挥国有企业在工程咨询领域的生力军作用。

　　本书在编写过程中收集了大量的基础资料，并就相关工作进行了认真的总结与思考，广泛征求了工程咨询与建设行业有关专家的意见，经反复修改后定稿。本书的出版得到了中国建筑工业出版社的大力支持，在此一并表示感谢！

　　由于全过程工程咨询服务的相关理论与政策仍在不断完善，加上时间仓促、水平有限，不妥之处敬请读者鉴谅。

江西省江咨工程咨询有限公司